Elysium

Impressum

ISBN: 9789463983648

Lektorat/ Korrektorat: Michael Lutz
Illustrationen: Michael Lutz
Covergestaltung: Michael Lutz („Der Wanderer über dem Nebelmeer“ von Caspar David Friedrich) **Bild-PD-alt**
Weitere Mitwirkende: -

Verlagsportal: Bookmundo
Gedruckt in Deutschland

Die Deutsche Nationalbibliothek verzeichnet diese Publikation in der Deutschen Nationalbibliografie *(falls zwei Pflichtexemplare an die DNB geschickt werden!)*.

Elysium

Michael Lutz

Inhalt

Einführung:

Betrachtet man heutzutage die Bestseller-Listen auf dem aktuellen Literaturmarkt und führt sich die Belletristik-Angebote zu Gemüte, so gelangt man zu der Erkenntnis, dass selbige sich beinahe ausschließlich aus Romanen zusammensetzen. Besonders beliebt sind hierbei vor allem Thriller/Kriminalgeschichten, sowie Werke, die sich dem "Fantasy" Genre zuordnen lassen. Im Juli 2019 befindet sich beispielsweise das von Cornelia Funke und Guillermo del Toro verfasste Buch "Das Labyrinth des Fauns", welches sich letztgenannter Kategorie zuordnen lässt, auf dem ersten Platz der Spiegel Bestseller-Liste.

Sebastian Fitzek, Deutschlands zurzeit erfolgreichster Schriftsteller (in mehr als zwanzig Sprachen übersetzt), der bereits in die Pop-Kultur Einzug gefunden hat und somit einem breiteren Publikum bekannt ist, dient als weiteres prominentes Beispiel. Bekannt ist er ebenfalls aufgrund seiner spannungsgeladenen Thriller und Krimis. Zuletzt stieg Fitzeks „Flugangst 7A“ (Droemer) auf Platz 1 der Spiegel Bestsellerliste ein. Der Titel hielt sich über 40 Wochen im Ranking. Das Taschenbuch „AchtNacht“ (Knaur) wurde 2017 zur Nummer 1 der Bellestristik-Liste. Mit dem Hardcover „Das Paket“ (Droemer) gelang es Fitzek, mehr als ein Jahr auf der Bestsellerliste zu stehen. Dabei stand der Titel mehrere Wochen lang entweder auf Platz 1 oder 2.

Die Tendenz, mit großer Vorliebe auf umfangreiche Bücher der Unterhaltungsliteratur zurückzugreifen, offenbart sich auch in den über 400 Millionen Mal verkauften Werken des amerikanischen "Meister des Horrors", Stephen King. Die Liste an Beispielen ließe sich endlos fortsetzen.

Zu *kurz*, um mich eines kleinen Wortspiels zu bedienen, kommen dabei vor allem belletristische Werke der Kurzprosa, also Erzählungen, Kurzgeschichten, Märchen und dergleichen. Bei all den hochspannenden und inhaltlich weniger anspruchsvollen Schmökern, die den zeitgenössischen Literaturmarkt regelrecht besetzen, ist auch kaum noch Platz für Lyrik.

Zu erläutern, wie eine solche Entwicklung zustande kommen konnte und welche Vorzüge insbesondere Kurzgeschichten im Vergleich zu Romanen aufweisen, dazu soll diese Einführung dienen.

Der Markt für Kurzgeschichten hat sich enorm zurückentwickelt. Kurzprosa und auch Lyrik verkauft sich heutzutage, zumindest den "Erfahrungen" vieler Verleger zufolge, nur sehr schlecht, weshalb es auch zunehmend schwieriger wird, einen Abnehmer für Kurzgeschichten zu finden. Aus eigenen Erfahrungen kann ich dies bestätigen. Bei der Suche nach Verlagen stieß ich unzählige Male auf Programmpunkte wie:

"Belletristik, aber KEINE Kurzgeschichten", "Romane, Thriller, Horror, Science-Fiction, Erotik, KEINE Kurzgeschichten", "Wir veröffentlichen grundsätzlich KEINE Kurzgeschichten und KEINE Lyrik".

Diese grundsätzliche Ablehnung von Kurzprosa seitens der Verlage ist selbstverständlich enorm frustrierend. Fehlendes Feedback schmerzt einem Autor. Mit jeder Form von Kritik ist etwas anzufangen, jedoch nicht mit grundsätzlicher und unbegründeter Ablehnung. Eine Kurzgeschichte wird nicht ihrer Qualität wegen abgelehnt, sondern allein wegen der Tatsache, dass es eine Kurzgeschichte ist.

Wird einem Menschen der Zutritt zu einer bestimmten Veranstaltung seiner Hautfarbe wegen verwehrt, spricht man von Diskriminierung. Zurecht wird dies als Rassismus bezeichnet und aufs Schärfste verurteilt. Diskriminierung bestimmter Textarten ist auf dem Literaturmarkt der Normalfall. Selbstverständlich ist es unangebracht, Rassismus mit Ablehnung von Kurzprosa gleichzusetzen, dies entspricht auch keineswegs meiner Intention. Vom Prinzip her, ist es jedoch das gleiche. Der Markt ist gnadenlos, schließlich richtet er sich nach Angebot und Nachfrage. Wer will es den Verlegern schon verdenken, wenn sie es bevorzugen, sich an gesellschaftliche Entwicklungen und Erwartungen anzupassen und ihr Programm dem Mainstream entsprechend ausrichten?

Die Gesellschaft des 21. Jahrhunderts ist unterhaltungsorientiert. Anders lässt sich der Erfolg anspruchsloser Fernsehprogramme wie Reality Shows, bestimmten Sendern und dergleichen nicht erklären. Die Menschen interessieren sich für die Leben anderer, wollen sehen, wie sich jemand im Internet blamiert und sich dann darüber lustig machen oder aber führen sich Unterhaltungsliteratur zu Gemüte. Keine dieser Verhaltensweisen gedenke ich zu verurteilen! Unterhaltungsliteratur verfügt durchaus über Berechtigung.

Die Arbeit nimmt zu, der Leistungsdruck ist oftmals kaum zum Aushalten, immer mehr und mehr Geld wird benötigt, um überleben zu können, der Alltag gleicht einem regelrechten Rennen, wer schneller und besser ist, gewinnt. Dass die Menschen in Anbetracht dieser modernen Lebensumstände oberflächlicher werden und sich mit stumpfer Unterhaltung von ihren Sorgen und dem Stress abzulenken gedenken, ist verständlich und nachvollziehbar. Darüber hinaus ist die sogenannte Unterhaltungsliteratur nicht mit schlechter Literatur gleichzusetzen.

Der Mainstream hat uns viele großartige Werke geschenkt, die sich zu unvergesslichen Klassikern entwickelt und unser aller Leben bereichert haben. Hierzu gehört beispielsweise die unvergleichbare "Harry Potter" Reihe der britischen Autorin J.K. Rowling oder die meisterhaft geschriebenen Bestseller Stephen Kings wie "ES" oder "The Shining".

Romane sind folglich selbstverständlich sinnvoll, Unterhaltungsliteratur ist wichtig für den modernen Menschen und aus unserem Leben nicht mehr wegzudenken. Auch den Autoren ist es nicht vorzuwerfen, dass sie immer mehr und mehr auf den Mainstream-Zug aufspringen. Wer würde sich schon nicht an ein Genre heranwagen, welches die größten Erfolgschancen verspricht?

Ärgerlich ist jedoch, dass sich Thriller und ähnliche Schmöker zu einem regelrechten Monopol entwickelt haben und obwohl die Ursachen hierfür offensichtlich sind und zur Genüge thematisiert wurden, gilt es nun, sich der Vorzüge der Kurzprosa bewusst zu werden.

Zu den Zeiten als Kurzgeschichten noch die erfolgreichste Gattung der Epik darstellten (vor allem im 19. und frühen 20. Jahrhundert), wurden sie insbesondere in Zeitungen und Magazinen veröffentlicht. Da diese Medien mittlerweile ebenfalls, genau wie die Kurzgeschichte, als veraltet gelten, hat der gemeinsame Niedergang wohl ungefähr gleichzeitig eingesetzt, womit sich die sinkende Nachfrage erklären lässt.

Zeitungen wurden jedoch schon immer eher nebenbei gelesen, um sich für "Zwischendurch" beispielsweise während des Wartens auf den Bus, dem Sitzen im Zug oder des Frühstücks zu beschäftigen. Darin begründet liegt ein großer Vorteil der Kurzgeschichte! Wie ihrem Namen bereits zu entnehmen ist, darf sie einen bestimmten Umfang nicht überschreiten, um noch als Kurzgeschichte gelten zu dürfen (dennoch ist es nicht möglich, eine unmissverständliche Grenze zu ziehen, weshalb die Einordnung mancher Werke nicht eindeutig vorzunehmen ist). Außerdem muss auch die Handlung an sich *kurz* sein, mehrere Handlungsstränge sind demgemäß nicht vorhanden und die Zeit, in der die Geschichte spielt, ist zumeist auf wenige Stunden oder Tage beschränkt.

Dies führt dazu, dass man eine Kurzgeschichte intensiver wahrnimmt, da man sie in einer Sitzung meist komplett lesen kann, was bei einem Roman natürlich nur in den seltensten Fällen möglich ist. Aus diesem Grund sind Kurzgeschichten, auch wenn sich dies nicht in den Verkaufszahlen widerspiegelt, hervorragend für unsere heutige Zeit geeignet! Sie spiegeln eine gesellschaftliche Entwicklung wider, fangen den Augenblick ein. Das Leben wird schnelllebiger, hektischer und es bleibt weniger Zeit für Abwechslung. Kurzgeschichten können zwischendurch gelesen werden, wenn zwei Termine noch etwas auseinanderliegen. Sie bieten die perfekte Antwort darauf, wie Unterhaltung auch in Zeiten der Hektik und des Stresses noch möglich ist. Keiner von uns kann es sich erlauben, seine alltäglichen Pflichten zu vernachlässigen, indem er stundenlang am Stück einen Schmöker konsumiert. Eine halbe Stunde am Tag zwischen zwei Aufgaben hat jedoch jeder von uns! Ideal zum vollständigen Lesen einer Kurzgeschichte geeignet! Sie beweist, dass es auch heutzutage noch möglich ist, sich gute Literatur in kurzer Zeit zu Gemüte zu führen und entspricht somit vollkommen den Ansprüchen und Erwartungen einer leistungsorientierten und schnelllebigen Gesellschaft. Warum dieser logische Gedankengang die Leser und Verleger noch nicht erreicht hat, ist völlig unverständlich!

Der berühmte amerikanische Schriftsteller, Edgar Allan Poe (1809-1849), der als der Vater der Kurzgeschichte gilt und in seiner Karriere hauptsächlich selbige verfasste, veröffentlichte im Jahr 1846 eine literaturtheoretische Abhandlung mit dem Titel "The Philosophy of Composition" in der er eine ästhetische Theorie über das Ziel und die Methode von Literatur entwickelte.

Aus dieser geht hervor, dass der große Autor der Auffassung ist, dass Prosa kurz sein müsse. In diesem Zusammenhang spricht er von der "Einheit des Effekts" ("unity of effect"). Dieser emotionale Einfluss auf den Leser, der als Ziel eines jeden literarischen Werkes gelten müsse, könne nur zur Geltung kommen, wenn ein Werk ohne Ablenkung durch die Geschehnisse des Alltags, also idealerweise an einem Stück konsumiert werden könne. Erst dann sei die Einheit des Effekts gewährleistet! Aus diesem Grund sieht Poe die Kurzgeschichte dem Roman als überlegen an.

Zudem ist es offensichtlich, dass Kurzgeschichten in den meisten Fällen über einen größeren literarischen Anspruch verfügen als Romane. Der Grund hierfür liegt auf der Hand! Kurzgeschichten müssen aufgrund ihrer Kürze den Leser möglichst von Beginn an in den Bann ziehen, um das Beste aus ihren Möglichkeiten herauszuholen. Lange und sinnlose Passagen, die nur wenig zur Entwicklung der Handlung beitragen sind somit nicht vorhanden, schließlich kann sich dies eine Kurzgeschichte nicht erlauben, ganz im Gegensatz zu einem Roman. Hat nicht jeder von uns schonmal einen achthundertseitigen Schmöker gelesen, der in der Mitte einfach unerträglich lang war und bei dem man am liebsten hundert Seiten herausgeschnitten hätte? Bei einer Kurzgeschichte tritt Langeweile dagegen kaum auf, was dem allgemeinen Genuss von Literatur zugute kommt. Kunst sollte schließlich immer genossen und niemals als langweilig oder träge empfunden werden.

Außerdem ist bei Kurzgeschichten vor allem faszinierend, dass jeder Satz, jedes Wort über eine ganz bestimmte Bedeutung verfügt. Bei einem wenig umfangreichen Werk, ist die

Komposition, die Anordnung der Wörter besonders wichtig, weshalb auch der Fokus darauf gelegt wird. Beim Verständnis und der Interpretation einer Kurzgeschichte kann folglich jedes Detail, sei es noch so klein und scheinbar unbedeutend, den Ausschlag geben und für die Analyse wichtige Erkenntnisse liefern. Dies äußert sich natürlich auch bei lyrischen Werken, die daher ebenfalls als besonders große sprachliche Leistungen empfunden werden. Während ein Roman sich vollkommen unbedeutende Seiten oder gar ganze Kapitel erlauben kann, ist bei der Kurzgeschichte keine Information überflüssig, keine Beschreibung sinnlos. Auf die Suche nach Details zu gehen, lässt das Herz eines interessierten Lesers höher schlagen!

Selbstverständlich existieren auch großartige Romane, die trotz einer enormen Länge großen literarischen Anspruch aufweisen. Hierbei sei nur auf die Werke des russischen Dichters Fjodor Dostojewski (1821-1881) wie "Der Idiot" oder "Schuld und Sühne" verwiesen. Es bleibt jedoch nicht zu vergessen, dass es in erster Linie die Kurzgeschichten waren, die großen literarischen Einfluss ausgeübt haben. Das Genre der Horror- und Kriminalgeschichten, heutzutage dem Mainstream angehörig, wurden beispielsweise durch die Kurzgeschichten Edgar Allan Poes wie "The Tell-Tale Heart", "The Fall of the House of Usher" oder "The Murders in the Rue Morgue" begründet! Folglich gilt: Keine modernen Schmöker der Unterhaltungsliteratur, ohne die literarisch anspruchsvollen Erzählungen Poes! Dies allein genügt, um die Wichtigkeit der Kurzgeschichten auch in Hinblick auf aktuelle Entwicklungen, herauszustellen.

Beim Vergleich von Romanen mit weniger umfangreichen Werken wie Kurzprosa oder Lyrik, ist darüber hinaus auffällig, dass viele große Autoren nur einen einzigen oder nur zwei Romane verfasst haben und sich ansonsten auf andere Gattungen konzentrierten (womöglich weil sie in diesen mehr

Möglichkeiten sahen, sich selbst herauszufordern, um ihren eigenen literarischen Ansprüchen gerecht zu werden). So hat der bereits thematisierte Edgar Allan Poe nur den Roman "The Narrative of Arthur Gordon Pym of Nantucket" verfasst, Oscar Wilde nur "The Picture of Dorian Gray" und Friedrich Schiller nur "Der Geisterseher". Weitere prominente Beispiele sind E.T.A. Hoffmann ("Die Elixiere des Teufels" und "Lebensansichten des Katers Murr") und Patrick Süskind ("Das Parfüm").

Überdies setzen sich Kurzgeschichten oftmals mit alltäglichen Situationen auseinander, die Charaktere sind keine außergewöhnlichen Menschen. Eine höhere Identifikation vonseiten des Lesers ist somit gewährleistet, was ein intensiveres Erleben der Handlung ebenfalls begünstigt. Außerdem ist die Kurzprosa in der Regel besser dazu geeignet, eine bestimmte Botschaft oder Moral mitzuteilen, da sie dies zu einer ihrer zentralen Aufgaben auserwählt hat. Dies äußert sich vor allem in Fabeln und Märchen, die praktisch ausnahmslos eine solche moralische Mittelung vermitteln. Für die ästhetische Erziehung des Lesers sind Kurzgeschichten somit zumeist besser geeignet als Romane, da er aus diesen oftmals eindeutigere Lehren ziehen kann, die ihm für sein eigenes Leben helfen. Zudem bleiben diese aufgrund der Kürze der Werke in besserer Erinnerung.

Nicht alles, was kurz ist, verfügt in der Literatur über eine besondere Bedeutung. Erfahrungsgemäß gibt es jedoch wesentlich mehr schlechte Romane als schlechte Kurzgeschichten. Der Grund hierfür liegt darin, dass das Verfassen von Kurzgeschichten für jeden Autor eine große Herausforderung darstellt und daher seiner bestmöglichen Leistung bedarf. Die große Schwierigkeit liegt nämlich darin, seine Aussage möglichst kurz und präzise aber eindeutig zu vermitteln. Bei einem längeren Werk hat der Autor logischerweise mehr Zeit. Er kann seine Aussage in aller Länge und epischer Breite darlegen und zwar ohne etwas zusammenzufassen, ohne seine Wortwahl zu überdenken, ohne sich selbst sprachlich einschränken zu müssen, ohne auf die Wichtigkeit seiner Informationen achten zu müssen. In dieser Hinsicht ist das Verfassen von Romanen bequemer und unkomplizierter als bei Kurzgeschichten, womit die Schwierigkeit einen guten Roman zu verfassen, jedoch keineswegs verleugnet wird! Viel Inhalt auf wenigen Seiten zu Papier zu bringen, ist jedoch eine Kunst für sich.

Betrachtet man wirklich gelungene und literarisch anspruchsvolle Romane, so stellt man schnell fest, dass auch diese zumeist vergleichsweise kurz gehalten sind, also einen Umfang von 100 bis 250 Seiten aufweisen, von einigen Ausnahmen abgesehen. Als Beispiele hierfür dienen Ernest Hemingways "The Old Man and the Sea", Hermann Hesses "Der Steppenwolf" oder Johann Wolfgang von Goethes "Die Leiden des jungen Werther". Vor allem in der Literatur scheint sich also die Floskel "In der Kürze liegt die Würze" zu bewahrheiten!

Wie alles im Leben hat nichts nur Vorteile. Auch die Kurzgeschichte weist daher bestimmte Nachteile auf und ist in manchen Bereichen dem Roman unterlegen. So können verstrickte Beziehungen, intensive zwischenmenschliche Kontakte oder aber langfristige Entwicklungen nur im Roman ansprechend dargestellt werden. Der Kurzgeschichte fehlen allein schon aufgrund ihrer Länge diese Möglichkeiten. Es geht aber auch nicht darum, eine Wertung vorzunehmen. Romane jedweder Art sind von großer Bedeutung, genauso wie Kurzgeschichten. Kritisiert wird einzig die fehlende Balance, das offensichtliche Missverhältnis von absolutem Überfluss auf der einen Seite (bei den Romanen, heutzutage vor allem den Unterhaltungsromanen) und großem Mangel und fehlendem Interesse auf der anderen Seite (alle der Kurzprosa zugehörigen

Textgattungen und Lyrik). Dabei bietet ironischerweise die heutige Zeit, die ein solches Desinteresse an Kurzgeschichten zeigt, so viele interessante Möglichkeiten, selbigen zu einer Art "zweitem Frühling" zu verhelfen.

Ein Phänomen der Moderne ist, dass die Menschen bedingt durch den Überfluss an Informationen vor allem Internet, kaum noch dazu in der Lage sind, längere Texte zu lesen und zu verstehen, da die Konzentrationsspanne immer weiter verkürzt wird. Mitteilungen im Internet werden daher zumeist auf das Wesentliche beschränkt und ebenfalls kurz gehalten, um eine Ablenkung des Lesers, die in den heutigen Zeiten jederzeit einsetzen kann, zu verhindern. Insbesondere die jüngere Generation, die mit den modernen Medien aufwächst und sich demgemäß von langen Texten, wie umfangreichen Romanen abschrecken lassen könnte, wäre optimal als neue Zielgruppe von Kurzgeschichten geeignet! Diese beispielsweise im Internet publiker zu machen, um diese Menschen besser zu erreichen, stellt eine gute Möglichkeit dar, die Nachfrage nach Kurzgeschichten wieder zu erhöhen. Da Zeitungen und Magazine als Medien für Kurzprosa komplett wegzubrechen drohen, müssen diese ersetzt werden. Hierfür stellt das Internet eine sehr sinnvolle Alternative dar. Dafür muss nur noch eine gerechte Bezahlung des Autors gewährleistet werden, um auch das Schreiben von Kurzgeschichten für die Autoren wieder finanziell attraktiver zu machen. Dem leider oftmals vorherrschenden Desinteresse von Jugendlichen an Literatur, könnte mithilfe von Kurzgeschichten entgegengewirkt werden. Diese zu lesen stellt keine zeitliche Überforderung dar, zumal sie kurz gehalten und oftmals angenehm zu lesen sind. Auch die Aufmerksamkeitsspanne wird nicht überschritten. Kurzgeschichten, die über den heute oftmals vermissten Anspruch verfügen, können das Interesse an Literatur, an *guter* Literatur erneut entfachen und vor allem jungen Menschen zeigen, dass Lesen Spaß macht und nicht unweigerlich mit endlosem Zeit-und Konzentrationsaufwand einhergehen muss.

Bei aller Wichtigkeit des Marktes, der Verleger und dem nicht zu vernachlässigenden Interesse der Leser, so sind es letztendlich dennoch die Autoren selbst, die die begehrte Ware produzieren. Folglich liegt es an ihnen, Einfluss zu üben und ein gesellschaftliches Umdenken herbeizuführen. Aus diesem Grund appelliere ich an alle Schriftsteller: Traut euch, unkonventionelle Wege zu gehen! Verfallt nicht dem Reiz des schnellen Ruhms oder des großen Geldes. Geht den langsamen und steinigen Weg, nicht den des schnellen Erfolges! Nur so kann es uns gelingen, dem Mainstream entgegenzuwirken und bedeutende Gattungen wie die Kurzprosa und die Lyrik vor dem Untergang zu bewahren. Denn eines steht fest: Wir dürfen diese auf keinen Fall verlieren! Ein solcher Verlust käme einem Selbstmord der Literatur gleich! Tragen wir alle also wieder zu einer Wiederbelebung, zu einer Auferstehung dieser, zwar verstaubten, aber noch nicht verstorbenen Gattungen bei! Es ist noch nicht zu spät! Gute Literatur setzt sich nämlich am Ende immer durch!

Dieses Buch, diese Sammlung an Kurzgeschichten soll dazu dienen, den Lesern zu verdeutlichen, wozu dieses Genre in der Lage ist, wie breit gefächert die Themen und Inhalte sein können, was alles mithilfe von Kurzprosa ausgedrückt werden kann. Aus diesem Grund sind alle Geschichten in Kategorien eingeteilt und somit bestimmten Kapiteln angehörig, was eine bessere Übersicht und Struktur gewährleistet. Hierbei gilt es jedoch zu beachten, dass bestimmte Geschichten Merkmale mehrerer Kategorien aufweisen und gewisse thematische Überschneidungen somit möglich sind.

Besonders auf thematische und inhaltliche Vielfalt habe ich mich bemüht, großen Wert zu legen. Die Geschichten sind über einen Zeitraum von zwei Jahren entstanden und setzen sich mit dem Leben an sich in all seinen Facetten auseinander. Über die

Qualität der Erzählungen hat der Leser zu urteilen.

Dieses Buch ist für mich als großen Liebhaber der Kurzprosa eine absolute Herzensangelegenheit. Ich wünsche mir sehr, mit diesem Produkt einen Beitrag zum Erhalt und zur Renaissance der Kurzgeschichten geleistet zu haben. Da ich selbst ein sehr junger Autor bin, der noch viel zu lernen hat, erhoffe ich mir vor allem, das Genre in jugendlichen Kreisen bekannter zu machen und somit dazu beizutragen, dass der "Literatur-Verdrossenheit" junger Menschen entgegengewirkt wird.

An dieser Stelle möchte ich mich zudem beim Leser bedanken, der mit dem Erwerb dieses Buches ebenfalls dazu beigetragen hat, dass Kurzgeschichten nicht aussterben und sie nach wie vor gelesen werden! Hoffentlich können wir alle gemeinsam etwas bewegen!

Michael Lutz

Liebe

„Die Liebe ist so unproblematisch wie ein Fahrzeug. Problematisch sind nur die Lenker, die Fahrgäste und die Straße."

Franz Kafka

1 Abbilder

Die Gläser klirrten, die Teller und das Besteck klapperten. Schweinebraten wurde verspeist, Wein getrunken. Die Gesellschaft war in heiterer, ausgelassener Stimmung. Es war Heiligabend. Franz war auf die Weihnachtsfeier Leos, seines alten Jugendfreundes eingeladen. Dieser hatte zahlreiche Gäste eingeladen, Freunde, zum Teil auch Verwandte und andere nahestehende Menschen.

Man unterhielt sich miteinander, tauschte interessante Anekdoten aus, bemühte sich dem Anlass entsprechend nur über positive Ereignisse zu sprechen und dabei gekonnt die Tatsachen zu verdrehen und lachte miteinander.

Das Übliche eben, dachte Franz. Das Weihnachtsfest bereitete ihm tatsächlich mehr Unbehagen als Freude. Die Scheinheiligkeit der Menschen war ihm zuwider. *Immer lachen sie alle, sind so glücklich. Dabei setzen sie doch nur eine Maske auf, um von ihrem Innern abzulenken. So ticken die Menschen heutzutage.*

Franz saß zwischen Leos Mutter, einer sehr altersschwachen, jedoch würdevollen Dame und einem guten Freund Leos. *Wie war doch nochmal sein Name?* Er erinnerte sich nicht mehr. An den Gesprächen nahm Franz nur sporadisch teil. Er war abgelenkt. Ständig warf er einen neugierigen Blick in die Richtung des Gastgebers. Neben Leo saß V. Die drei waren damals zusammen in der Schule und schon lange eng befreundet. *Wie lange lag die Zeit schon zurück?* Er erinnerte sich nicht mehr.

Wie gerne würde ich neben ihr sitzen, dachte Franz. Dieser Gedanke kam ihm vollkommen beiläufig in den Sinn. Was machte es schon einen Unterschied, neben wem er saß. Leos Mutter und der andere Mann *(wie war nochmal sein Name?)* waren schließlich nette Leute. Er konnte doch genauso gut neben den beiden sitzen. Doch irgendwie war es nicht das gleiche. Er wollte neben V. sitzen, aus welchen Gründen auch immer, er vermochte es selber nicht zu sagen.

Warum ärgert es mich so, dass sie neben Leo und nicht neben mir sitzt? Franz gab sich alle Mühe diesen völlig sinnfreien, ja komplett banalen Gedanken beiseite zu schieben und widmete seine Aufmerksamkeit wieder dem Stück Schweinebraten, das sich auf seinem Teller befand und nur darauf wartete, verspeist zu werden.

"Haben Sie eigentlich eine Frau", fragte der Mann (*wie war nochmal sein Name?)* Franz.

Franz schüttelte nur den Kopf. Mit vollem Mund darf man schließlich nicht reden. Der Mann redete weiter auf ihn ein, doch er vernahm die Worte nicht mehr. Er hörte nur Geräusche, belanglose, inhaltsleere Geräusche. Alles war belanglos wenn man V. gegenübersaß. Jedoch nur gegenüber. Nicht direkt neben ihr. *Was soll das denn jetzt schon wieder? Sei nicht albern und konzentriere dich auf das Gespräch!* Franz nickte nur stumm, ohne den Mann überhaupt verstanden zu haben. Dieser schien sich mit dieser Reaktion jedoch zufriedenzugeben, denn plötzlich wandte er sich ab und suchte das Gespräch mit einem anderen. *Gut so, soll er mich doch in Ruhe lassen!*

V. und Leo schienen gut miteinander auszukommen. Sehr gut sogar. *Natürlich tun sie das, sie sind schon seit vielen Jahren befreundet!* Und dennoch verkrampfte sich Franz Magen als er sah wie seine beiden Freunde sich angeregt unterhielten, lachten und sich ständig scheinbar beiläufig an der Hand oder den Schultern berührten. *Und ich werde vollkommen ignoriert.* Um Gottes willen, was dachte er da schon wieder? Man konnte sich doch nicht immer nur mit ihm unterhalten, schließlich war er nicht der Mittelpunkt der Welt. Leo musste sich schließlich noch um seine anderen Gäste kümmern. Außerdem hatte er selbst soeben doch ein Gespräch mit dem Mann *(wie war nochmal sein Name?)* ausgeschlagen. Warum beschwerte er sich also dann? Naja, es war nicht dasselbe. Eigentlich wollte er nur gerne mit V. sprechen. *Komisch, dass Leo sich nur um sie kümmert und nicht um seine anderen Gäste.* Immer diese Vorwürfe!

Franz wurde das beklemmende Gefühl nicht los. Der Schweinebraten kam ihm auf einmal vor wie Hundefutter und daher schob er fast schon angewidert den Teller von sich weg. Der Appetit war ihm aus irgendeinem Grund völlig vergangen. *Ja, aus irgendeinem Grund.*

Niemand schien zu bemerken, wie Franz sich in seinem Stuhl zurücklehnte, zu zittern begann und V. fortan seine volle Aufmerksamkeit widmete. *Warum ist dir eigentlich früher nie aufgefallen wie schön sie ist?* Aber war sie das wirklich? Sah sie nicht einfach nur ihrem Alter entsprechend aus? *Wahrscheinlich kommt sie mir nur so schön vor, weil ich selbst so hässlich bin.* Ja, das musste es sein. Eigentlich war sie gar nicht so schön. *Verdammt hässlich!*

V. und Leo begannen miteinander zu tuscheln und beide grinsten überaus schelmisch dabei. *Also ihre langen schwarzen Haare sind schön, das bestreite ich nicht. Und, naja, also das Gesicht eigentlich auch. Ja, doch, sie ist schön. Besonders ihr Lächeln und ihre Stimme, wenn sie lacht. Warum sollte sie nur schön sein, weil ich hässlich bin? Wir sind doch unabhängig voneinander. Sie ist schön und ich bin hässlich. So ist das eben. Nichts weiter.*

Franz sah, wie V. Leos Hand ergriff und sie zärtlich streichelte. Ihre beiden Gesichter näherten sich. Außer ihm schien keiner der anderen Gäste etwas davon mitzubekommen. Alle waren in ihre oberflächlichen Gespräche verwickelt. All diese scheinheiligen, oberflächlichen Menschen. Nur er wusste, was wirklich vor sich ging, weil er auf die wichtigen Dinge achtete, auf die wichtigen Details. Ja, die entgingen ihm nicht. Wie zum Beispiel, dass V. und Leo sich doch tatsächlich küssten. Und dann auch noch auf den Mund. So etwas ziemt sich doch nicht in der Öffentlichkeit.

Das sieht aber nach mehr aus als "Freundschaft". Beim nächsten Mal etwas diskreter bitte. Ihr seid schließlich nicht alleine. Noch nicht! *Oh Gott, was denkst du da schon wieder?*

Franz schüttelte sich und trank einen kräftigen Schluck Wein. Er musste sich einen Rülpser verkneifen. *In meinem Rucksack habe ich doch noch ein Geschenk für sie. So lange haben wir uns doch schon nicht mehr gesehen. Ich muss es ihr noch überreichen. Und dann sagst du ihr endlich...*Was sagen?

Leos Hand glitt langsam an V.s Körper herab und verschwand schließlich unter den Tisch. *Wohin nur?* Nein, das wollte er so genau gar nicht wissen. *Widerliches Schwein*, kam es Franz unwillkürlich in den Sinn. *Oh Gott, was denkst du da schon wieder. Er ist dein Freund. Und sie nur eine alte Schulkameradin. Eine Frau wie jede andere auch. Nichts weiter.* Naja, sie sah schon ziemlich gut aus. *Verdammt hässlich!* Und ihr Lächeln! *Nichts weiter.*

Franz fragte sich, was es wohl zum Nachtisch geben würde. Den Blick konnte er nicht von V. abwenden. Und Leo. *Pudding?* Ihr Lächeln. *Eis?* Sie ist schon ziemlich schön. *Verdammt hässlich!*

Ohne dass irgendeiner der Gäste Notiz davon nahm (*oberflächliche und scheinheilige Menschen!),* standen V. und Leo auf und verließen Arm in Arm das Zimmer. Sie schlossen die Tür hinter sich. Man hörte sie die Treppen hochlaufen. *Wahrscheinlich gehen sie den Nachtisch holen.* Franz bewegte sich unruhig auf seinem Stuhl hin und her. Auf einmal hatte er das Gefühl, kurz vor einer Panikattacke zu stehen. Das Gefühl kannte er. Kurz vor seiner Abschlussprüfung war er derart aufgeregt, dass er ebenfalls glaubte, jeden Augenblick zusammenzubrechen. Doch diesmal war es anders. Das Gefühl, es war irgendwie anders als damals bei der Abschlussprüfung. *Mach dir nichts vor. Natürlich gehen sie nicht den "Nachtisch" holen. Du weißt genau, wo sie hingegangen sind und was sie gerade tun. Die Treppen führen zu Leos Schlafzimmer und dort hat er wohl kaum den Pudding stehen lassen. Oder war es etwa doch Eis?*

Wäre es nicht aus irgendeinem Grund so verdammt traurig, hätte Franz fast schon über diese Ironie lachen können. Wie dumm waren die beiden nur? Als würde ihm so eine offensichtliche Tatsache entgehen. Hielten sie ihn etwa für blöd? Jetzt endlich wusste Franz auch, warum er derart emotional aufgewühlt war. *Es ist ihr Verhalten. Sie lässt alles mit sich machen. Das gehört sich schließlich nicht für eine Frau. Unter Gästen muss man sich einfach diskreter verhalten. Man kann sich doch in Gegenwart von einem dutzend Menschen nicht derart gehen lassen. Was würde den Menschen denn dann noch vom Tier unterscheiden?* Ja, das war es. Das ungewohnte Gefühl in seinem Innern war Scham. Er schämte sich für V. und Leo, dafür, dass zwei erwachsene Menschen anscheinend keinen Anstand haben und sich wie Tiere präsentieren. *Nichts weiter.*

V. und Leo kehrten so schnell nicht wieder. Seit ihrem plötzlichen Verschwinden war mittlerweile eine halbe Stunde vergangen. *Ob ich sie "überraschen" sollte?* Franz stellte sich vor, wie er leise und auf Zehenspitzen die Treppe hinaufschlich, die Tür zum Schlafzimmer aufriss, die beiden dort erblickte, sie auslachte und sich in sadistischer Freude an ihren schockierten Gesichtsausdrücken ergötzte. Er musste bei dem Gedanken lächeln. *Was, wenn ich es Leo so richtig heimzahle? Dieses unartige Verhalten muss bestraft werden!* Plötzlich kam ihm ein neuer Gedanke. Er stürmte mit einem Messer ausgestattet in das Schlafzimmer, entledigte sich seines Freundes und dann gehörte V. ihm. *Oh Gott, was denkst du da schon wieder?*

Franz schämte sich zutiefst für seine unmoralischen Fantasien und konnte sie dennoch nicht abstellen. Es war genau wie mit dem pinken Elefanten. Wenn man sich ihn nicht vorstellen soll, muss man sich ihn erst recht vorstellen. *Was würde Kant dazu sagen?* Unfassbar, wie konnte er in einer solchen Situation nur auf Kant kommen? In seinem Philosophiestudium hatte er sich die Werke des Königsberger Philosophen zu Gemüte führen müssen. *Sie ignoriert mich, zieht meinen Freund mir vor und ich denke plötzlich an Kant. Das Gehirn ist schon ein seltsamer Apparat.*

Die Zeit verging und V. und Leo kehrten immer noch nicht zurück. *Die lassen sich aber viel Zeit.* Mit jeder Minute, die verstrich wuchs Franz Hass auf Leo immer weiter bis selbiger schließlich ins Unermessliche gesteigert wurde. Er konnte es sich nicht erklären, hegte er doch für gewöhnlich nie einen derartigen Groll gegen seine Mitmenschen, erst recht nicht gegen seine Freunde. *Es ist wegen ihr!*

Wenn er an V. dachte, wurde sein Herz förmlich zerrissen vor Schmerz und mit einer schier unerträglichen und mit nichts zu vergleichenden Sehnsucht erfüllt. *Sie ist schon ziemlich schön. Nichts weiter.* V. war mehr als nur schön. Sie war die schönste Frau, die er kannte. Und die klügste. Und die gutherzigste. Sie war früher schon so ein toller Mensch. Schon immer gewesen. *So toll kann sie gar nicht sein. Sonst hätte sie nicht etwas mit deinem Freund angefangen. Großartig! Da haben wir den Salat! Was hat er nur, was ich nicht habe?* Voller Schwermut wurde sich Franz just in diesem Augenblick wieder bewusst, wie hässlich er doch war. *Verdammt hässlich!* Leo war schon attraktiver als er, das musste er zugeben. Und die Menschen heutzutage sind schließlich alle *(oberflächlich und scheinheilig!).* Wer legt schon heute noch Wert auf den Charakter, auf die inneren Werte, auf die es schließlich ankam? Außer ihm wohl niemand! *Sie war schon ziemlich schön. Nichts weiter.*

Die Luft, die er atmete, war wie Schwefel. Er glaube, zu ersticken. Das Zimmer, in dem er sich befand, war wie ein Gefängnis. Hier saß er nun, ganz alleine und vollkommen isoliert in einer Gruppe Menschen. Ihm war heiß und kalt zugleich. Furchtbarer Schwindel bemächtigte sich seiner. Schließlich hielt Franz es nicht mehr aus. *Ich muss frische Luft schnappen!* Also erhob er sich, teilte der Gemeinschaft mit, dass er nur kurz für wenige Minuten nach draußen gehe und entfernte sich dann *(niemand hat mir zugehört, sie interessieren sich nicht für mich!).*

Nicht weit von Leos Haus entfernt, befand sich ein kleiner Park, den Franz aufzusuchen gedachte. *Ich muss frische Luft schnappen. Nichts weiter. Mir geht es gut.* Er taumelte durch die Dunkelheit. Die Straßen waren nur schwach beleuchtet. Die Weihnachtsdekoration an den Häusern leuchtete ungleichmäßig. Flackerte kurz auf, erlosch dann wieder und flackerte kurz auf, immer im Wechsel. Kurz darauf erreichte er den Park, doch zuvor musste er eine Brücke überqueren. Er blieb stehen, starrte hinab in die Strömung des Flusses. Aus irgendeinem Grund, er erinnerte sich nicht mehr, hatte er seinen Rucksack mitgenommen. *Vermutlich falls ich es mir anders überlege und gar nicht mehr zurückgehe, sondern sofort den Weg nach Hause antrete.* Von Schmerz und unerfüllter Leidenschaft gepeinigt, beugte sich Franz weit über die Brücke und spielte mit dem Gedanken, sich hinabzustürzen. *Wie ist es wohl, wenn ich nicht mehr bin? Den Schmerz spüre ich dann nicht mehr. Außerdem vermisst mich doch ohnehin niemand. Sie vermisst mich nicht, hat schließlich Leo und braucht mich gar nicht. Doch ich brauche sie.* In Franz Augen bildeten sich Tränen. *Reiß dich zusammen!*

Du bist ein erwachsener Mann und stellst dich an wie ein Teenager. Du dämlicher Idiot kannst dich doch nicht wegen einer Frau umbringen. Wegen einer verdammten Frau! Was ist schon so besonders an ihr?

Unwillkürlich musste Franz erneut an Kant denken. Hatte der nicht auch gesagt, dass wir die Dinge niemals so sehen, wie sie sind, sondern nur, wie sie uns erscheinen? Hatte er, Franz, nicht gar mal einen Aufsatz über dieses Thema verfasst. *Wie lange war es schon her?* Wenn dem so war, sah er V. also nur, wie sie ihm erschien und nicht wie sie wirklich war. Also war sie in Wahrheit doch gar nicht so schön, gutherzig und was auch immer? Was hatte das zu bedeuten? Hatte die Liebe ihm etwa einen üblen Streich gespielt? War V. nur eine Projektion seines Unterbewusstseins, seiner verborgenen Wünsche, Träume und Sehnsüchte. Übertrug er diese Sehnsüchte etwa auf eine vollkommen beliebige Person, nur damit seine Sinne über ein entsprechendes Objekt der Begierde verfügten? Nur damit seine Bedürfnisse gestillt waren? War dieses Objekt der Erscheinung nicht völlig austauschbar? *Nein, sie ist anders!*

Franz wich zurück. Nein, er würde nicht springen. Er war schließlich vernünftig! Von hinten ertönte plötzlich eine Stimme. "Frohe Weihnachten!" Schlagartig drehte er sich um und sah sich einer attraktiven Frau gegenüber, die er jedoch nicht kannte. Etwas beschämt und leicht stotternd erwiderte er die Begrüßung und sah der Frau hinterher, bis sie in der vollkommenen Dunkelheit entschwunden war. Außer ihr und ihm war weit und breit niemand zu sehen. Vermutlich feierten alle mit ihren Familien und Freunden zusammen. Genauso wie Leo und V. auch gerade "feierten". *Seltsam*, dachte Franz. Diese Frau erinnerte ihn irgendwie an V. *Warum auch immer. Der Gedanke an V. machte ihn melancholisch und wütend zugleich. Jetzt überwog* jedoch die Wut! Hektisch öffnete er seinen Rucksack, nahm das Geschenk, das er V. im Laufe des Abends eigentlich zu überreichen gedachte und schleuderte es wutentbrannt in den Fluss. Es versank augenblicklich in der reißenden Strömung. Irgendwie musste er einfach seine Wut äußern. *Was war nochmal drin?* Er erinnerte sich nicht.

Nach einem kurzen Spaziergang, kehrte Franz entgegen seiner ursprünglichen Absicht, direkt nach Hause zu gehen, zu Leo zurück, nur ohne Geschenk. *Das hat sie jetzt auch nicht mehr verdient. Wenn sie mich nicht will, hat sie mich auch nicht verdient. Ihr Pech! Die weiß doch gar nicht, was ihr entgeht.*

Er gesellte sich wieder zu den anderen. Man schien keinerlei Notiz von ihm zu nehmen. *Es vermisst mich doch ohnehin keiner.* Nachtisch stand noch nicht auf dem Tisch. Und V. und Leo waren immer noch nicht zurück. Diese Tatsache versetzte Franz in schier unermessliche Raserei. Sein Entschluss stand fest. Er musste diesem Spuk ein Ende bereiten! Sein jetzt ehemaliger Freund stand seinem Glück im Weg. Ihrem auch! Doch er, Franz, würde V. retten. Er würde sie von der sinnlichen Verführung durch Leo bewahren und sie retten. Sie gehörte ihm und sonst niemandem. *Nur mir, nur mir allein!* Voller Entschlossenheit ergriff Franz das Messer, das in den Resten des noch auf dem Tisch stehenden Schweinebratens steckte. *Ein feines Messer. Groß und scharf. Genau richtig!* Franz leckte sich die Zähne. Mit irrrem Blick, das Messer fest umklammernd schlich er langsam die Treppe hinauf. *Gleich habe ich dich, du elender Verräter!* Mit einem kräftigen Tritt zertrümmerte der Wahnsinnige die Tür zum Schlafzimmer und schrie lauthals: "ERWISCHT!!!"

Der Anblick, ließ ihn jedoch erschaudern. Niemand befand sich in dem Zimmer. Das frisch bezogene Bett war leer, es machte nicht den Anschein, als wäre es kürzlich benutzt worden. Stattdessen befand sich in der Mitte des Raumes ein großer Wandspiegel. Franz starrte, als er hineinkam in sein eigenes Abbild. Vor Schreck ließ er das Messer fallen. Ungläubig näherte er sich dem Spiegel. Zweifelsohne, das war er selbst, sein eigenes Gesicht, das ihm dort verdutzt entgegenblickte. *Was ist das für ein Fluch?* Mit der Hand strich er über den Spiegel und betrachtete dabei sein *(verdammt hässlich!)* Gesicht. Sein bereits vorzeitig ergrautes Haar hing in fettigen Strähnen vom viel zu groß geratenen Schädel herab, das ausdruckslose Gesicht war mit Pockennarben übersät. Franz sah seinem Spiegelbild tief in die Augen. Die grauen Augen, so leer, dieser Blick, so müde, so erschöpft. *Ich sollte mir wirklich nochmal beim Friseur die Haare färben lassen. Und gegen meine Hautunreinheiten sollte ich auch endlich mal Maßnahmen ergreifen. Die Zeit drängt.*

Völlig verwirrt trottete Franz die Treppe hinunter. Tausend Gedanken schossen ihm gleichzeitig durch den Kopf, wovon ihm übel wurde. *Wie kann ich nur das Denken abschalten? Einfach nur aufhören zu denken. Raus aus meinem Kopf! Ich will Ruhe haben. Hört ihr denn nicht?! ICH WILL RUHE HABEN!!!"*

Franz riss die Tür zum Wohnzimmer auf. Die Gesellschaft war dort nach wie vor versammelt. *Eine muntere Runde.* Er konnte es zunächst nicht glauben, hielt es für bloße Einbildung, einen schlechten Witz, einen Alptraum. Dort saßen doch tatsächlich V. und Leo! Auf dem Tisch standen Pudding und Eis, über den sich die Gäste, gierig wie sie waren, hermachten.

V. blickte auf einmal von ihrem Teller auf und sah Franz, der dort in sich zusammengesackt und mit aufgerissenen Augen und Mund im Türrahmen stand und die Welt nicht mehr begriff.

"Da ist er ja endlich", verkündete sie freudig mit ihrer ach so lieblichen Stimme. *Sie ist schon ziemlich schön. Nichts weiter.* "Willst du dich nicht zu uns gesellen, Franz? Es gibt Pudding und Eis."

Mechanisch nahm Franz auf dem Stuhl direkt neben V.s Platz,

den sie ihm offeriert hatte. Jetzt saß er doch neben ihr. "Frohe Weihnachten", sagte sie und küsste ihn.

2 Der beste Freund

Verena, Verena. Sie war alles, an das ich denken konnte. Für mich gab es nichts anderes. Nur sie. Sie war einfach die perfekte Frau. Mein Leben ohne sie wäre ein großer Irrtum. Sie war mehr für mich als nur eine von vielen. Sie war der Diamant in einem Haufen von Kieselsteinen. Sie stach aus der Masse heraus, war etwas besonderes. Niemals könnte ich es ertragen, sie zu verlieren. Sie war meine Welt, mein Ein und Alles, mein Leben!

Verena und ich kannten uns schon seit Ewigkeiten. Damals gingen wir zusammen zur Schule. Von Anfang an haben wir uns ausgezeichnet verstanden. Gemeinsame Interessen wie die Liebe zur Kunst haben uns zusammengeführt. Wir waren gut befreundet, ja, sogar beste Freunde! Doch heimlich war ich schon immer in sie verliebt. Vom Augenblick unserer ersten Begegnung bekam ich sie nicht mehr aus dem Kopf. Ich liebte einfach alles an ihr, vom Antlitz bis hin zur Güte ihres Herzens, der Stärke ihres Charakters, ihrer Leidenschaft. Verena war wahrlich ein einziges Kunstwerk! Und doch gelang es mir nie, ihr meine wahren Gefühle zu offenbaren. Unzählige Male nahm ich mir dies vor, nie fand ich den Mut dazu. Was mich letztlich zurückhielt, war die Angst, sie zu verlieren, sollte sie meine Gefühle nicht erwidern. Ich fürchtete, sie würde sich von mir distanzieren, sobald sie von meiner unsterblichen Liebe erführe. Ich wollte die Freundschaft nicht aufs Spiel setzen. Jeden Tag ärgerte ich mich aufs Neue, ein solcher Feigling, ein minderwertiger Schwächling zu sein. Stark sein war doch alles, was ich wollte. Ich wollte für Verena stark sein. An einem Schwächling wie mir konnte eine solch umwerfende Frau unmöglich Gefallen finden. Doch ich schwieg, ich schwieg, weil ich nicht anders konnte. Eine unsichtbare Kraft hielt mich zurück. Doch noch war es nicht vorbei. Ich hatte noch die Gelegenheit dazu, ihr meine Liebe zu gestehen! Und bald sollte es so weit sein! Nichts würde mich davor abhalten!

Ich bemühte mich, Verena möglichst jeden Tag zu sehen. Da sie eine viel beschäftigte Frau war, war dies nicht immer möglich. Doch, wenn wir keine Zeit miteinander verbringen konnten, spionierte ich ihr nach. Ich verfolgte sie heimlich. Anschließend wurde ich von schrecklichen Schuldgefühlen geplagt. Wenn sie das nur wüsste...Doch ich musste es tun. Ich erlag einem inneren Zwang, der mir ein anderes Handeln nicht ermöglichte und mich der Handlungsfreiheit beraubte. Ich war unfrei, hatte keine Wahl. Konnte ich sie nicht sehen, starb ich innerlich und das nicht nur einmal, sondern mehrmals. Jede Sekunde, die verstrich, in der ich nicht bei ihr war, war vergeudete Zeit.

Jenen Abend verbrachte ich mit Verena. Wir saßen gemeinsam bei ihrem Lieblingsitaliener und genossen das gute Essen. Sobald ich in ihrer Nähe war, ging es mir augenblicklich besser. Die Übelkeit, die Kopfschmerzen, all das war verschwunden und einem wohltuenden Kribbeln gewichen. Mein Herz, das ansonsten unaufhörlich raste, beruhigte sich. Es beschwerte sich einfach nur, wenn es nicht in der Nähe Verenas Herzens sein konnte. Doch in diesem Moment war alles gut.

"...ich habe dich etwas gefragt. Hallo, Sebastian? Ich rede mit dir!"

Verenas Worte rissen mich aus meiner Trance. Erst jetzt realisierte ich, dass ich sie die ganze Zeit über angestarrt haben musste. Ich hatte ihr lange Zeit so verträumt in die Augen geblickt, dass ich gar nicht mitbekam, dass sie mich etwas gefragt hatte.

"Entschuldigung, was ist los?", gab ich verwirrt zurück.

Sie schmunzelte (ich liebte es, wenn sie das tat). "Also wirklich Sebastian. Hast du etwa zu viel getrunken?"

Sie deutete auf mein Weinglas, welches halb leer war.

"Nein, das ist es nicht...es ist nur", begann ich.

"Man könnte meinen, du wärst verliebt", lachte Verena. Sie schien sich selber über diesen Gedanken zu amüsieren. Ihr bester Freund konnte doch nicht in sie verliebt sein. Niemals!

"Was ich? Wie kommst du darauf?"

In meinem Herzen spürte ich einen Stich, als ich diese Worte aussprach. Jetzt sah mich Verena ernst an. Mir wurde in diesem Augenblick endgültig bewusst, von welch atemberaubender Schönheit sie eigentlich war. Ihre vollen Lippen, das wallende schwarze Haar und die tiefblauen Augen, so tief, dass ich darin zu ertrinken drohte.

Nach einer kurzen Pause meinte sie schließlich etwas unsicher: "Naja, besonders in letzter Zeit warst du etwas anhänglicher als zuvor. Ehrlich gesagt fühle ich mich etwas bedrängt von dir."

"Von mir? Das tut mir leid. Dieser Eindruck sollte nicht entstehen."

Zögerlich fragte Verena: "Du bist mein bester Freund. Mit dir kann ich über alles sprechen. Wir bleiben doch Freunde, oder nicht? Nur Freunde meine ich."

Ich wusste zunächst nicht, was ich darauf entgegnen sollte. Wie gerne hätte ich ihr alles erzählt. Ich war mir nicht sicher, wie lange mein Herz dieser enormen Belastung noch standhalten konnte. Doch, ich log erneut, weil ich nicht anders konnte und der richtige Zeitpunkt noch nicht gekommen war: "Ja, da ist nichts weiter. Wir sind und bleiben Freunde."

Ich spürte erneut einen Stich in meinem Herzen, dieser jedoch noch viel schmerzhafter als der vorherige.

Beschämt sah ich auf meinen Teller, doch der Appetit war mir völlig vergangen. Mein Magen zog sich schmerzhaft zusammen. Auch Verena schien dieses Thema unangenehm zu sein, weshalb sie etwas ganz anderes erzählte.

"Was ich dich eben fragen wollte, als du mir anscheinend nicht zugehört hast, ist Folgendes: Der Abend ist noch früh. Hast du heute noch etwas vor?"

Mein Herz machte einen Sprung. Wollte sie etwa die Nacht mit mir verbringen? Die Worte blieben mir fast im Hals stecken. Das einzige was ich erstickt hervorbrachte, war: "Nein und du?"

Meine aufmerksamen Augen, die Verena niemals aus dem Blick ließen, bemerkten sofort, dass sie plötzlich unruhig wurde.

"Nun ja, ich treffe mich noch mit jemandem", sagte sie und auf ihrem hübschen Gesicht machte sich ein Lächeln breit. Auf einmal war ich hochgeschnellt, blitzschnell, hellwach.

"Mit wem?", presste ich zwischen zusammengebissenen Zähnen hervor.

Verena lief leicht rot an und gab dann zurück: "Ich wollte es dir schon länger sagen. Aber irgendwie war es mir unangenehm. Doch ich hatte ein schlechtes Gewissen, weil ich mich nicht getraut habe, es dir, Sebastian, meinem besten Freund zu erzählen. Dir kann ich alles anvertrauen, also auch das."

"Schieß los", bat ich etwas ungeduldig.

"Ich habe einen Freund."

Diese Worte waren schmerzhafter als jeder Messerstich. Ich durfte mir jedoch nichts anmerken lassen, da sie ohnehin langsam skeptisch wurde. Konnte ich schon nicht mit Verena zusammen sein, so wollte ich doch wenigstens die Freundschaft bewahren, obwohl dies mich alles andere als zufrieden stellte. Ich rang verzweifelt nach Atem.

"Was ist?", fragte sie besorgt.

"Nichts, alles gut. Das freut mich für dich. Erzähle mir von ihm." Wollte ich das wirklich wissen? Nun ja, ich musste.

Also begann Verena zu erzählen, während ich mich angestrengt bemühte, mich zusammenzureißen: "Er heißt Marc. Wir haben uns vor einigen Monaten kennengelernt. Es war Liebe auf den ersten Blick, weißt du? Nun sind wir ein Paar und unglaublich glücklich zusammen. Er ist der erste Mann, den ich jemals geliebt habe. Er hat einen unglaublich tollen Charakter, ist charmant, elegant und sehr liebevoll. Zudem sieht er einfach nur umwerfend aus. Braungebrannt, schwarzes Haar, dunkle Augen. Einfach unwiderstehlich."

Genau ihr Typ war dieser Marc also. Sofort fühlte ich mich elend, dass meine Haut kreidebleich und nicht braungebrannt war, meine Augen blau und nicht dunkel und meine Haare blond und nicht schwarz waren. Doch glaubte ich nicht auch einen guten Charakter zu haben? Warum liebte Verena also nicht mich. Schließlich kannten wir uns schon viel länger. Doch das war wohl eher ein Nachteil für mich, da ich kein Mysterium mehr für sie war. Sie kannte mich einfach zu gut. Ein unerträglicher Gedanke!

Wackelig auf den Beinen stand ich auf. "Lass dich drücken, Verena", sagte ich mit gespielter Freundlichkeit.

Auch sie stand auf und fiel mir um den Hals. Ich drückte sie ganz fest und hätte sie am liebsten nie wieder losgelassen.

"Danke Sebastian! Ich liebe ihn so sehr! Endlich weißt du es jetzt."

In diesem Moment hätte ich Verena am liebsten geküsst, mehr noch, es war mein größter Wunsch. Doch damit hätte ich nur alles zerstört. Also ließ ich es sein!

Nach einer gefühlten Ewigkeit lösten wir unsere Umarmung. Mit einem Blick auf die Uhr, meinte sie, dass Marc vor dem Kino auf sie wartete und sie jetzt los müsse. Daraufhin verabschiedeten wir uns. Ich bezahlte und ging dann ebenfalls. Doch nicht nach Hause, noch nicht. Nicht, bevor ich wusste, wer dieser Marc war. Also folgte ich Verena mit ausreichendem Abstand, die Kapuze tief ins Gesicht gezogen, wie ich es so oft tat. Und wie immer schämte und hasste ich mich dafür, doch ich konnte es nicht sein lassen.

In der Dunkelheit konnte Verena mich glücklicherweise nicht sehen. Unauffällig und leisen Schrittes war ich ihr bis zum Kino gefolgt. Ich versteckte mich hinter einem großen Werbeschild, den Blick auf dem Eingang zum Kino gerichtet. Tatsächlich stand dort bereits ein junger Mann, auf den Verenas Beschreibung genau zutraf. Voller Neid musste ich mir eingestehen, dass er wirklich gut aussah. Als Verena ihn von Weitem erblickte, begann sie auf ihn zuzulaufen und er kam ihr entgegen. Sie umarmten und küssten sich und der Schmerz in meinem Herzen loderte erneut auf. Als die beiden im Kino verschwanden und nicht mehr zu sehen waren, machte ich kehrt und rannte nach Hause. Ich rannte durch die Dunkelheit. Ich rannte um mein Leben. Ich wollte nur noch ins Bett und endlich schlafen.

Zuhause angekommen musste ich mich übergeben, da die

Übelkeit nahezu unmenschliche Maße angenommen hatte. Anschließend legte ich mich ins Bett und weinte bitterlich bis ich endlich einschlief. Unzählige Male habe ich mich in den Schlaf geweint. Das einzige woran ich denken konnte, bevor ich in die Traumwelt einkehrte, war, wie ich Marc loswerden konnte. Irgendwie musste es möglich sein, Verena doch noch für mich zu gewinnen. Eines stand fest. Marc musste weg! Mein Hass auf ihn war abgrundtief! Und dann schlief ich!

Am nächsten Morgen wachte ich müde auf. Ich hatte unruhig geschlafen. Die Tränen waren zwar getrocknet, doch die Wunde im Herzen war nach wie vor offen. Wie immer, wenn ich aufwachte, war der erste Gedanke, der mir durch den Kopf schoss, wie sehr ich Verena liebte. Der zweite Gedanke an diesem Morgen war, wie sehr ich diesen Marc hasste. Tatsächlich spürte ich zum ersten Mal ein stärkeres Gefühl als die Liebe. Der Hass hatte mein zutiefst verwundetes Herz eingenommen. Dieser richtete sich einzig und allein gegen Marc. Verena traf keine Schuld, davon war ich überzeugt. Dieser Mann hatte sie mit seinen äußerlichen Reizen verführt, auf die falsche Fährte gelockt. Eigentlich liebte Verena nämlich nur mich und sonst niemanden. Alles was ich tun musste war, ihr die Augen zu öffnen. Einfach nur die Augen zu öffnen...

Als ich mich angezogen hatte, läutete auf einmal das Telefon. Ich nahm den Hörer ab. "Hallo?"

"Hallo Sebastian." Es war Verena. Mein Herz schlug augenblicklich höher.

"Was gibt es, Verena?"

"Ich wollte mich nochmal dafür entschuldigen, dass ich dir erst gestern von Marc erzählt habe. Das war falsch. Ich hätte es dir früher sagen sollen."

"Und deswegen rufst du mich zu solch früher Stunde an?"

"Früh? Sebastian, es ist fast zwölf Uhr!"

Ich sah auf die Uhr. Es war tatsächlich nicht so früh, wie ich angenommen hatte. Aufgrund des Schlafmangels dachte ich wohl einfach, dass es noch früh am Morgen sein musste.

"Ich bin dir nicht böse", sagte ich. "Doch würde ich deinen Freund gerne kennenlernen." Ich hatte keine Ahnung, was ich da eigentlich sagte. Instinktiv sagte ich, dass ich ihn gerne kennenlernen würde.

Mit freudiger Stimme antwortete Verena: "Das passt ausgezeichnet! Ich wollte dich nämlich ohnehin fragen, ob du Lust hast, dich heute Abend mit Marc und mir zu treffen. Das ist der eigentliche Anlass meines Anrufs."

"Natürlich will ich das! Wann und wo?"

"Wir haben uns überlegt, zusammen in der Disco ´Beste Freunde` zu feiern. Wir sind um neun Uhr dort. Bist du dabei?"
"Selbstverständlich bin ich das. Ich freue mich schon sehr darauf, Marc endlich kennenzulernen. Wenn du in ihn verliebt bist, muss er wirklich ein ausgezeichneter Mann sein." Ich hasste mich dafür, diese Worte ausgesprochen zu haben.

Verena meinte nur: "Ja, er ist wirklich unbeschreiblich. Ein starker Mann. Dann bis heute Abend Sebastian. Ich freue mich auch...wir freuen uns."
"Bis heute Abend."

Dann legte sie auf. Ich ließ mich in den Sessel fallen, denn ein Gefühl von Schwäche und Ohnmacht überwältigte mich. Alles um mich herum drehte sich. Worauf hatte ich mich da nur eingelassen?

Ich wusste nicht, ob ich es ertragen könnte, Verena zusammen mit einem anderen Mann zu sehen. Ich kannte Marc nun wirklich überhaupt nicht, doch das brauchte ich auch nicht. Ich wusste über ihn alles, was ich wissen musste. Er war der Freund meiner Geliebten und ich war nur der beste Freund. Eines stand für mich fest:

Ich konnte diese Schmach, diese schmerzhafteste aller Demütigungen nicht auf mir sitzen lassen. Mein Hass auf Marc war so tief, dass es nur eine Möglichkeit gab, mich vom Schmerz zu befreien. Marc stand meinem Glück im Wege. Also musste er sterben. Und nicht irgendwie. Nein, er musste durch meine Hand sterben. Ich musste derjenige sein, der seinem Leben ein Ende bereitete. Doch ich tat das nicht für mich. Nein, ich war kein egoistischer Mensch. Ich würde es einzig und alleine für Verena tun, um sie vor diesem Monster zu schützen. Wie sagte sie zuvor am Telefon? Marc war ein starker Mann! Nun, dann war es an mir, zu zeigen, dass ich stärker war, wenn es das war, was ihr so gefiel. Morden ist nicht unmoralisch, wenn es dem Wohle anderer dient, in diesem Falle dem von Verena. So sah ich das jedenfalls. Und ich war klar bei Verstand! Ich handelte schließlich nie unüberlegt. Niemals! Marc hatte Verena den Kopf verdreht, er hatte sie mir genommen, mein Unglück somit besiegelt. Strafe musste sein! Er hatte den Tod verdient. Und während ich da so saß und überlegte, wie ich ihn am Besten aus dem Spiel ziehen konnte, kam mir eine unglaublich gute Idee...

Obwohl wir uns erst um neun in der Disco treffen wollten, war ich bereits eine halbe Stunde vorher dort. Ich musste noch letzte Vorkehrungen treffen. Mein Plan war genial, gleichzeitig aber auch sehr riskant. Doch was sollte schon schief gehen? Schließlich war alles gut durchdacht, ich handelte eben nach der Vernunft. Ich war ja kein Verrückter!

An diesem Abend war einiges los in der Disco. Wie die Verrückten feierten und tranken diese ganzen Idioten. Ich fragte mich, was jemand so großartiges erreichen konnte, was dieses ganze Feiern rechtfertigen konnte. Aber das war ja nicht mein Problem. Ich war zum Arbeiten da.

Ich stand schweigend und ganz alleine mit düsterer Miene am Rand und beobachtete den Eingang. Neun Uhr war schon vergangen und doch waren Verena und Marc noch nicht eingetroffen. Ich griff in meine Hosentasche und fühlte nach, ob es noch da war. Das war der Fall. Die Tabletten waren noch da.

Der Gedanke daran, bald Verena zu sehen, versetzte mich in eine wohlige Unruhe und endlich traf sie ein. Mit zehnminütiger Verspätung und...natürlich mit Begleitung. Mein Blick fiel nur auf sie. Sie trug ein rotes Kleid, in dem sie unbeschreiblich gut aussah. Mein Herz machte einen Sprung und meine Kinnlade klappte etwas nach unten. Sie sah sich zunächst suchend um und als sie mich erblickte, kam sie lächelnd auf mich zu. Erst jetzt fiel mir Marc auf, der ihr wie ein Hund hinterhereilte. Wie ein Hund...

Marc trug einen schwarzen Anzug, in dem er zugegebenermaßen sehr nobel aussah.

"Hey Sebastian, wie schön, dass du da bist", begrüßte mich Verena als sie bei mir war und schenkte mir eine herzliche Umarmung.

"Hallo Verena", hauchte ich. Mein Herz schlug jetzt so schnell, dass es fast weh tat. Eigentlich war es für Verena unmöglich, das Klopfen zu überhören, so laut war es. Anschließend widmete ich mich ihrem Begleiter. Er lächelte und streckte seine Hand aus.

"Guten Abend. Ich bin Verenas Freund. Mein Name ist Marc, Marc Schuster."

Äußerst widerwillig gab ich ihm die Hand, warf ihm einen eiskalten Blick zu und drückte ganz fest zu.

"Sebastian", war das einzige, was ich zur Begrüßung sagte:

"Sehr erfreut, Sebastian. Da hat aber jemand einen festen Griff", schmunzelte Marc. Ich ließ seine Hand los.

"Marc, Sebastian ist mein bester Freund. Wir kennen uns schon seit Ewigkeiten. Ich freue mich so, dass ihr euch endlich kennenlernt", verkündete Verena mit freudiger Stimme. Sie strahlte. Ich liebte es, sie glücklich zu sehen. Doch nicht unter solchen Umständen. Die Ärmste wusste gar nicht, wie ihr geschah. Dieser gutaussehende Mann hat sie mit seinem Charme manipuliert. Doch ich wusste direkt, mit wem ich es zu tun hatte. Ich hatte diesen Verräter sofort durchschaut. Diese Scheinheiligkeit, diese Arroganz. Wahrlich, ein solcher Mensch hatte nicht das Recht, mir meine Geliebte zu nehmen. Niemand hatte das. Und dass er wagte, es dennoch zu versuchen, würde er bald bitter bereuen.

"Ja, ich bin...der beste Freund", sagte ich schließlich wehmütig. Und das nur wegen Marc. Ohne ihn wäre alles gut!

"Oh ja, Verena hat mir schon von dir erzählt", sagte Marc.

"Tatsächlich? Hat sie das? Hast du das Verena?" Verena nickte und sah beschämt zu Boden.

"Wie dem auch sei. Erzähl etwas von dir, Sebastian. Was machst du so beruflich?", fragte mein Feind.

Ohne eine Miene zu verziehen sagte ich: "Hier geht es nicht um mich. Ich möchte etwas von dir wissen. Ich rede nicht gerne über mich selber. Erzähl du mir von dir, Marc."

Dieser zuckte kurz mit den Achseln und ergriff wieder das Wort: "Ich arbeite als Informatiker, weißt du? Schöner Job, sehr erfüllend!"

"Marc leistet hervorragende Arbeit", unterbrach ihn Verena und gab ihm vor meinen Augen einen Kuss. Warum nur konnte sie mich nicht loben, mich nicht küssen? Und wieder spürte ich den Stich in meinem Herzen.

"Ich hatte einfach nur Glück", meinte Marc und küsste Verena seinerseits auf die Stirn. Das wird dir bald vergehen, Marc, das verspreche ich dir, dachte ich.

Ich wechselte schnell das Thema, da mich ihr kleiner Flirt enorm aufregte und ich es mir nicht länger ansehen wollte: "Wir sind aber doch wohl nicht hier, um zu reden. Kommt, lasst uns trinken und etwas Spaß haben!"

Die Stunden vergingen wie im Flug und alles verlief genau nach Plan. Verena und Marc nahmen einen Drink nach dem anderen zu sich, tanzten, lachten, machten Witze und feierten als gäbe es kein Morgen. Um nicht aufzufallen, feierte ich so gut mit, wie es unter den gegebenen Umständen möglich war. Doch ich selber trank nichts. Zwar bestellte ich immer wieder einen neuen Drink, doch ich nahm davon keinen einzigen Schluck zu mir. Sobald Marc sein Glas geleert hatte, kippte ich den Inhalt des meinigen in seines, wenn er gerade nicht aufpasste. Dass sich sein Glas immer wieder wie von Zauberhand neu füllte, schien er nicht zu bemerken, was dazu führte, dass er immer weiter trank und trank und trank.

Lange Zeit sagte niemand von uns ein Wort, bis Verena auf einmal schrie, um die laute Musik zu übertönen: "Ich bin so froh, dass ihr euch so gut versteht. Ihr seid die wichtigsten Menschen in meinem Leben, müsst ihr wissen."

"Klar! Sebastian und ich sind jetzt auch Freunde, stimmt´s Kumpel?", faselte Marc sichtlich angetrunken.

"Natürlich sind wir das", sagte ich wobei ich ein gekünsteltes Lächeln aufsetzte. Der eisige Ton war jedoch nicht aus meiner Stimme gewichen, doch sowohl Verena als auch Marc waren schon zu betrunken, um dies zu bemerken.

"Noch einen Drink, Marc?", fragte ich.

Es war tiefste Nacht. Die Party war gelaufen. Die Disco hatte sich schnell geleert. Innerhalb weniger Minuten verließen die meisten den Ort.

Verena hatte sich ein Taxi bestellt, auf den wir nun warteten. Marc dagegen wollte zu Fuß nach Hause gehen, da sein Anwesen in der Nähe war und er daher keinen weiten Weg zurückzulegen hatte.

"Aber...Marc...du kannst doch nicht alleine...ich meine...du kannst kaum noch gehen...wie willst du es bis nach Hause schaffen?", stammelte Verena.

"Keine Sorge. Ich begleite dich, Marc. Ich bin noch nüchtern", meldete ich mich zu Wort.

"Obwohl du so viel getrunken hast?", fragte Verena skeptisch.

"Ich vertrage Alkohol gut", erklärte ich.

"Dann wäre das geklärt", meinte sie. "Vielen Dank, dass du dich so gut um ihn kümmerst, Sebastian. Du bist ein wahrer Freund, auf dich ist immer Verlass."

Es wunderte mich, dass Verena auf einmal ganz normal sprach und sich nicht wie eine Betrunkene anhörte. Sie kam näher und küsste mich auf die Wange. Sie schenkte mir ein herzliches Lächeln, küsste dann Marc, der sich schon lange nicht mehr zu Wort gemeldet hatte, da er zu betrunken war, und stieg dann in das Taxi, das soeben angekommen war. Verträumt sah ich dem langsam wegfahrenden Taxi hinterher, bis Verena nicht mehr zu sehen war. Wieder wurde sie mir weggenommen, wieder entfernte sie sich von mir. Es war nicht zum Aushalten! Meine Wange brannte an der Stelle, an der sie mich geküsst hatte und mir wurde abwechselnd heiß und kalt.

"Danke Kumpel. Bist echt ein toller bester Freund", murmelte Marc plötzlich vor sich hin. Seine Worte rissen mich aus meinen Gedanken. Was für einen jämmerlichen Anblick der zuvor so gut aussehende Mann auf einmal bot. Er war vollkommen betrunken, genauso wie es sein sollte.

"Für Freunde tut man doch alles", sagte ich. "Komm, ich begleite dich nach Hause."

Eine halbe Stunde später saßen wir beide in Marcs Wohnzimmer. Ein schönes Haus hatte er, das musste ich zugeben. Sehr modern eingerichtet, das Design sprach mich an.

Auf dem Weg dorthin musste ich den Mistkerl beim Gehen stützen und mir sein sinn-und zusammenhangloses Gerede anhören. Zudem übergab er sich auf der Straße. Er widerte mich einfach nur an.

Marc lehnte sich in seinen Sessel zurück. Ich saß ihm gegenüber und beobachtete ihn aufmerksam.

"Um Gottes willen, ich fühle mich so elend", stammelte er gequält.

"Bald wirst du dich noch elender fühlen", versprach ich, doch Marc hatte nicht mitbekommen, was ich sagte.

"Hast du was gesagt?", fragte er.

"Ich sagte, dass ich mal gehört habe, dass ein Glas Wasser den Kater vorbeugt", sagte ich.

"Ehrlich? Dann brauche ich...ein Glas..."

Marc versuchte sich zu erheben, doch ich kam ihm zuvor. "Bleib nur sitzen, Marc. Ich bringe dir ein Glas. Wo ist die Küche?"

"Danke Kumpel. Zweite Tür von links."

Ich stand also auf und suchte die Küche auf. Ich hatte meinen Feind genau dort, wo ich ihn haben wollte.

Aus dem Schrank nahm ich ein Glas und füllte es mit Wasser aus dem Hahn. Jetzt begann der wichtigste, der entscheidende Teil meines Plans. Alles hatte bisher genau meinen Vorstellungen entsprechend funktioniert.

Aus meiner Hosentasche nahm ich die Packung. Ich öffnete sie und nahm eine Kapsel Zyankali hervor. Giftiges Zeug, sehr gefährlich. Für "Notfälle" bewahrte ich eine Packung von dem Dreck immer zuhause auf. Und heute, in dieser verhängnisvollen Nacht sollten sie endlich zum Einsatz kommen. Sie dienten definitiv einem guten Zweck, einem sehr guten sogar. Es war Zeit, dem Unheil ein Ende zu bereiten und Verena, meine Geliebte, aus den Klauen dieses Unholds zu befreien. Ich tat dies alles nämlich nur für sie und zwar aus grenzenloser Liebe, da ich nur das Beste für sie wollte. Verena, Verena.

Ich nahm eine Kapsel, zerkleinerte sie und löste sie in dem

Wasserglas auf. Die Packung versteckte ich wieder in meiner Hosentasche und ging mit dem Glas in der Hand zurück ins Wohnzimmer wo Marc sehnsüchtig auf seine Rettung wartete. "Rettung".

"Vielen Dank, Sebastian", freute sich Marc und riss mir gierig das Glas aus der Hand.

"Gern geschehen, Marc!"

Ich nahm wieder Platz und beobachtete genüsslich wie der Mistkerl das Glas in einem einzigen Zug leerte.

Trink es, trink es, du Mistkerl, dachte ich.

Meine Mundwinkel verzogen sich zu einem teuflischen Grinsen, meine Augen verengten sich. "Zum Wohl, mein Bester", sagte ich mit nicht zu überhörender Ironie in der Stimme.

Doch Marc war zu betrunken, um es zu bemerken. "Schmeckt irgendwie...komisch. So...anders als sonst", stellte er schließlich fest.

"Liegt wohl daran, dass du an andere Getränke gewohnt bist", lachte ich und Marc lachte mit. Lach nur, lach nur, so lange du noch kannst, dachte ich.

Das Gift würde in wenigen Minuten wirken. Ich freute mich schon darauf, ihm beim Sterben zuzusehen. Für ihn gab es jetzt keine Möglichkeit mehr, etwas zu unternehmen.

"Verena ist eine tolle Frau", sagte ich schließlich und konnte ein Lächeln nicht unterdrücken.

"Wer? Achso, die!"

"Was soll das denn heißen?"

Marc sah mich mit leerem Blick an. Dann fuhr er fort: "So unter uns, mein Kumpel. Sie ist für mich nur eine von vielen. Dass ich sie ständig betrüge, hintergehe und nur ihre Gutmütigkeit ausnutze, ist ihr noch gar nicht aufgefallen. In ihrer kindlichen Naivität will sie es einfach nicht wahrhaben. Sie kann einfach nicht ohne mich leben und klammert sich daher an mich. Daher verzeiht sie mir auch meine zahlreichen Eskapaden. Sie kommt immer wieder angekrochen und bettelt. Verena bettelt, Sebastian. Sie bettelt wie ein Hund...ein Hund!"

Marc lachte hysterisch auf. Er sprach auf einmal ganz normal und hörte sich ganz und gar nicht an wie ein Betrunkener. Ich konnte nicht fassen, was ich soeben gehört hatte. Es hatte mir die Sprache verschlagen. Doch Marc hatte noch nicht geendigt.

"Weißt du, Frauen sind alle gleich. Sie sind dumm und leicht zu manipulieren. Sie laufen immer demjenigen hinterher, der das meiste Geld hat, Männern wie mir. Es gibt keine Frauen mit gutem Charakter. Wer danach sucht, ist töricht und wird niemals fündig. Dir kann ich das ruhig erzählen. Ich weiß ja, dass ich dir vertrauen kann."

Fassungslos starrte ich Marc an.

"Hat dir wohl die Sprache verschlagen, was? Jedem ergeht´s so, wenn er die knallharte Wahrheit hört. Ich bin nur ehrlich."

"Ein Schwein bist du", schrie ich plötzlich. Mein Hass stieg ins Unermessliche. Ich ballte die Fäuste zusammen, bis die Knöchel weiß anliefen.

"Ich liebe Verena! Und es ist wahre Liebe! Und du hast sie mir genommen, du elender Mistkerl. Dabei nutzt du sie nur aus. Schämst du dich eigentlich nicht, du Ehrenloser? Oh Gott, ich wusste es doch die ganze Zeit über!"

Marc kicherte. "Also ist da wohl doch mehr als nur Freundschaft, was? Aber keine Sorge, dein Geheimnis ist bei mir sicher.

Beruhige dich Bruder und nimm´s nicht so schwer. Es ist nur ein Mädchen. Ich gebe dir einen Tipp. Was besseres als die findest du an jeder Straßenecke. Und diese Frauen sind vor allem billiger, wenn du verstehst, was ich meine."

Für mich gab es kein Halten mehr. Wutentbrannt sprang ich auf und machte einen Satz nach vorne. Voller Hass schlug ich dem widerlichen Mistkerl die geballte Faust mit aller Kraft ins Gesicht.

Marc schrie lauthals auf und fiel vom Sofa. Da lag er nun auf dem Boden, mir zu Füßen, da wo er hingehörte. Er begann sich vor Schmerzen zu wenden. Doch die Schmerzen wurden nicht durch meinen Schlag ausgelöst. Ich wusste genau, wo sie herkamen. Ich musste grinsen, konnte nicht anders, erfreute mich an seinem Leid.

Marc begann zu würgen, sein braungebranntes Gesicht lief weiß an und die Adern traten deutlich hervor. Er hielt sich den Bauch und wälzte sich auf dem Boden.

"Sebastian. Mir ist schlecht. Mir ist unglaublich schlecht. Hilf mir. Bitte. Hilf mir, bitte mein Freund."

Jetzt lachte ich auf. "Das Gift wirkt also endlich. Viel Spaß beim Sterben. Gleich wirst du tot sein, Marc. Und nenn mich nicht Freund. Ich habe dich von Anfang an gehasst. Endlich habe ich meine Rache und du deine gerechte Strafe. Das ist für Verena, du Hund!"

Mit dem Fuß trat ich auf den am Boden liegenden Marc. Für einen weiteren Schrei hatte er nicht mehr die Kraft. Nur ein leises Stöhnen war zu hören.

"Ich dachte, ich könnte dir vertrauen", bedauerte Marc mit schwacher Stimme.

"Das dachte Verena auch von dir. So ist das nämlich. Sie gehört mir, denn ich weiß sie wertzuschätzen. Für jemanden wie dich habe ich nichts übrig. Du hast es nicht verdient zu leben. Jetzt habe ich dich aus dem Weg geräumt."

Aus der Hosentasche nahm ich die Packung mit den Zyankali Kapseln hervor und hielt sie Marc provokant direkt vors Gesicht. Ungläubig starrte er abwechseln mich und die Tabletten an, um sich irgendwie zu rühren, war er zu schwach.

"Damit habe ich dich vorhin vergiftet. In dein Wasser habe ich eine dieser wunderschönen Tabletten vermischt und dumm wie du bist hast du alles schön brav zu dir genommen. Du warst die Marionette und ich der Puppenspieler. Danke für dein Vertrauen, Marc. Ich habe es schamlos ausgenutzt, genau wie auch du bei Verena. Ich werde meine Spuren verwischen und jeder wird denken, du hättest Selbstmord begangen. Niemand wird mir auf die Fährte kommen. Und dann hole ich mir Verena zurück. Du kannst nichts mehr machen. Du bist raus aus dem Spiel. Auf nimmer wiedersehen!"

"Bastard", stöhnte Marc in letzter Verzweiflung auf. Im Todeskampf zuckte er noch ein letztes Mal. Seine Augen traten aus den Höhlen, verdrehten sich dann und dann rührte er sich nicht mehr. Er war tot. Es war vollbracht. Jetzt folgte der nächste Teil meines genialen Plans. Ich musste Marcs Tod wie Selbstmord aussehen lassen. Also stellte ich das Glas, aus dem er unwissend und nichtsahnend getrunken hatte zurück in den Schrank und legte der Leiche die Packung mit den Zyankali in die tote Hand. Um es glaubhaft erscheinen zu lassen, musste ich einen Abschiedsbrief verfassen. Also durchsuchte ich das ganze Haus nach etwas zum Schreiben und wurde schnell fündig. Ich fand auch einige Notizen von Marc und studierte seine Handschrift, welche zu imitieren mir aufgrund meiner künstlerischen Begabung ein Leichtes war. Ich schrieb:

Keine Lust mehr auf das Leben. Will diese grausame Welt

verlassen. Verena Arend? Es tut mir Leid! Ich komme einfach mit allem nicht mehr klar. Es war zu viel. Danke für alles.

Marc Schuster

Diesen Brief legte ich auf den Tisch. Zufrieden räumte ich noch ein bisschen auf um somit auf die allerletzten Spuren zu verwischen und verließ dann das Haus, nachdem ich alles in Ordnung gebracht hatte. Vollkommen befreit und glücklich entschwand ich in die Nacht...

Jetzt hieß es für mich abwarten, einfach abwarten. Mehr konnte ich nicht tun. Ich hatte meine Arbeit erledigt. Marc war tot und alle würden annehmen, es sei Selbstmord gewesen.

Die Tage vergingen und ich hörte nichts von Verena. Generell bekam ich von der Außenwelt überhaupt nichts mit. Ich verließ das Haus nicht und schottete mich vollkommen von der Zivilisation ab. Ich fragte mich, ob sie schon vom Tod ihres Freundes wusste. Ob der Leichnam überhaupt schon gefunden wurde?

Natürlich konnte ich mich nicht bei Verena melden. Es war der falsche Zeitpunkt. Wäre ich derjenige, durch den sie vom Tode Marcs erführe, könnte sie annehmen, dass ich etwas damit zu tun hatte. Wüsste sie bereits davon, müsste ich ihr etwas Zeit zum Trauern lassen, bevor ich ihr endlich meine Liebe gestehen konnte. Schließlich wollte ich sie nicht überfordern. Daher hielt ich Abwarten für die beste Option. Doch nun war sie endlich frei, befreit von den Verführungen Marcs, der ihr ohnehin nicht gut getan hätte. Ich war starker als er und Verena würde das zu schätzen wissen. Doch ich musste ihr noch etwas mehr Zeit lassen. Etwas mehr...

Von Reue war keine Spur. Ich war überzeugt davon, das richtige getan zu haben. Diesen Mord zu begehen, war der einzige Ausweg, die einzige Rettung für Verena. Der Mord war vernünftig, daher bin ich auch kein Mörder. Zumindest nicht in dem Sinne. Ich habe nur lebensunwertes Leben zerstört. Einen solchen Menschen vermisste niemand, brauchte die Welt nicht.

Eine Woche war mittlerweile vergangen und ich wurde des Wartens müde. Es verging keine Sekunde, an der ich nicht an Verena dachte. Ich sah viel fern, um mir die Zeit zu vertreiben, doch das nützte nicht viel. Ich sehnte mich so sehr nach Verena, dass es schmerzte. Mich überkam ein entsetzliches Gefühl, eine grauenhafte Vorstellung. Was wäre, wenn sie in Gefahr war, wenn sie meine Hilfe benötigte? Ich saß untätig zuhause, dabei könnte sie mich vielleicht brauchen. Möglicherweise sehnte sie sich ebenso sehr nach mir wie ich nach ihr. Ein Problem war zwar beseitigt, doch dafür entstand ein Neues. Die quälenden Gedanken ließen mir keine Ruhe.

Schließlich hielt ich es nicht mehr aus. Ich griff zum Telefon und wählte Verenas Nummer. Ich musste einfach ihre Stimme hören und mich versichern, dass alles gut war. Doch was wäre, wenn nicht? Ich schob diesen Gedanken sofort beiseite. Nein, es wäre mit Sicherheit alles gut, ich machte mir nur unnötige Sorgen. Es musste alles gut sein, denn schließlich war Marc aus dem Weg geräumt.

Es folgte der große Schock. Niemand ging ans Telefon! Panisch legte ich den Hörer zurück und überlegte, wie ich weiter vorgehen sollte. Schnell entschied ich mich dazu, zu ihr zu fahren und selber nachzusehen. Gerade als ich dies beschloss, klingelte es vollkommen unerwartet plötzlich an der Tür. Ich schreckte hoch. Das Läuten der Klingel hörte ich nur äußerst selten, da ich nicht oft Besuch empfing. Erst recht keinen unerwarteten Besuch...

Ich warf einen vorsichtigen Blick aus dem Fenster, um zu sehen, wer es wohl war. Ich wünschte mir nichts sehnlicher, als dass es Verena war. Ich musste sie sehen...sofort! Und ihr alles erzählen. Es war Zeit ihr nach all den Jahren endlich meine Liebe zu gestehen. Ich hielt den Schmerz, der sich angestaut hatte und die Unwissenheit nicht länger aus. Ich hatte das Gefühl zu platzen, würde ich meine Gedanken nicht bald loswerden. Ich konnte und wollte so nicht weiterleben. Die Wahrheit musste ans Licht. Ich würde Verena jetzt endlich erzählen, wie sehr ich sie liebte. Das Risiko musste ich eingehen.

Tatsächlich war es Verena, die vor meiner Tür stand, die dort draußen sehnsüchtig auf mich wartete, die bereit für mich war. Verträumt sah ich sie einen Moment an. Dann klingelte es erneut und ich wurde aus meinen Tagträumen gerissen und zurück in die Realität katapultiert. Natürlich war es nicht Verena, die vor der Tür stand. Das war nur Einbildung...leider.

Zu meiner großen Enttäuschung waren es nur zwei Polizeibeamte, beide groß und kräftig. Sie klingelten ein drittes Mal und dann öffnete ich die Tür.

"Guten Tag. Thorsten Werner mein Name. Das ist mein Kollege Martin Meyer. Sind Sie Herr Sebastian Freund?", stellte sich der etwas größere der beiden mit dem ungepflegten Dreitagebart vor.

"Guten Tag. Ja, das bin ich."

Sein Kollege meinte: "Dürfen wir eintreten? Es gibt etwas, das wir mit Ihnen besprechen müssen."

Meine Augen weiteten sich. Schweißperlen traten auf meine Stirn. Ohne etwas zu sagen, ließ ich die beiden eintreten und führte sie in die Küche, wo ich sie bat, Platz zu nehmen. Ich bekam es mit der Angst zu tun. War mein "perfektes" Verbrechen doch aufgeflogen?

Ich bemühte mich sehr, mir nichts anmerken zu lassen und bot höflich Kaffee an, jedoch bebte meine Stimme vor Panik, was den beiden Polizisten unmöglich entgangen sein konnte.

"Nein danke", lehnte der Polizist, der mir als Herr Meyer vorgestellt wurde ab. Auch Herr Werner schüttelte den Kopf. Ich nahm gegenüber der beiden unerwarteten Besucher Platz. Wie versteinert saß ich dort. Die Polizisten setzten eine ernste Miene auf.

"Sie fragen sich sicherlich, warum wir Ihnen einen unangekündigten Besuch abstatten", begann Herr Werner.

Ich nickte erwartungsvoll.

Herr Meyer erzählte: "Es tut uns unglaublich Leid, aber wir haben sehr schlechte Nachrichten für Sie. Vielleicht haben Sie von dem Selbstmord Herr Schusters vor einer Woche gehört."

"Ja", sagte ich. Seine Leiche wurde also mittlerweile doch gefunden. Doch was hatte das mit mir zu tun? Jetzt wurde es erst interessant.

Der Polizist fuhr fort: "Wie soll ich Ihnen das erklären? Also...Sie wussten doch mit Sicherheit, dass er eine Freundin namens Vera Arend hatte, oder?"

Ich wurde skeptisch: "Aus welchem Grund nehmen Sie an, dass ich Verena und Herrn Schuster so gut kannte? Erzählen Sie mir endlich, was das Ganze hier soll? Was hat das mit mir zu tun und was ist überhaupt passiert?" Ich wurde nervös und ungeduldig.

"Das geht aus dem Abschiedsbrief hervor", fuhr Herr Werner dazwischen.

"Abschiedsbrief?!", stieß ich verblüfft hervor. In dem Abschiedsbrief, den ich für Marc schrieb, hatte ich mich selber doch gar nicht erwähnt. Woher wussten sie also, dass...oh nein...Ich ahnte ganz Fürchterliches!

"Es tut uns unendlich Leid, Herr Freund. Frau Arend hat sich das Leben genommen. Sie wurde heute tot in ihrer Wohnung aufgefunden. Sie hat sich erhängt. Unsere Aufgabe ist es, die Angehörigen zu informieren. Aus ihrem besagten Abschiedsbrief geht hervor, dass sie sich sehr gut mit Ihnen verstand, weshalb wir Sie aufsuchten. Wenn Sie den Brief lesen möchten...hier ist er..."

Der Polizist überreichte mir einen Brief. Ich war vollkommen paralysiert, konnte nicht fassen, was ich da soeben gehört hatte. In Schockstarre und wie in Trance nahm ich den Brief zur Hand und las ihn. Es kam mir alles so unwirklich vor.

Nachdem ich von Marcs vollkommen unerwarteten Selbstmord gehört hatte, verlor auch ich sämtlichen Lebenswillen. Mich umzubringen war eine Entscheidung, über die ich nicht lange nachzudenken brauchte. Meine Intuition sagte mir, dass ich es musste. Ohne Marc kann ich einfach nicht leben und ich will wieder bei ihm sein. Warum nur musste er sterben, warum nur ist die Welt so ungerecht? Ich habe mit allem abgeschlossen und sehe keinen anderen Weg. Niemand weiß von meinem Vorhaben, mir das Leben zu nehmen. Man hätte sich nur unnötige Sorgen gemacht und versucht mich um jeden Preis daran zu hindern, obwohl mein Entschluss feststand. Ich will keinem mehr zur Last fallen, weshalb ich meine Entscheidung als sehr vernünftig betrachte. Sebastian? Sebastian Freund? Ich hoffe, du wirst das hier lesen. Am Ende meines Lebens gilt der letzte Dank dir. Danke, dass du immer für mich da warst. Danke, dass du mein Leben bereichert hast. Du warst mein bester Freund und ich wünsche mir, dass du mich verstehst. Sei nicht traurig, es ist das Beste für mich. Lieber gar nicht leben als mit einem auf ewig gebrochenen Herzen. Wer auch immer diesen Brief entdeckt, der muss ihn zu Sebastian Freund bringen. Das ist mein letzter Wunsch. Es ist vorbei!

Verena Arend

Nachdem ich geendigt hatte fiel mir der Brief aus der Hand, da ich zu stark zitterte. Das Blut in meinen Adern gefror. Sämtliches Leben, all meine Energie wich aus meinem Körper und ich sackte im Stuhl zusammen.

"Wenn es etwas gibt, das wir für Sie tun können...", sagte Herr Werner, doch ich vernahm seine Worte kaum noch. Ich fühlte in diesem Moment weder Trauer, noch Wut, noch sonst irgendetwas. Ich fühlte nichts, einfach nichts. In mir machte sich eine absolute Leere breit...Nichts!

Die beiden Polizisten sahen mich bestürzt an.

"Ich war es...", platzte es plötzlich aus mir heraus.

Die Beamten warfen sich einen verwirrten Blick zu und sahen dann mich ebenso erstaunt an. Einer der beiden, ich wusste nicht mehr wer, da mein Verstand zu vernebelt war, fragte: "Wie meinen Sie das?"

"Ich habe sie umgebracht."

"Ich verstehe nicht!"

"Ich habe sie umgebracht, weil ich ihn umgebracht habe. Dabei hatte er es verdient. Ich wollte ihr doch nur einen Gefallen tun!"

"Sie haben...was?!"

Ich schwieg vorerst, musste mich sammeln. Tausende Gedanken schossen durch meinen Kopf. Plötzlich spürte ich wieder die Stiche im Herzen. Diesmal jedoch konnte man sie kaum noch Stiche nennen. Ich realisierte langsam, was passiert war und mein Herz riss förmlich auseinander, wurde zusammengepresst sodass sämtliches Leben herausquoll. Mir wurde der Boden unter den Füßen weggerissen, über mir stürzte alles zusammen und ich konnte mich nicht mehr zusammenreißen. Mir wurde klar, was ich getan hatte. Ich brach in Tränen aus, nie zuvor hatte ich derart hysterisch geweint. Es war herzzerreißend. Meine Worte überschlugen sich. Ich beichtete alles, musste es loswerden, konnte nicht länger weitermachen...alles!

"Marc Schusters Tod war kein Selbstmord, ihr Idioten! Wie konntet ihr so blöd sein, mich nicht zu durchschauen?! Ich habe ihn umgebracht, ich alleine war es! Ich habe ihn vergiftet, seine Handschrift imitiert und einen Abschiedsbrief verfasst, um es wie einen Selbstmord aussehen zu lassen. Ich tat dies einzig und allein für sie, für meine Geliebte, für Verena. Der Mistkerl hatte sie mir genommen. Dabei benutzte er sie nur, wie er mir im Alkoholrausch offenbarte. Ich war sein Henker! Also bin ich auch für den Selbstmord Verenas verantwortlich. Es ist meine Schuld! So erlöst mich doch! Mein Leben ist fortan bedeutungslos, denn ich habe alles verloren. Mein Glück, meine Hoffnung, mein Leben, mein alles ist tot...tot! Was steht ihr da so dumm vor mir? Nehmt mich doch in Gewahrsam, ihr Verrückten! Bringt mich am besten direkt um, denn mir liegt nichts mehr an meinem Leben."

Meine Sicht war durch die Tränen getrübt. Blind schlug ich wie wild um mich und erwischte dabei einen der beiden Polizisten, der vor Schmerzen aufheulte. Wüsste dieser Mann doch nur, welche Schmerzen ich auszustehen hatte...

Ich sah nur noch den anderen Polizisten, der sich vor mir aufbäumte. Ein harter Faustschlag traf mich voll an der Schläfe und bewusstlos und geschlagen stürzte ich zu Boden. So schnell sollte ich nicht mehr aufwachen...

20 Jahre später. Hier stand ich nun auf dem Friedhof. Damals war eine junge Frau gestorben. Sie hatte sich vor Kummer das Leben genommen. Vor eben ihrem Grab stand ich nun. Jeden Tag besuchte ich sie, jeden Tag seit meiner Rückkehr. Seit meiner Rückkehr von den Toten? Nein, seitdem ich kürzlich aus der Psychiatrie entlassen wurde. Für nicht zurechnungsfähig hatte man mich damals befunden. Nun galt ich als geheilt, doch niemand wusste, wie es mir wirklich ging. Innerlich war ich jedenfalls tot. Ich dachte nur an Verena und wie sehr ich sie vermisste. Freude war mir unmöglich zu spüren. Niemals hatte ich ihr meine Liebe gestanden. Dazu hatte ich jetzt nicht mehr die Möglichkeit. Mit Tränen in den Augen blickte ich auf ihren Grabstein. Möge sie Frieden finden! Hätte ich es nur gewagt. Ich wollte mehr sein als nur der beste Freund, den ich für sie bis zuletzt darstellte. Doch es war vorbei, für immer. Es war alles nicht mehr gut, nicht mehr rückgängig zu machen. Oh, was würde ich nur für eine zweite Chance geben? Alles! Doch das Leben bat mir diese Möglichkeit nicht, also musste ich alleine mit all meinem Kummer und Leid zurechtkommen. Mein Haar war vollkommen ergraut, die Haut verschrumpelt und eingefallen, ich ging gebückt und die Farbe meiner ehemals blauen Augen war vollständig verblasst. Wie eine wandelnde Leiche sah ich aus. Die Qualen fraßen mich wahrlich von Innen auf. Es gab nur noch mich und den Grabstein. Verena, Verena, warum hast du mich verlassen? Warum ließest du mich damals alleine zurück, anstatt mich mit dir zu nehmen? Ich wünschte mir nichts sehnlicher als mit ihr zusammen zu sterben, dass unsere Herzen gleichzeitig aufhörten zu schlagen. Doch auch das war mir nicht vergönnt. Ich wollte es einfach nicht wahrhaben, dass sie sich umgebracht hatte wegen eines Mannes, dessen wahre Absichten dieser mir im Alkoholrausch und im Angesicht des drohenden Todes mitteilte. Ich wäre Verena ein guter Ehemann gewesen. Endlos treu, aufopferungsvoll, leidenschaftlich. Warum

nur wurde mir diese Möglichkeit verwehrt? Der Schmerz saß unfassbar tief, würde nie wieder verschwinden oder auch nur nachlassen. Auch nach all den Jahren war es mir nicht gelungen, mich daran zu gewöhnen. Niemals würde es das, denn zu leiden ist mein Schicksal, meine Strafe. Am Schlimmsten war, dass ich an ihrem Tod auch noch Schuld hatte. Marc hatte alles angefangen, doch ich hätte es nicht beenden dürfen, wenigstens nicht auf diese Art. Mit meinem Eingreifen machte ich alles nur noch schlimmer und somit zerstörte ich drei Leben. Zwei hatten jetzt wenigstens Ruhe, doch eine rastlose Seele irrte weiterhin durch diese grausame Welt. Einsam, verlassen, heimatlos, verwundet. Mein Herz würde nie wieder heilen. Ich hatte uns alle in den Untergang geführt. In diesem Moment erinnerte ich mich an Verenas Worte: *Lieber gar nicht leben als auf ewig mit einem gebrochenen Herzen!* Sie wusste nicht, dass ich es tat, dass ich Marc umgebracht hatte. Für ihn war sie nur ein Objekt der Begierde, doch er bedeutete ihr alles. Ich kannte die Wahrheit und...schwieg. Sie starb in dem Glauben, dass Marc sie liebte und ich ihr bester Freund wäre. Dabei hatte der beste Freund ihr Leben zerstört und ihr den Geliebten genommen, auch wenn die Gefühle nicht erwidert wurden. Sie starb, ohne die Wahrheit zu kennen und das belastete mich noch zusätzlich. Unser aller Unglück hatte ich damit besiegelt. Ich war verliebt und ein Mörder! Die Wahrheit würde mit mir sterben. "Vergib mir Verena", flüsterte ich schluchzend. Meine Beine gaben nach und ich stürzte zu Boden. Die Last wurde einfach so unerträglich. Ich kroch schwach zum Grabstein und umklammerte diesen, laut aufheulend und schreiend. Nie wieder würde ich ihn loslassen. So wollte ich sterben. Bei ihr sein, einfach nur bei ihr sein und endlich Frieden finden. Würde ich jemals wieder glücklich sein? Nicht in diesem Leben, nicht in dieser ungerechten Welt, in der Schurken ihren Willen bekommen, während gute und ehrliche Menschen elendig zugrunde gehen. Nimmermehr!

3 Ein schwaches Herz

Sonne. Frühling. Es war warm. Warm war es auch an jenem Tag vor zwei Jahren. Es war ebenfalls im Frühling. *Und jetzt ist es wieder so, wie damals*, dachte sie. Genau wie an jenem Tag!

Nachdem sie den Taxifahrer bezahlt hatte, stieg sie aus. Sie war fast angekommen. Dort, wo sie hinmusste. *Er hat es mir nie leicht gemacht*, dachte sie. Doch der Gang, den sie seit mittlerweile zwei Jahren regelmäßig antreten musste, war der schwierigste von allen. Jedes Mal tat es gleich weh, ihn so zu sehen. In diesem...Gebäude.

Eine Frau mittleren Alters stieg aus dem Taxi, dessen Anstrich so gelb war, wie ihre Haare, obwohl diese an manchen Stellen bereits ergraut waren. Die Sonne schien auf sie hinab, mit ihrem hämischen Grinsen. O ja, diese Jahreszeit würde sie immer mit seinen schlimmen Taten in Verbindung bringen, die er ebenfalls im Frühling begangen hatte.

An diesem Tag trug sie ein rotes Kleid. *Schließlich muss ich ihm ja gefallen.* Sie hatte ihm nicht immer gefallen.

Unter dem Arm trug sie ein kleines, in grünem Papier verpacktes Päckchen. Es war natürlich für ihn. Alles, was sie jemals getan hatte, war für ihn. Da sie ihn doch so sehr liebte. Und genau daher war es so schwer für sie, diesen Gang anzutreten, den sie schon seit zwei Jahren regelmäßig antreten musste. Das musste sie auch noch weiterhin für eine längere Zeit. Doch ist "müssen" wirklich die passende Formulierung? Immerhin tat sie es ja freiwillig. Nur für ihn, wie alles, was sie jemals getan hatte. Weil sie ihn liebte.

An jenem Tag kam er, wie so oft, stark alkoholisiert nach Hause. Das wusste sie noch! Ansonsten waren ihre Erinnerungen sehr lückenhaft. Verdrängt hatte sie es. Sie wollte ihm jedenfalls helfen. Wollte sie jemals etwas anderes? Doch er war wütend, wollte sich nicht helfen lassen. Er beschimpfte sie wüst, schlug sie. Das war zwar nicht unüblich, aber diesmal spürte sie, dass ihn etwas anderes antrieb. Da war etwas vorgefallen, das seine Wut und seinen Frust erklärte.

Der Nachbar hatte die Polizei gerufen als er die Schreie der Angst und des Schmerzes aus ihrem Haus vernahm. Wenige Minuten später trafen sie ein und nahmen ihn fest. Niemals würde sie den eisigen kalten Blick vergessen, den er ihr zuwarf, kurz bevor er abgeführt wurde. Sie weinte daraufhin. Ein paar Tage später rief die Polizei sie an und teilte ihr mit, was er alles getan hatte, basierend auf den Ergebnissen ihrer Ermittlungen. An jenem Abend hatte er, bevor er sie schlug, einen Mord begangen und wurde deswegen ohnehin von der Polizei gesucht. Sie konnte sich nicht mehr erinnern, wer ermordet wurde und warum. Sie wollte sich nicht erinnern. Doch genau aus diesem Grund ist er jetzt dort, wo sie gerade hinging.

Das Ertönen einer lauten Hupe und quietschenden Reifen riss sie aus ihren Gedanken. Erschrocken blickte sie auf und realisierte, wo sie sich befand. Sie war tatsächlich so sehr in Gedanken versunken, dass sie einfach auf der Straße stehen geblieben war. Sie sah in das wütende Gesicht eines ungeduldigen Autofahrers, der mit seinem Gefährt nur wenige

Meter von ihr entfernt stehen geblieben war. Dahinter hatte sich eine kleine Schlange wartender Autos gebildet. Die Augen des Fahrers lösten bei ihr Angstzustände aus.

Den gleichen Blick hatte auch er damals aufgesetzt, an jenem Tag vor zwei Jahren.

Mit hochrotem Kopf, den Blick nach unten gerichtet, überquerte sie schnellen Schrittes die Straße und der Verkehr normalisierte sich wieder.

Das große Gebäude tauchte vor ihr auf. Sie wollte hinein, um ihn zu sehen, wollte aber auch gleichzeitig nicht hinein. Das Gebäude machte ihr . Die Augen starr auf das immer näherkommende, bedrohlich wirkende Gefängnis gerichtet, rempelte sie versehentlich einen vorbeigehenden Passanten an. Es war ein junger Mann.

"Passen Sie doch auf", fauchte er. Erneut aus ihren Gedanken gerissen stammelte sie eine Entschuldigung, doch da war der Mann schon weitergegangen. Wie er aussah, konnte sie nicht sagen. Nur sein eisiger Blick und das kurz anhaltende, wutentbrannte Aufleuchten in seinen Augen fiel ihr auf. Ein eiskalter Schauer lief ihr über den Rücken.

Auf einmal stand sie direkt vor dem Gefängnis. War es nicht eben noch einige Meter entfernt gewesen? Hatte es sich etwa selbstständig bewegt?

Sie sah hoch und für einen Moment dachte sie die Ziegelsteine würden sich zu einem hämischen Grinsen verziehen. Sie schloss kurz die Augen und atmete tief durch. *Da ist nichts*!

Mit pochendem Herzen öffnete sie die Tür und trat ein, betrat das Innere des Ungeheuers. Sie umklammerte das kleine Päckchen, das sie bei sich trug, so fest, wie sie konnte.

"Hallo! Ich bin Frau Susanne Dehlen. Ich möchte gerne Herrn Stefan Dehlen besuchen. Er darf heute Besuch empfangen."

Mit diesen Worten stellte sie sich dem jungen Polizeibeamten vor, der am Empfang hinter einem großen Schreibtisch saß. Dieser grüßte sie freundlich und blätterte einige Dokumente durch. Nach einer Weile sagte er: "Herr Dehlen befindet sich momentan in der Kantine. Dort haben Sie eine halbe Stunde Zeit, um mit ihm zu sprechen. Wenn Sie mir bitte folgen."

Der Mann stand auf und setzte sich in Bewegung. Sie folgte ihm, wie ein kleiner Hund. Der Mann trug ein strahlend blaues Hemd.

Ihr war nicht wohl zumute, als sie durch die schmalen und kahlen Gänge ging. Obwohl sie schon oft dort gewesen war, kam es ihr so vor, als hätte sie diesen Ort noch nie im Leben gesehen. Hatte sie etwa eine Vorahnung?

Gelegentlich kamen ihnen Insassen entgegen, die von Gefängniswärtern zurück in ihre Zellen geführt wurden. Sie erschauderte jedes Mal, wenn einer der Straftäter ihr einen bösen Blick zuwarf. In jedem erkannte sie ihn. Ihr wurde übel.

Nach einer gefühlten Ewigkeit erreichten sie endlich die Kantine. Dort ließ der Beamte sie alleine. Sie betrat den großen Raum. Die Kantine war voll. Überall saßen Insassen. Manche alleine, manche mit Besuchern. Etwas am Rande hielten sich einige Wachmänner auf, die das Geschehen aufmerksam verfolgten. *Beobachtet. Alle werden beobachtet.*

Sie sah sich vorsichtig um und erblickte ihn an dem Tisch in einer der hinteren Reihen, genau dort, wo er immer saß, wenn sie ihn besuchen kam.

Nervös bewegte sie sich auf ihn zu. Vielleicht war sie wegen dem Päckchen, das sie bei sich hatte, so unruhig.

Je näher sie kam, desto höher schlug ihr Herz. Einerseits wegen der Freude, ihn wiederzusehen, andererseits wegen der Angst. Wahrlich hasste sie diesen Ort, denn man wurde beobachtet.

Sie konnte die Blicke, die man ihr zuwarf, spüren. Es tat weh, wie kleine Stiche und sie traute sich nicht die Blicke zu erwidern. *Überall wird man beobachtet.*

Sie setzte sich ihm gegenüber und lächelte schwach zur Begrüßung. Er erwiderte ihr Lächeln nicht, sondern sah sie einfach nur ausdruckslos an, ohne auch nur ein Wort zu sagen. Er hatte die Arme verschränkt. Er trug die gleiche graue Gefängniskleidung, wie jeder andere Insasse auch. So grau wie die Wände, so grau wie das Äußere dieses Ungeheuers, in dem sie sich befand.

Für einen kurzen Moment trafen sich ihre Blicke, doch sie konnte seinem Blick nicht standhalten und sah beschämt weg. *Ist das alles meine Schuld?*

Die Minuten vergingen und keiner der beiden sagte etwas. Schließlich war sie es, die das Wort ergriff. Jedoch nicht, weil sie sich gerne mit ihm unterhalten wollte, sondern weil sie die grausame Stille nicht länger ertragen konnte. Die Geräusche und Unterhaltungen um sich herum, nahm sie nur verschwommen wahr. Es gab nur sie und ihn...und das Ungeheuer.

"Gutes Wetter heute. Wird ein schöner Tag", meinte sie mit gespielter Fröhlichkeit. *Nein, es ist alles andere als ein schöner Tag. Das Wetter ist genauso, wie an jenem Tag.*

Gespannt wartete sie auf eine Reaktion, doch die blieb aus. Er rührte sich kein bisschen. *Vielleicht ist das Thema zu banal für ihn.*

Sie versuchte ein Lächeln aufzusetzen, doch dieser Versuch scheiterte kläglich, denn ihre Lippen formten eine Grimasse. *Ein hämisches Grinsen.*

Und wieder Schweigen. Und die Zeit verging, die Uhr tickte. Mit jeder Minute, die verstrich, stieg in ihr das Verlangen, diesen furchtbaren Ort sofort zu verlassen. Doch sie konnte nicht. Sie war wie gelähmt, konnte sich nicht bewegen, saß starr in ihrem Stuhl. *Wir wissen beide, dass es für keinen von uns ein Entkommen gibt.*

Mit weit aufgerissenen Augen und leicht geöffnetem Mund starrte sie ihn an, ohne sich im Klaren darüber zu sein, wie lächerlich das für Außenstehende aussehen würde. Und das war ihr auch egal, denn es gab nur sie, ihn und das Ungeheuer.

Sie wollte ihm sagen, dass sie ihn trotz allem noch immer liebte, doch wie sollte sie ihm das sagen? Die Uhr tickte!

Viel sprach er nie, wenn sie ihn besuchte, doch an diesem Tag kam ihr das alles noch viel schlimmer vor. Hatte sie etwa eine Vorahnung?

Auf einmal wurde ihr bewusst, dass sie nicht erwünscht war. Hatte sie das nicht die ganze Zeit gewusst?

Zu ihrer Verwunderung begann er auf einmal mit seiner tiefen Stimme zu sprechen. Sie wünschte sich nichts sehnlicher, als dass er einfach sagte, dass er sie genauso liebe, wie sie ihn.

Stattdessen sagte er: "Ich mag dein Kleid. Du weißt ja, dass ich rote Sachen an dir liebe."

Nun, das war nicht das erhoffte Kompliment, doch vielleicht war dies der Beginn einer einigermaßen vernünftigen Konversation.

"Danke! Ich habe es nur für dich angezogen", sagte sie.

"Ich weiß! Du kannst ohne mich einfach nicht leben!"

Mit einer solchen Antwort hatte sie nicht gerechnet. Ihr blieben die Worte im Hals stecken. War sie nicht immer stolz darauf eine unabhängige und freie Frau zu sein? Doch er sagte die Wahrheit! Sie war von ihm abhängig. Sie war abhängig von einem Kriminellen, der im Gefängnis sitzt. Diese Erkenntnis fühlte sich für sie schlimmer an, als ein Schlag ins Gesicht. Mit seinen Worten tat er ihr mehr weh, als mit seinen Fäusten, obwohl auch das immer schmerzhaft gewesen war.

Wieso können wir nicht das loslassen, was uns Angst bereitet? Warum halten wir an dem fest, was uns schadet? Weil es Liebe ist!

Anstatt des erhofften Wortwechsels trat erneutes Schweigen ein. Stille. Tödliche Stille. Sie konnte das Lachen des Ungeheuers deutlich hören. *Hat es gewonnen?*

Sie spürte die Blicke. Sie sah hämisch grinsende Gesichter vor sich. *Du bist schwach!*

Sie fühlte sich elend. *Alles ist meine Schuld! Dabei liebe ich ihn doch!*

Es gab noch eine letzte Chance. Das Päckchen, jetzt fiel es ihr wieder ein. Die ganze Zeit hatte sie es fest umklammert und es dabei völlig vergessen, verloren im tödlichen Strudel ihrer Gedanken.

All ihre Hoffnungen lagen nun auf dem Geschenk, das sie für ihn mitgebracht hatte. Gestern hatte sie es gekauft, und zwar nur für ihn, genauso wie alles, was sie jemals getan hatte, für ihn war.

Sie nahm das Päckchen hervor und legte es vor ihm auf den Tisch. Er sah es unbeeindruckt an. "Habe ich dir mitgebracht. Ich hoffe, du freust dich", sagte sie mit schwacher Stimme. *Die letzte Hoffnung.*

Sie begann zu schwitzen. Das Herz schlug ihr jetzt bis zum Hals. *Die letzte Hoffnung!*

Grob riss er das grüne Papier ab und betrachtete das kleine Kästchen, das er jetzt in der Hand hielt. Skeptisch musterte er es und öffnete es schließlich. Zum Vorschein kam ein kleines Herz aus Stein, das leicht rot angemalt war.

Erwartungsvoll sah sie ihn an. Seine Augen waren starr auf das kleine Herz in seinen Händen gerichtet. *Mein Herz!*

Ganz kurz glaubte sie in seinen Augen etwas zu sehen und es war nicht das, was sie sonst in seinen Augen sah. Für den Bruchteil einer Sekunde flackerte es auf und erlosch ebenso schnell wieder, wie es gekommen war. Er legte das Herz zurück in das Kästchen. "Das ist es also", sagte er und setzte wieder den gleichgültigen Gesichtsausdruck auf, der ihr so weh tat.

Tränen bildeten sich in ihren Augen. Das Ungeheuer lachte sie aus und sie hatte die traurige Gewissheit, dass es endgültig vorbei war. Draußen begann es plötzlich zu regnen, obwohl bisher die Sonne geschienen hatte. Langsam erhob sie sich, drehte sich um und ging einfach, ohne auch nur einen flüchtigen Blick zu ihm zurückzuwerfen. Schlagartig hörte das grausame Gelächter des Ungeheuers auf, sowie sich auch ihre Anspannung löste. *Es ist vorbei!*

Sie hatten sich nichts mehr zu sagen.

4 Im Auto

Der Autoschlüssel wird umgedreht, der Gang eingelegt. Der zugegebenermaßen überaus altersschwache Motor heult kläglich auf, jammert und springt wieder aus.

"Verdammtes Ding", fluche ich. "Es funktioniert aber auch nie irgendwas!"

Verärgert drehe ich den Schlüssel erneut um. Diesmal springt die verdammte Karre an. Endlich!

"Endlich", seufze ich, die Schweißperlen auf der Stirn stehend. "Nichts wie weg hier!"

Mit einem großen, wenngleich höchst unsicherem Schritt nach vorne, wird das Auto aus der Einfahrt hinausmanövriert. Es rappelt und klappert, was das Zeug hält. Es zittert und schwankt wie ein Betrunkener und doch fährt es.

"Wenigstens fährt es", flüstere ich vor mich hin. "Nichts wie weg hier!"

Ich werfe einen letzten Blick in den Rückspiegel und werde gewahr, dass Viola in der Einfahrt steht. Ganz alleine. Offenbar ist sie hinausgeeilt, als ich versucht habe, die alte Karre zu starten. Womöglich will sie sich von mir verabschieden. Sie hatte vorhin geweint, schrecklich geweint, das ist noch deutlich an ihren kleinen, rot angelaufenen Augen zu erkennen. Wehmütig blickt sie mir hinterher, voller Sehnsucht im verlorenen Blick, voller Schwermut im Herzen. Sie regt sich nicht. Wie am Erdboden festgewachsen, erscheint sie mir. Ich wende den Blick von ihr ab und spiele den Gleichgültigen. Freilich, in Wahrheit kann ich den schmerzhaften Anblick kaum ertragen. Ich widme meine Aufmerksamkeit jedoch der sich vor mir auftuenden

Straße und drücke das Gaspedal. Mein Haus und Viola sind schon bald nicht mehr zu sehen.

"Schön wieder hier zu sein", freue ich mich und umklammere das Lenkrad so fest, bis meine Knöchel weiß anlaufen. Als ich die Landstraße erreiche und endlich in den höchsten Gang schalten kann, erfüllt mich ein wohliges Gefühl von Freiheit und der damit einhergehenden Unbeschwertheit. Ich fühle mich frei wie ein Vogel oder eher wie ein Autofahrer, hier in meinem Revier.

Stolz wie ein Adler wirbele ich über die Straße, sodass das am Boden liegende Laub von einem derart heftigen Windstoß ergriffen wird, dass es chaotisch in alle Himmelsrichtungen davonfliegt.

Für einen Augenblick gibt es nichts als mich, mein Auto und die weite, scheinbar ins Unendliche reichende Straße vor mir. Hätte ich nicht ein solch schlechtes Gewissen (zweifellos eine Mischung aus der Erziehung, einer Art angeborenen höheren Instanz und den gesellschaftlich anerkannten Konventionen), so hätte ich laut aufschreien und wie wahnsinnig lachen können. Doch die Sache mit Viola und ihr will mir nicht so recht aus dem Kopf gehen.

Schnell schiebe ich die unliebsamen Gedanken beiseite und konzentriere mich wieder voll auf die Fahrt. Doch so recht will es mir nicht gelingen.

In meinem Innern beginnen sich die schrecklichsten Zweifel zu regen. Was habe ich Viola nur angetan? Was habe ich mir nur dabei gedacht? Ich denke an Theresa, schließlich bin ich auf dem Weg zu ihr. War es ihr in der Sonne schimmerndes goldenes Haar, das mich dazu bewegt hatte, mich auf sie einzulassen oder hatte mich ihr unvergleichbarer Charme verführt? Ich weiß es nicht mehr genau. Was ich dagegen weiß, ist, dass es mir plötzlich verdammt schlecht geht. Bei dem Gedanken, dass es mir schlecht geht, fühle ich mich doch glatt noch schlechter. Dabei hasse ich es, über Gefühle nachzusinnen. Gefühle sind nun mal einfach da, ohne dass ich Einfluss darauf nehmen kann. Und genau das ist es, was mir an ihnen so missfällt. Ich hasse es, sie nicht kontrollieren zu können. Ich hasse es, nicht angemessen über sie sprechen zu können, da sie so unbestimmt, so wenig greifbar sind und mir einfach nie die richtigen Worte einfallen, vorausgesetzt, dass selbige überhaupt existieren, was ich selbst überdies für äußerst zweifelhaft halte. Über Fakten, wissenschaftliche Tatsachen lässt sich prima philosophieren. Sie verleihen einem Halt, sie geben einem Sicherheit und sie lassen sich kontrollieren. Bei Gefühlen ist all dies nicht der Fall.

"Bin ich Schuld?", frage ich mich und bin dabei so in Gedanken versunken, dass ich es kaum wahrnehme, dass ich die Worte laut ausgesprochen habe. Wie zur Antwort heulen die Reifen meines Autos. Es hat schon vor geraumer Zeit angefangen zu rosten, doch welche Rolle spielt das schon in diesem Moment? Die weite, endlose Straße vor mir, verschwimmt vor meinen Augen. Ich nehme meine Bewegungen kaum noch wahr, fahre wie automatisch der strahlenden Sonne entgegen und vermeine in ihr Theresas Gesicht zu erblicken. Sofort stellen sich die Schuldgefühle ein, die nur auf diesen Moment gelauert zu haben schienen.

Vielleicht ist sie ja Schuld daran. Hätte sie mich doch einfach damals in Ruhe gelassen und nicht verführt und in ihren magischen Bann gezogen. Vielleicht ist aber auch Viola Schuld, da sie auf meine Bedürfnisse nicht ausreichend eingegangen ist. Doch was tue ich nur, wenn die Schuld bei mir, dem Handelnden, dem aktiven Entscheidungsträger, dem unmittelbar Betroffenen liegt? Könnte ich mit der Schuld leben? Könnte ich mich selbst jemals wieder reinen Gewissens im Spiegel betrachten können? Diese bei anderen zu suchen, ist einfach, doch was, wenn ich ganz alleine dafür zu verantworten bin?

"Schuld und Verantwortung ist eine Lüge, so etwas gibt es nicht", tröstet mich eine Stimme in meinem Kopf. Sie fährt fort: "Der Mensch ist nicht frei! Es ist ihm unter keinen Umständen möglich, sich dem Kausalitätsprinzip, welches in der gesamten Natur, dem gesamten uns bekannten Universum vorherrschend ist, zu entziehen. Er ist Spielball des Schicksals, Opfer der Umstände. Ich konnte mich nicht bewusst für diese Handlung entscheiden, die Umstände haben es erfordert, es regelrecht erzwungen und eine andere Entscheidung nicht möglich gemacht. Ich bin Teil eines außer meiner Selbst stehenden, höheren Prinzips, dem ich niemals entfliehen kann. Vor diesem Hintergrund erübrigen sich die Begriffe der Schuld und der Verantwortung und stellen sich als bloße Erfindung des scheinheiligen Menschen heraus. Schuld und Verantwortung setzen voraus, dass ich mich bewusst für eine ganz bestimmte Handlung entschieden habe. Erst dann kann ich für selbige auch die volle Verantwortung übernehmen. Da der Mensch jedoch nicht frei ist, kann er auch niemals für etwas schuldig oder verantwortlich sein. Niemand von uns!"

"Klingt plausibel", antworte ich laut dem Philosophen in mir und gebe mich mit dieser Antwort zufrieden, zumindest vorerst, denn die Landschaft stimmt mich richtig melancholisch. Abgestorbene Blätter, tote Äste bedecken die Straße und ächzen erbärmlich, als die alten Reifen meines Autos über sie hinweg fegen. Die Sonne ist mittlerweile von Wolken bedeckt und ich muss doch tatsächlich den Scheibenwischer betätigen, da es, meinen Erwartungen zum Trotz, leicht zu regnen beginnt.

"Das Leben ist hart", sage ich vor mich hin. Naja, hat schließlich auch niemals jemand etwas anderes behauptet.

"Es ist so ungerecht", lamentiere ich vor mich hin. "Wieso kann ich nicht alles haben?"

Vor meinem inneren Auge sehe ich die weinende Viola, die ich zu Hause alleine zurückgelassen habe und das Herz in meiner Brust zieht sich krampfhaft zusammen. "Ich habe gehandelt, wie nicht rechtens ist", äußert sich der Moralapostel in mir. Doch sofort ergreift der Philosoph wieder das Wort und die beiden Stimmen in meinem Kopf leisten sich einen offenen Schlagabtausch.

"Du trägst keinerlei Verantwortung für deine Taten! Du bist determiniert von Faktoren wie Charaktereigenschaften, Erfahrungen, äußeren Geschehnissen, Schicksalsschlägen und vielem mehr!"

"Das ändert nichts an der Tatsache, dass ich großen Schaden angerichtet habe. Schmerz und Leid habe ich verursacht. Viola hat das nicht verdient!"

"Deine Handlungsmotive liegen außer dir. Du kannst sie nicht bestimmen. Sie widerfahren dir nur!"

"Meine Handlungsmotive sind Egoismus, Eigensinn, Unvernunft und Triebhaftigkeit!"

"Nun, vielleicht bist du einfach, ohne etwas dafür zu können, ein schlechter Mensch!"

Mir wird ganz schwindelig. Ein schlechter Mensch. Das hallt wider in meinem Kopf, das sticht wie ein Messer ins Herz, belastet die Seele. Es tut einfach nur weh.

Eine dritte Stimme in meinem Kopf meldet sich zu Wort und beteiligt sich ebenfalls an dem inneren Gespräch, das mich nun wirklich zu zerreißen droht. Es ist der gute alte Nihilist, mit dem ich zwar schon lange kein Wort mehr gewechselt habe, aber der doch immer noch oftmals in mir präsent ist.

"Was ist denn überhaupt richtig und falsch? Gut und Böse? Schlecht und Schön? Was, wenn nicht Erfindungen des Menschen, eines bemitleidenswerten Lebewesens, welches verzweifelt versucht, seinen Platz im ewigen Weltgeschehen zu finden, um seinem bedeutungslosen Dasein doch noch einen Sinn abzugewinnen?"

Intensiv denke ich darüber nach. Vielleicht denken wir wirklich nur in den überaus schwammigen Kategorien Gut und Böse, um eine gewisse gesellschaftliche Erwartungshaltung zu bestätigen und selbiger gerecht zu werden. Nun, dieser allgemein anerkannten Norm und Moral habe ich zuwidergehandelt, dem ist nichts entgegenzusetzen. Doch welche Bedeutung ist dem schon beizumessen in Anbetracht der allgemeinen Sinnlosigkeit des Seins? Ist es demgemäß also nicht eigentlich vollkommen egal, wie ich mich entscheide, wie ich handle? Eindeutige Antworten auf diese Fragen zu finden, fällt mir schwer. Da ist der Gedanke an Theresa, die mir mit ihren goldenen Haaren, den rehbraunen Augen, den feinen Gesichtsproportionen und dem knappen Kleid, das sie an warmen Tagen stets zu tragen pflegt, welches ihre gebräunte Haut entblößt, vor dem inneren Auge erscheint, eine willkommene Abwechslung.

"Ich bin des Philosophierens müde", sprechen die Triebe und Gefühle, also alles Unterbewusste zu mir. "Fahr schneller, damit ich sie so bald wie möglich wiedersehe. Ich glühe vor Sehnsucht und halte es kaum noch aus, ohne sie!"

Unwillkürlich drücke ich das Gaspedal komplett durch, wahrlich ohne mein Vorgehen bewusst steuern zu können. Ich betrachte die Anzeige des Tacho, dessen Zeiger kontinuierlich nach oben geht. Mein Auto stößt einen tiefen und klagenden Seufzer aus, der mir die Nackenhaare zu Berge stehen lässt und mir eindeutig signalisiert, dass die Höchstgeschwindigkeit erreicht ist und ich das Durchhaltevermögen der alten Karre nicht noch weiter strapazieren sollte.

Ich erinnere mich daran, wie Viola und ich das Ding damals zusammen gekauft haben. Zweifellos musste es mittlerweile bereits einige Jahre her sein, wenngleich ich nicht imstande bin, es genaustens festzustellen. Erinnerungen verblassen und ich zweifele an ihrer Glaubhaftigkeit. Vergangenheit und Zukunft werden eins und verbinden sich eindrucksvoll im gegenwärtigen, einmaligen Augenblick. Zeit und Raum verschmelzen und was bleibt ist das Sein an sich. Und dieses ist eine vielschichtige und zerrissene Form der Existenz, die sich selbst "Ich" nennt, obwohl sie viele verschiedene, "Ichs" in sich vereint und somit alles andere als einheitlich ist.

Ob es Viola aktuell wohl genauso ergeht wie mir, frage ich mich. Wohl kaum, sie wird meinetwegen zuhause sitzen und sich die Augen ausheulen, während sie sich einen ekelhaft kitschigen Liebesfilm reinzieht.

Ob es Theresa aktuell wohl genauso ergeht wie mir, frage ich mich. Wohl kaum, sie wird meinetwegen zuhause sitzen und mich, in ihr reizendes Kleid gekleidet, sehnsüchtig erwarten, während sie sich schön zurecht macht und schminkt, in freudiger Erwartung, was der Abend wohl noch so bringen mag.

Und doch kann ich es nicht genau wissen. Ich vermag nicht in das Innere eines Menschen zu blicken. Alles, was sich mir offenbart, ist die Fassade, die Maske, die jeder von uns trägt zum Schutze der gesellschaftlichen Stellung, der Persönlichkeit und eigenen Identität.

Was gibt mir die Sicherheit, dass Theresa mich ebenso liebt und sehnsuchtsvoll begehrt, wie ich sie? Was gibt mir die Gewissheit, dass Viola mir und unserer wunderschönen gemeinsamen Zeit ebenso hinterhertrauert und sich voller Reue und Melancholie wünscht, dass alles anders gekommen wäre, so wie ich es jeden Tag aufs Neue tue? Nichts! Und in diesem Moment wird mir die Unvereinbarkeit von Trieben und der

Vernunft, von Gefühlen und dem Verstand, von sinnlichem Begehren und wahrer Liebe und von Wünschen und der Realität, schmerzlich bewusst und ich erkenne, dass es kein Vor-und Zurück mehr gibt, für niemanden von uns.

"Alles Sein ist Nichts", flüstert der Nihilist.

"Ich bin unfrei", flüstert der Philosoph.

"Ich bin schuldig", flüstert der Moralapostel.

"Oh Theresa, wie ich dich begehre", flüstern die Triebe.

Währenddessen muss ich eine Vollbremsung hinlegen, da ich erst spät bemerke, dass plötzlich, wie aus dem Nichts, eine Ampel auftaucht, die rot anzeigt.

5 Unterhaltung über wahre Liebe

An einem kühlen Tag im Oktober saßen Jim und M. auf einer Bank unter einem Baum, der bereits all seine Blätter verloren hatte und genossen die Ruhe. Ungestört waren sie unter sich und beobachteten das Treiben der Natur. Die kalte Herbstluft strich ihnen sanft durch das Gesicht, der Wind trug die bunten Blätter davon, der Himmel war wolkenlos und klar. Keiner der beiden hatte bisher auch nur ein einziges Wort gesagt. Dies war bei Liebenden ohnehin nicht notwendig, da die beiden Herzen auf einer nicht mit den Sinnen wahrnehmbaren Ebene kommunizierten. Diese Art von Kommunikation erforderte keine Worte, keine grammatikalischen Gesetzmäßigkeiten oder eine bestimmte Aussprache. Dies war eine Sprache, die der jeweils andere intuitiv verstand, und nur dieser jemand, niemand anderes. Nur zwei Herzen, die füreinander bestimmt waren konnten sich derart gut verstehen. Zudem war es kein Wort der Welt würdig, die vorherrschende tiefgehend erfüllende Stille zu unterbrechen.

Nach einer langen Zeit der Ruhe wurde diese jäh durch den schlagartig eintretenden Wetterumschwung beendet. Dunkle Wolken bedeckten den Himmel, die Kälte nahm zu.

"*Ich sitze schon viel zu lange hier*", dachte Jim. "*Ich sollte nach Hause, zu meiner Familie. Etwas mehr Zeit mit den Kindern verbringen.*"

M. dachte: "*Du solltest nach Hause. Verbringst ohnehin viel zu viel Zeit mit mir. Hast doch schließlich eine Familie, die deiner Fürsorge bedarf. Kein Platz für mich.*"

Jim blickte gen Himmel. *"Nicht mehr lange, dann beginnt es auch noch zu regnen. Bis es stark wird, sollte ich wirklich zuhause sein, bei Frau und Kind."*

Doch es gelang ihm nicht, aufzustehen. Die Schwere seines trauernden Herzens machte dies unmöglich. Also blieb er noch eine Weile sitzend an dem Ort, an dem er sich wohl fühlte, weil M. bei ihm war.

"Es schmerzt, wenn ich gehen muss. Die Traumwelt zu verlassen, die wir beide uns aufgebaut haben. Zurück in die Realität geworfen zu werden."

"Jede Sekunde genieße ich mit dir."

Jim wusste, was M. gesagt hatte. Sein Herz hatte es verstanden. Jeder kannte die Gedanken des jeweils anderen. Und alle Worte wurden überflüssig, wenn das Herz sprach.

"Ich wünsche mir nichts sehnlicher, als mein Leben mit dir zu verbringen. Alles aufgeben, meine Familie verlassen, nur um dich immer in meiner Nähe zu haben", sagte Jims Herz.

"Du weißt, dass das unmöglich ist. Lange wollte ich es mir nicht eingestehen, doch unsere Liebe ist nur in unserer Traumwelt möglich, nicht in der realen Welt. Du hast eine Familie. Du bist ein angesehener Mann, würdest deinen Ruf aufs Spiel setzen, würdest du mit mir eine Bindung eingehen."

Betrübt blickte Jim zu Boden. M. hatte leider immer viel zu rational überzeugende Argumente, war stets realistisch und der harten Wahrheit ins Auge zu blicken, war etwas, was Jim sich nicht getraute.

"Mein Ruf interessiert mich nicht", antwortete sein Herz schließlich. *"Gesellschaftliche Anerkennung würde ich zweifellos einbüßen, doch du bist dies alles wert. Nur die Liebe interessiert*

mich. Mein Herz sagt mir, dass es richtig ist und darauf ist Verlass. Was habe ich davon ein angesehener Mann zu sein, wenn doch mein Innerstes auf ewig unglücklich ist, bedingt durch eine schmerzhafte unerfüllte Liebe, eines gebrochenen Herzens. Fast jeden Tag sehen wir uns und doch bist du so weit von mir entfernt. Körperliche Nähe, doch emotionale Distanz. Warum nur bin ich dir nicht so wichtig wie du mir? Sag, was muss ich tun, um dich doch noch für mich zu gewinnen? Ohne zu zögern würde ich alles, mein ganzes Leben diesem Traum unterordnen. Durch die Hölle würde ich für dich gehen!"

In Jims Augen bildeten sich Tränen und auch M. kämpfte mit den Tränen, nachdem Jims Herz diese Worte gesprochen hatte. Die ersten Regentropfen fielen vom Himmel herab, ein Sturm bahnte sich an. Der Wind peitschte ihnen mit seiner eiskalten Wucht schonungslos ins Gesicht. Schließlich antwortete M. mithilfe des Herzens, ohne auch nur die Lippen zu bewegen: *"Deine Liebe ist nicht unerwidert. Auch ich empfinde so."*

"Warum willst du dann nicht mit mir zusammen sein?"

"Weil du schon eine Familie gegründet hast."

"Nur, weil ich dich zu dem Zeitpunkt noch nicht kannte. Meine Frau kenne ich seit zwölf Jahren, meine Kinder sind acht und vier. Dich habe ich erst vor zwei Jahren getroffen und sofort erkannt, dass wir füreinander bestimmt sind, weil wir beide die gleiche Sprache sprechen. Ich bin der einzige, der die unausgesprochenen Worte deines Herzens zu verstehen und zu deuten in der Lage ist und andersherum verhält es sich genauso."

"Du darfst dein Leben inmitten der gehobenen Gesellschaft nicht aufgeben. Die Familie bedarf deiner. Du würdest alles zerstören und ich wäre der Auslöser dafür und somit für das daraus resultierende Chaos und Leid zu verantworten. Und ich will nicht

Schuld am Untergang deines Lebens tragen. Unsere Liebe muss geheim bleiben. Wir beide wissen davon, niemand anderes. Was willst du noch mehr, Jim?"

Jim konnte die Tränen nicht länger zurückhalten und begann hemmungslos seiner Trauer freien Lauf zu lassen, was er sich in der Gegenwart von M. auch getraute, schließlich war ihre Beziehung von grenzenlosem Vertrauen geprägt. M. weinte ebenfalls, das wusste er intuitiv. Die beiden saßen zwar direkt nebeneinander, doch sahen sie sich nicht an, sondern blickten in Richtung des fernen Horizonts. Die Liebenden bedurften nicht der sinnlichen Wahrnehmung des jeweils anderen. Ihre Liebe ging darüber hinaus, war stärker, inniger, von unschätzbarem Wert. Im Herzen hatten sie ein Bild voneinander, das die Vollkommenheit des anderen viel besser darstellte als es die Augen vermochten, weshalb es nicht vonnöten war, sich anzusehen.

Der Regen wurde stärker, die Tropfen prasselten nur so herab, fast schon wie kleine Geschosse. Jim und M. reagierten nicht auf die äußeren Umstände, sondern regten sich nicht in ihrer Apathie.

Jims Herz nahm die kurzzeitig unterbrochene Kommunikation erneut auf: *"Ja, wir beide wissen um unsere Liebe, doch reicht mir das nicht. Ich will keine geheime Liebe. Alle sollen davon wissen! Du zerstörst mein Leben nur, wenn du mir nicht eben jene Liebe zurückgibst, die ich dir hingebungsvoll entgegenbringe."*

"Sei doch vernünftig!"

"Wie soll ich vernünftig sein, wenn die Gefühle mich übermannen? Kein irdisches Wesen hat der Macht der Liebe etwas entgegenzusetzen. Begreifst du denn nicht, dass es so enorm selten ist, wenn zwei Menschen sich nur mit dem Herzen

gemeinsam unterhalten und einander verstehen, ohne auch nur den Mund zu öffnen? Für jeden Menschen gibt es diese eine Person, mit der eine solche Konversation möglich ist. Und das ist das Zeichen, das man denjenigen gefunden hat, mit dem man den Rest seines Lebens verbringen muss. So verlangt es das Schicksal. So will auch ich es und dabei spielt es keine Rolle auf welche Person das Herz diese grenzenlose Liebe projiziert. Es spielt keine Rolle, wer du bist. Nur das, was du für mich darstellst. Du bist mein Leben!"

Auch M. machte sich nicht mehr die Mühe, die Tränen zurückzuhalten, zu berührend waren die Worte des Herzens des Geliebten.

"Du bist verloren, Jim. Du ertrinkst in deiner Liebe. Einst brachtest du diese Liebe deiner Frau entgegen. Bitte schenke ihr die Aufmerksamkeit, die du mir widmest. Es gibt keinen anderen Ausweg. Noch ist es nicht zu spät. Du kannst dich noch retten. Du musst handeln. Sofort!"

"Nein. Erwiderst du nicht meine Liebe, so will ich nicht länger leben. So verliert mein Dasein jeglichen Sinn. Ich kann die Liebe zu meiner Frau einfach nicht mehr entfachen. Diese Zeit ist vorbei und wird nie wiederkehren. Es lässt sich nichts erzwingen. Ich kann auch dich zu nichts zwingen, doch bedenke, dass du mich durch deine Ablehnung ins tiefste Unglück stürzt."

M. antwortete: *"Ich liebe dich über alles auf der Welt. Und genau aus diesem Grund muss ich dich beschützen, aus diesem Grund will ich das Beste für dich und das werde ich dir niemals bieten können. Würde ich meiner Vernunft keine Beachtung schenken, würde ich meinen eigenen Bedürfnissen folgen und wäre nichts anderes als ein Egoist. Doch du hast etwas besseres verdient. Um die Wahrheit zu sagen vermisse ich dich mehr als ich es ertragen kann. Mein Herz findet erst Ruhe, wenn es mit deinem in Kontakt treten kann, so wie gerade. Es vergeht kein Tag, an dem ich nicht in unendlicher Sehnsucht an dich denke. Und doch können wir niemals zusammen sein. Auch wenn wir die gleiche Sprache sprechen. Ich nehme nur Abstand von dir, weil ich weiß, dass es das Beste für dich ist. Dir ist ein anderer Weg vorherbestimmt als mir."*

"Woher willst du das wissen?"

"Weil mein Herz es mir zuflüstert. Und es irrt sich nie, wie du selber gesagt hast. Es weiß, was richtig und was falsch ist. Genaugenommen ist es die einzig notwendige moralische Instanz."

"Wahre Liebe wie die unsrige, sollte niemals unterdrückt werden", sagte Jims Herz.

"Das wird sie auch nicht. Im Herzen werden wir einander bis ans Ende unserer Tage lieben. Wahre Liebe wird im Inneren ausgetragen und bedarf keiner räumlichen Nähe. Sie stellt keine Bedingungen, doch genau das tust du. Du willst mit mir zusammen sein, doch ist dies gar nicht notwendig. In unserer eigenen Welt, unserer Realität sind wir es doch längst. Verbunden durch das untrennbare Band der Liebe."

"Wenn das so ist, sollten wir uns nicht mehr sehen."

"Es schmerzt mich allein der Gedanke von dir getrennt zu sein, doch beruhigt es mich zu wissen, dass unsere Liebe füreinander bestehen bleibt und diese durch nichts zerstört werden kann. Es bedeutet, dass ich leiden werde, an der Trauer fast ersticke, doch es bedeutet auch, dein Leben zu retten und das ist weitaus wichtiger."

"Ich werde dich niemals vergessen!"

"Im Herzen sind wir für immer zusammen!"

"Wenn ich doch nur wüsste, wie es mir gelänge, dich zu

vergessen. Ich kann diesen Schmerz nicht länger ertragen..."

"Vergessen ist Leugnen der Realität. Doch ich bin real und unsere Liebe ist es auch. Würdest du mich vergessen, würdest du damit unsere Liebe verraten. Dies darf jedoch nicht geschehen!"

"Wir sollten uns nicht mehr sehen."

"Ja, wir sollten uns nicht mehr sehen. Getrennte Wege gehen, doch im Geiste bis in alle Ewigkeit vereint bleiben. Denn nur dort gibt es für unsere Liebe eine Chance, eine Möglichkeit zu überleben. Und um nichts anderes geht es. Diese Trennung geht über persönliche Bedürfnisse hinaus. Sie ist eine Trennung der Liebe an sich willen und muss daher um jeden Preis durchgeführt werden, auch wenn es uns leidend zurücklässt. So verlangt es das Leben, das Schicksal! Und dies steht nun mal weit über uns."

In diesem Augenblick sahen sich Jim und M. zum ersten Mal an diesem Tag ins Gesicht, verloren sich in den endlosen Tiefen der Augen des jeweils anderen. Sie umarmten und küssten sich anschließend leidenschaftlich. Dann begann wieder eines der Herzen zu sprechen: "Versprich mir, dass du das Beste aus deinem Leben machst. Versprich mir, dass du meinetwegen keinerlei Trauer mehr, sondern nur noch Freude empfinden wirst. Versprich mir, dass du dich um deine Familie kümmerst, deine Karriere weiterverfolgst und glücklich bist. Versprich mir das, Jim!"

"Ich verspreche es." Beide setzten zeitgleich ein Lächeln auf, kein erzwungenes, sondern ein aufrichtiges. Der Regen hielt nach wie vor an, die Tränen flossen. Langsam erhob sich Jim und trocknete seine Augen mit dem Ärmel seiner Jacke."Leb wohl, Jim", sagte M.

Bevor er von dannen schritt, antwortete er: "Leb wohl...Martin.“

Historisches

„Die Geschichte lehrt die Menschen, dass die Geschichte die Menschen nichts lehrt.“

Mahatma Gandhi

6 Das Findelkind

Den Apfel fest in der Hand umklammert, das dünne Tuch aus roter Seide auf dem Kopfe festhaltend, sodass es nicht vom Wind davongetragen wurde, stürmte Alejandra durch die auf dem Marktplatz versammelte Menschenmenge. Dabei stieß sie alte Frauen um, drückte Kinder rücksichtslos beiseite und wich geschickt starken Händen aus, die nach ihr langten.

Der Wochenmarkt hatte erneut zahlreiche Schaulustige von Nah und Fern angelockt. Orientalische Gewürze wurden zum Verkauf angeboten und erfüllten die Luft mit einem angenehmen Duft, Obst aus allerhand Ländern in allen Farben des Regenbogens wartete nur darauf, verzehrt zu werden. Großem Interesse erfreuten sich die Fleisch verkaufenden Stände. Fleisch vom Lamm, vom Schwein, Fisch, Gemüse, alles, was das Herz begehrte. Insbesondere das Herz eines jungen, vom Hunger zutiefst gepeinigten Mädchens, wie Alejandra es war.

Als der Hunger unerträgliche Ausmaße anzunehmen begann, sah sie sich dazu gezwungen, einem Verkäufer unauffällig einen Apfel zu entwenden. Dies blieb jedoch nicht unbemerkt, denn für ein derart hübsches Mädchen ist es unmöglich, gänzlich unterzutauchen und im Verborgenen zu agieren, ganz gleich wie sehr sie sich auch bemüht. Sie musste auffallen!

In solchen Momenten entfesselte Alejandra ungeahnte Kräfte. Trotz ihrer Unterernährung, war sie in der Lage, den wütenden Männern, die ihr hinterhereilten und ihr befahlen, sofort stehen zu bleiben und den Apfel zu bezahlen (von welchem Geld überhaupt?), geschmeidig und flink wie eine Gazelle den Löwen zu entkommen.

Auf wütende Zurufe, man solle die elende Gaunerin aufhalten, reagierten die meisten nicht. Womöglich aus Unfähigkeit, womöglich aber auch aus Mitleid. Denn selbst der Kleingeistigste muss wohl oder übel einsehen, dass ein jeder Mensch kriminell wird, wenn ihm die Befriedigung essentieller Grundbedürfnisse verwehrt bleibt. Also ließ man Alejandra entkommen. Ob man ihr ansah, dass sie überdies aufgrund ihrer familiären Verhältnisse von der spanischen Inquisition verfolgt wurde?

Der Markt lag bereits weit hinter ihr. Nachdem sie sich mit einem hastigen Blick über die Schultern ein weiteres Mal versichert hatte, dass ihr bis hierhin niemand gefolgt war, hielt Alejandra, völlig außer Atem, das Herz wie eine Trommel pochend, inne und ließ sich in den sandigen Boden sinken.

Sie befand sich in gottverlassenem Land. Kaum fruchtbare Stellen, keine einzige Pflanze in Sicht. Sie wusste, dass sie an diesem Ort nicht lange bleiben konnte. Gänzlich ohne Vorräte mit Ausnahme des gestohlenen Apfels, würde sie nicht lange aushalten, vor allem nicht in der prallen Sonne. Nichtsdestotrotz war eine kurze Pause angebracht.

Alejandra entfernte ihr Kopftuch und ihr wallendes schwarzes Haar kam zum Vorschein. Mit dem Tuch wischte sie sich den Schweiß von der Stirn, der in Strömen ihr Gesicht herablief, die dunklen Augen benetzte und ihre Sicht trübte. Die spanische Sonne in Kombination mit der körperlichen Anstrengung, machte ihr sehr zu schaffen. Ihr wurde schwindelig, der Kreislauf spielte verrückt, der Kopf pochte in der Hitze, glühte und drohte regelrecht zu zerbersten.

Alejandra biss kräftig in den Apfel. Der saftige Geschmack wirkte augenblicklich auf ihre Geschmacksknospen, das Wasser des Apfels sog sie begierig auf. Ihr ganzer Mund war erfüllt von der herrlichen Frische und Reinheit der Frucht.

Unwillkürlich seufzte sie und schloss die Augen, um den ohnehin schon starken Geschmack noch intensiver wahrzunehmen.

Welch wohltuende Erfrischung, dachte sie und verzehrte den Apfel in wenigen Augenblicken, so sehr verlangte es ihr nach der kostbaren und seltenen Nahrung.

Am liebsten hätte sie sich in den Sand gelegt und eine Weile geschlafen, doch diese Überlegung verwarf sie ebenso rasch wieder, wie sie gekommen war, als ihr die Risiken bewusst wurden. Vermutlich wurde immer noch nach ihr gesucht, sie war schließlich eine Zigeunerin, eine Kriminelle und in erster Linie natürlich ein Hurenkind, also quasi eine Hexe. Zudem befürchtete, sie in der Hitze nie wieder aufzuwachen und im Schlaf zu sterben. Nein, sie konnte keine Rast einlegen, sich eine wohlverdiente Auszeit genehmigen. Sie musste weiter! Schließlich knurrte der Magen immer noch. Wie lange sie doch keine anständige Mahlzeit mehr zu sich genommen hatte! Oh, wie lange das doch schon her war!

Der Fußmarsch schien kaum ein Ende zu nehmen. Dennoch kämpfte sich Alejandra unerbittlich vorwärts. Keine Rücksicht auf die müden Beine, die schmerzenden Füße, das pochende Herz, die Übelkeit. Das Leben hatte sie abgehärtet. Sie wusste, wie man sich durchsetzen konnte. Das hatte sie sich alles selbst beibringen müssen, da sie niemanden hatte, der sie an die Hand nehmen und ihr das Leben erklären konnte. Nein, dies hatte sie selbst alsbald feststellen müssen. Es war schwer, zweifellos, aber die Rückschläge und zahlreichen Niederlagen hatten sie stark gemacht.

Es gibt nichts zu befürchten, außer der Furcht selbst, sagte sie sich immer selbst.

Mittlerweile war es dunkel geworden. Die Nacht war über Spanien hereingebrochen. Immerhin kühlte es ein wenig ab, wenngleich die Luft nach wie vor trocken und schwer zu atmen war. Und immer noch keine Menschenseele in Sicht, abgesehen von Alejandra selbst.

Der wolkenlose Himmel über ihr, wies einige Sterne auf, die den Firmament erleuchteten und seltsam beruhigend glänzten und dem Mädchen, ebenso wie der sie scheinbar beobachtende Vollmond, den Weg zeigten.

Wenig später geschah etwas, was Alejandra selbst für kaum noch möglich gehalten hatte! Sie gelangte an einen Fluss, der sich wand und krümmte wie eine Schlange.

Erschöpft ließ sich das Mädchen nieder und beugte sich über das Wasser, um ihren entsetzlichen Durst zu löschen. Ihr Rachen hatte sich mittlerweile selbst in die Wüste verwandelt, die sie zu durchschreiten hatte. Wahrscheinlich hätte sie, dem Tod durch Verdursten nahe, nicht mehr lange ohne Wasser ausgehalten.

"Der Himmel hat dich geschickt, gesegnetes Wasser", seufzte Alejandra leise vor sich hin, den Verstand bereits etwas vernebelt. Als das Wasser ihre Lippen benetzte und sie ihren glühenden Kopf in den eiskalten Fluss hielt, aufpassend, nicht von der starken Strömung mitgerissen zu werden, fühlte sie sich wie neu geboren. Sie spürte wie das Leben sich wieder ihrer bemächtigte, wie das Blut wieder durch die Venen zu pulsieren begann, wie die Kraft und der Lebenswille wieder zurückkehrten. Das Elixier des Lebens hatte dem kurz vor dem Tod stehenden Mädchen neue Hoffnung eingehaucht.

Nun war es wirklich Zeit für eine Pause! Wer würde schon in diesem Niemandsland nach ihr suchen? Wohl nicht einmal die

Inquisitoren! Wobei denen alles zuzutrauen war. Wenigstens war sie noch niemals einem von ihnen begegnet! Man kannte sie nur aus Erzählungen, ihrer leibhaftig ansichtig geworden, war bisher noch niemand. Dennoch wusste sie, dass man nach ihr suchte, nach ihr, der Zigeunerin. Ihre Füße vermochten sie nicht weiter zu tragen.

Alejandra zog ihre völlig zertretenen Schuhe aus und hielt ihre geschundenen, vom Laufen und Fliehen völlig wunden Füße ins Wasser und lehnte sich entspannt zurück. Auf dem Rücken liegend blickte sie verträumt in den Sternenhimmel, der unendlich weit entfernt und gleichzeitig zum Greifen nahe erschien. Währenddessen überlegte sie sich in welche Richtung sich ihr Leben wohl hätte entwickeln können, wäre ihr nicht das Hindernis der Geburt in die Quere gekommen und das Privileg der Geburt verwehrt worden. Womöglich wäre sie anstatt des dunkelhäutigen Mannes auf dem Markt gewesen und hätte Obst verkauft und davon selber im Überfluss zur Verfügung gehabt, anstatt es stehlen zu müssen. Womöglich wäre aus ihr eine große Tänzerin geworden, wie es seither ihr Traum gewesen war.

Alejandra schließ die Augen und lächelte bei der Vorstellung, wie sie, in ein weißes Kleid aus den feinsten Leinen wie ein Schwan über die Bühne schwebte und die Masse ihr zujubelte, begleitet von der herrlichsten Musik, die je ein menschliches Ohr vernommen hatte.

Womöglich wäre sie gar als Prinzessin geboren wurden und in einem prächtigen Schloss mit hunderten Dienern und tapferen Rittern aufgewachsen. Sie stellte sich vor, wie ihre unregelmäßig braun gebrannte Haut von goldenen Ringen und silbernen Reifen verziert wurde, wie ein blutrotes oder smaragdgrünes Kleid ihren zierlichen Körper umhüllte und eine kleine Krone in ihrem zu einem langen Zopf zusammengebundenen, schwarzen Haar steckte. Wie sie von gutaussehenden Prinzen umworben wurde und der Vater ihr jeden Wunsch von den Lippen abliest!

Alejandra öffnete wieder die tränenden Augen und richtete sich auf, da ihr Rücken vom Liegen auf dem harten Grund zu schmerzen begann. Sie sah an sich herab und musterte das rote, von Motten zerfressene, verschmutzte und übel riechende Gewand, das sie kleidete. Am liebsten hätte sie es abgestreift und wäre sofort in den Fluss gesprungen, um ein Bad zu nehmen. Einzig die Strömung hielt sie von diesem Vorhaben ab, da sich die Angst vor dem Ertrinken ihrer bemächtigte. So behielt sie ihre Kleidung an und verfiel wieder ihren wilden Träumereien, die, wenngleich sie sich niemals bewahrheiten würden, ihr doch Anlass zur Hoffnung verliehen und sie glücklich stimmten. Ab und an benötigte sie diese Form der Realitätsflucht einfach, um ihrem harten Leben überhaupt noch irgendeinen Sinn abzugewinnen. Denn, so fragte sie sich selbst, wofür sollte man schon noch leben, wenn nicht für seine Träume, ganz gleich wie unrealistisch und weltfremd diese auch erschienen!

Alejandra wäre beinahe eingeschlafen, bis ein erschütternder Schrei sie plötzlich aus den Träumen riss und äußerst brutal in die bittere Realität zurückholte.

Sie war regelrecht darauf trainiert, auch im Schlaf die kleinsten verdächtigen Geräusche wahrzunehmen, um, im Fall der Fälle, schnellstmöglich die Flucht zu ergreifen. Aus diesem Grund schreckte das Mädchen hoch, bis sie kerzengerade aufrecht saß. Voller Angst blickte sie sich um, die Quelle des Geräuschs ausfindig zu machen, mit dem schlimmsten rechnend.

Sie haben mich, schoss es ihr unwillkürlich in den Kopf. Jeden Augenblick würden die Inquisitoren aus dem Gebüsch springen und sich auf sie stürzen, Hände würden aus dem Fluss auftauchen, ihre Füße greifen und sie ins Wasser ziehen, um sie dort zu ertränken.

Doch nichts dergleichen geschah! Es war wieder ruhig, als wäre nie etwas gewesen. Nur das Plätschern des Wassers war zu vernehmen.

Hatte sie sich alles etwa nur eingebildet? Gewiss als Folge ihres anstrengenden Tages! Sie war einfach nur übermüdet, das war alles.

In diesem Augenblick, hörte sie erneut einen Schrei, dann noch einen, und noch einen und noch einen.

Das hört sich an wie, überlegte Alejandra, doch ihr fiel die Antwort nicht ein. *Wie...wie...*

Erst jetzt gewahrte sie, dass ein kleiner Korb, einer, den man normalerweise mit Äpfeln füllt, über das Wasser glitt und von der Strömung wild hin-und hergerissen wurde. In dem Korb befand sich etwas...oder jemand.

Alejandra erhob sich, kniff die Augen zusammen, um bei der Dunkelheit besser sehen zu können und erkannte, dass die verzweifelten Schreie von einem weinenden Baby stammten, eben jenem armen Geschöpf, welches in einem Korb über den Fluss schwamm.

Ohne auch nur einen einzigen Augenblick nachzudenken, warf sich Alejandra bekleidet in das Wasser, schwamm mit aller ihr noch gebliebener Kraft gegen die Strömung und griff nach dem Korb. Selbiger drohte ihr zu entgleiten, doch es gelang ihr trotzdem, ihn mit einer Hand festzuhalten und mit der anderen nach dem rettenden Ufer zu greifen, während sie wild mit den Beinen um sich schlug. Ihr Kopf geriet oftmals unter Wasser. Sie schluckte Wasser, hustete, ihre Lungen füllten sich langsam mit Wasser. Ihr zarter Körper drohte zwischen der Strömung in alle Einzelteile auseinander zu fallen und doch dachte sie nicht einen

Augenblick darüber nach, den Korb loszulassen, um mit beiden Händen nach dem Ufer zu greifen und sich selbst somit zu retten.

So geschah es, dass Alejandra und das nach wie vor schreiende Baby weiter flussabwärts getrieben wurden. Alejandra kämpfte gegen den Drang, selbst um Hilfe zu schreien an, zum einen, da sie ihre wertvollen Kräfte nicht sinnlos verschwenden wollte, zum anderen, weil sie wusste, dass sie diese Situation alleine zu bewältigen hatte und ihr dies mit all ihrer Stärke und Ausdauer auch gelingen würde. Also gab sie sich einen kräftigen Ruck und als sie eine Stelle erreichten, wo die Strömung nicht mehr so stark war, sammelte sie all ihre Kräfte und unternahm einen letzten Versuch, ans Ufer zu gelangen, den Korb mit ihrem Leben beschützend. Da der Fluss an dieser Stelle glücklicherweise nicht so breit war, gelang es ihr tatsächlich, sich mit einer Hand am rettenden Ufer festzuklammern. Ihre langen Fingernägel bohrten sich tief in den Untergrund, um nach Halt zu suchen. Sie zog den Korb nahe an sich heran und setzte diesen mit aller Kraft auf dem Boden ab, bevor sie sich selbst, trotz des enormen Gewichts ihrer vollkommen durchnässten Kleidung, aus den reißenden Fängen und wütenden Klauen des Wassers befreite und sich herauszog.

Völlig erschöpft aber glücklich rollte sie sich über den Boden und blieb einen Moment liegen, bevor sie sich dem Baby widmete. Es hatte mittlerweile aufgehört zu weinen. Alejandra nahm es behutsam aus dem Korb heraus und begutachtete es zunächst hinsichtlich möglicher Verletzungen. Das Kind schien diesen Kampf um das Überleben unbeschadet überstanden zu haben.

Welch ein Glück!

Alejandra hielt das Kind in den Armen und sah sich sein Gesicht an. Das in weiße Tücher gehüllte, gebrechliche Baby war ein Junge mit dunkler Haut, ungewöhnlich langem blondem Haar, welches aus wunderschönen Strähnen bestand und hellwachen, großen und melancholisch wirkenden blauen Augen.

"Oh, wie schön du bist!", säuselte Alejandra und gab dem Baby einen Kuss auf die Stirn.

Der Junge setzte ein breites, herzerwärmendes Lächeln auf, welches Alejandras Inneres mit wohliger Wärme erfüllte.

"Wer hat dir das angetan, du armer Junge", flüsterte sie mit schwacher Stimme und vergoss einige Tränen. Sie hielt das Kind fest in ihren Armen und drückte es an ihre Brust, direkt an ihr wild schlagendes Herz.

So sehr sie auch den Moment genoss, endlich wieder mit einem menschlichen Wesen in Kontakt zu treten, und zwar mit einem, welches ihr nicht nach dem Leben trachtete und noch völlig unberührt von allem Bösen und der Schlechtigkeit der Gesellschaft war, so wusste sie auch, dass das Findelkind unbedingt versorgt werden musste und dass sie nicht dazu in der Lage war, zumindest nicht an diesem Ort.

Sie spürte, wie das Kind zitterte und streichelte daraufhin seinen Kopf. Eines stand fest. Sie, Alejandra war den stetigen Kampf um das Überleben gewohnt, dieser unschuldige Junge nicht. Er durfte die Nacht unter keinen Umständen an diesem Ort, in der Wildnis verbringen. Dies würde mit hoher Wahrscheinlichkeit sein Ende bedeuten. Sie musste sich also schnellstmöglich um eine Unterkunft und entsprechende Versorgung für das Baby bemühen, bevor es zu spät war. Doch wie nur?

Alejandra dachte einen Augenblick nach und kam schließlich zu der Erkenntnis, dass eine Ortschaft logisch betrachtet ganz in der Nähe sein musste. Schließlich wurde das Findelkind flussabwärts gespült. Würde sie entgegen der Strömung wandern, so konnte es nicht mehr lange dauern, bis sie auf menschliche Zivilisation stoßen musste. Von dort aus musste ein grausamer Mensch den armen Jungen in den Fluss geworfen haben. Von einem Unfall war aufgrund des Korbes und der Unversehrtheit des Kindes nicht auszugehen.

"Ich lass dich nicht alleine", flüsterte Alejandra dem Findelkind ins Ohr. "Ich werde auf dich aufpassen. Halte durch, mein Kleiner! Bald ist es geschafft."

Erneut liebkoste sie den Jungen, der sich in ihrer Gegenwart sichtlich geborgen fühlte, da er ihr erneut ein Lächeln schenkte, sie mit seinen großen blauen Augen, wie ein Hundewelpen anhimmelte und sich fest an sie klammerte.

"Wie heißt du eigentlich?", sagte Alejandra und wusste, dass sie keine Antwort erhalten würde, da das Kind noch nicht sprechen konnte.

"Ich nenne dich `El regalo´ - `Das Geschenk´! Denn du bist ein Geschenk des Himmels! Ich bin jetzt deine Mama und werde auf dich aufpassen!"

Alejandra küsste den Jungen erneut und machte sich dann mit ihm in den Armen (er wog kaum etwas) auf den Weg, dem Fluss entgegen der Strömung folgend.

"Mama passt auf dich auf!"

Nachdem sie bereits eine Stunde unterwegs waren und ihre Beine schwer wie Blei wurden, stießen sie in der Tat auf ein Dorf. Alejandras Überlegungen hatten sich folglich als richtig herausgestellt.

Die bescheiden eingerichteten, jedoch einen gewissen Charme ausstrahlenden Häuser bildeten zwei Hälften, eine rechts und eine links vom Fluss. Der Übergang erfolgte mithilfe einer Brücke. Das Dorf war sehr idyllisch und stellte somit einen großen Kontrast zu der Wüste dar, aus welcher Alejandra kam. Rund um den Fluss wuchsen bunte Blumen und prächtige Bäume. Die Straße war sauber und gut gepflastert, sehr angenehm für Alejandras überanstrengte Füße. Obwohl es tiefste Nacht war, war die Straße dennoch von einzelnen Laternen erleuchtet. Die Wege waren völlig verlassen, nur Alejandra und der Junge, der in ihren Armen sanft eingeschlafen war.

So schwach ihre Beine auch waren, so stark waren ihre Arme, die nicht unter der Last des Kindes nachließen, sondern im Gegenteil eben deswegen ungeheuerliche Stärke und Sicherheit ausstrahlten. Dennoch war es an der Zeit, endlich eine Unterkunft zu finden.

Alejandra klopfte an der Tür des ersten Hauses, welches sich in ihrer unmittelbaren Reichweite befand. Niemand öffnete. Sie versuchte es erneut. Niemand öffnete. Weiter zur nächsten Tür. Genau das gleiche. Bei der übernächsten Tür öffnete jemand, doch die Frau schickte Alejandra und den Jungen weg, da sie nach Einbruch der Dunkelheit niemanden mehr hereinließe.

Schließlich hatte Alejandra doch Erfolg. Ein Mann mittleren Alters öffnete die Tür.

"Seid gegrüßt, señor! Entschuldigen Sie die unerwartete Störung zu solch später Stunde, doch wir sind in Not! Lassen Sie uns doch bitte eintreten und bei Ihnen nächtigen!"

"Wer sind Sie? Wo kommen Sie her?"

"Ich bin eine Weltbürgerin. Nirgends zuhause, nirgends willkommen. Haben Sie Mitleid mit uns! Hinterfragen Sie nicht unser unglückseliges Schicksal! Wir bedürfen Ihrer Hilfe!“

Der Blick des Mannes fiel auf das Baby. "Wer ist das?", fragte er.

"Das ist...mein Kind", gab Alejandra zurück. "Wenn Sie mich nicht aufnehmen möchten, dann sei es so! Aber haben Sie doch bitte Erbarmen und Mitleid mit meinem armen Jungen! Bieten Sie wenigstens ihm eine sichere Unterkunft!"

"Was sprechen Sie denn da, señorita? Natürlich nehme ich sie beide auf! Treten Sie ein, mein Haus gehört Ihnen!"

Mit diesen Worten machte er Platz und ließ Alejandra mit dem Findelkind eintreten. Das Mädchen war zutiefst erleichtert, dass der Mann ihre Herkunft und ihre Absichten offenbar nicht weiter hinterfragte. Sein Blick ließ darauf schließen, dass er sich mit der knappen Erklärung zufrieden gegeben hatte, ja mehr noch, er schien sich auf seltsame Art und Weise an dieser unerwarteten Wendung des Schicksals zu erfreuen. Jedenfalls fühlte sie sich sofort willkommen, als wäre sie wirklich nach Hause gekommen.

"Habt vielen Dank, señor! Gott segne sie!"

"Sicherlich habt ihr furchtbaren Hunger! Kommt mit, in der Küche ist reichlich zu essen!"

Eine halbe Stunde später saßen Alejandra mit dem Kind auf dem Schoß und der fremde Mann gemeinsam am Tisch und aßen. Alejandra fütterte zunächst den Jungen, bevor sie selbst Nahrung zu sich nahm, obwohl sie vor Hunger beinahe ohnmächtig wurde. Nach langer Zeit konnte sie sich endlich noch einmal richtig satt essen. Sie verspeiste Brot mit Käse, trank Milch und bekam gar eine Hähnchenkeule nur für sich.

"Sie essen wahrlich, als sei dies die erste Mahlzeit, die Sie jemals im Leben zu sich genommen hätten", stellte der Mann schmunzelnd fest. "Es ist genug da! Greifen Sie nur zu!"

"In der Tat", begann Alejandra. "Lang ist´s her, dass ich zuletzt ein solch üppiges Mahl vorfand. Ich danke Ihnen von ganzem Herzen!"

Der Mann reichte ihr die Hand.

"Mein Name ist übrigens Pedro".

"Sehr erfreut! Ich bin Alejandra und das ist `El regalo´."

"`El regalo´", meinte Pedro verwundert. "Ist das wirklich sein richtiger Name?"

"So pflege ich ihn zu nennen. Er ist das wichtigste in meinem Leben. Alles, was mir noch geblieben ist, verstehen Sie?"

Pedro nickte. "Ja, ja ich verstehe. Aber, Alejandra. Ich darf Sie doch so nennen, oder? Also Alejandra, ich möchte Ihnen nicht zu nahe treten aber ist das wirklich *ihr* Kind? Nichts für ungut aber mir erscheinen Sie ein wenig zu jung, um bereits Mutter zu sein. Darf ich mich nach Ihrem Alter erkundigen?"

Alejandra verschluckte sich beinahe an dem Käse, trank aber einen kräftigen Schluck Milch und riss sich zusammen. Eine solche Frage hatte sie nicht erwartet, zumindest empfand sie dieselbe als unangemessen. Da sie jedoch tief in der Gunst des Mannes stand und nicht unfreundlich sein wollte, antwortete sie:

"Ich bin dreiundzwanzig. Mein Kind ist ein Jahr alt. Ich halte dieses Alter für angemessen."

Natürlich war diese Aussage gelogen, Alejandra war in Wahrheit gerade einmal sechzehn Jahre alt und über das Alter des Findelkindes vermochte sie schließlich keine exakte Auskunft zu liefern.

"Dreiundzwanzig?", wiederholte Pedro verwundert und zog skeptisch eine Augenbraue nach oben, nachdem er Alejandra genaustens gemustert hatte. Schließlich meinte er dennoch: "Nun gut! Ich möchte Ihnen nicht zu nahe treten. Was ist mit dem Vater des Jungen?"

Erneut musste sich Alejandra einer Lüge bedienen: "Er ist noch vor der Geburt des Kleinen an der Cholera zugrunde gegangen. Es vergeht kein Tag, an dem ich Miguel nicht aufs Schmerzlichste vermisse!"

"Das tut mir leid."

"Ist schon gut!"

Eine Zeit lang sagte keiner der beiden ein Wort. Alejandra genoss die Speisen, bis ihr Magen zu platzen drohte und sie nicht mehr imstande war, auch nur einen einzigen weiteren Bissen zu sich zu nehmen.

"Ich kann Ihnen nicht genug danken, Pedro!"

"Das brauchen Sie auch nicht", antwortete dieser. "Ich nehme an, dass Sie sehr müde sind! Oben im Dachgeschoss ist ein kleines Bett für sie und Ihr Kind vorbereitet. Ich geleite Sie dorthin!"

Mit diesen Worten erhob sich Pedro von seinem Stuhl und ging eine Treppe hinauf. Alejandra drückte das Findelkind an sich und folgte ihm.

Oben gelangte sie in einen kleinen Raum, direkt unter dem Dach, in welchem sich nichts befand, mit Ausnahme eines kleinen Bettes und einer Wolldecke.

"Hier können Sie die Nacht verbringen, Alejandra."

"Vielen Dank, das ist mehr als wir benötigen!"

"Ich wünsche eine angenehme Nachtruhe!"

Mit diesen Worten verabschiedete sich Pedro, verließ das Zimmer und schloss die Türe hinter sich.

Alejandra legte den Jungen vorsichtig in das Bett. Den Daumen im Mund, war der Kleine bereits eingeschlafen.

Das Mädchen legte sich neben das Baby an den Rand des Bettes, deckte sie beide zu und nahm das schlafende Kind in die Arme. In dieser Position schlief sie, totmüde wie sie war, beinahe augenblicklich selbst ein.

Wie lange hatte sie nicht mehr in einem richtigen Bett geschlafen? Freilich, mittlerweile war sie das Schlafen auf hartem Boden oder im besten Falle einem Heuhaufen gewohnt, vorausgesetzt sie fand überhaupt einen einigermaßen sicheren Schlafplatz, was keineswegs eine Selbstverständlichkeit darstellte. Aus diesem Grund fühlte Alejandra sich wie im Himmel als ihr die Übernachtung in einem richtigen Bett ermöglicht wurde, erst recht, wenn sie einen geliebten Menschen direkt neben sich hatte.

Als sie am nächsten Morgen aufwachte, schloss sie aus der Tatsache, dass die Sonne durch das kleine Fenster grell in ihr Gesicht schien, dass der darauffolgende Tag bereits in vollem Gange war und das Leben wieder begonnen hatte, was bedeutete, dass sie wahrscheinlich zwölf Stunden oder mehr geschlafen hatte. Wahrscheinlich mehr als im letzten Monat insgesamt.

Alejandra streckte sich, gähnte und rieb sich langsam den Schlaf aus den Augen. Als erstes fiel ihr Blick auf das Findelkind, welches sich nach wie vor, tief und fest schlafend, in ihren Armen befand.

"Guten Morgen, mein Engel. Hast du gut geschlafen?", begrüßte sie den Jungen und küsste ihn sanft auf die Wangen.

Der Kleine öffnete vorsichtig seine blauen Augen. Alejandra verlor sich in selbigen. Es war, als würde sie in das Meer eintauchen oder den unendlichen Himmel. Das Kind begrüßte sie mit einem Lächeln und gab einige Laute von sich.

"Ich habe dich auch lieb, `El regalo´", sagte Alejandra und konnte nicht anders, als das herzerwärmende Lächeln zu erwidern.

Plötzlich wurde ihr schlagartig bewusst, wie viel sie mit dem Jungen gemeinsam hatte. Sie beide waren Außenseiter, von der Gesellschaft verstoßene und somit unerwünschte Menschen. Getrieben und auf der Flucht aber glücklich, weil sie einander hatten, aufgrund einer einmaligen Überschneidung ihrer beider tragischer Einzelschicksale.

Wie überraschend das Leben doch sein kann, dachte Alejandra. *Im Moment bist du gottverlassen und einsam und im nächsten Moment beschert dir das Schicksal einen Menschen, wie er liebenswerter nicht sein könnte.*

Sie fragte sich, ob es nicht möglich sein könnte, dass jeder Mensch im Grunde gleich ist, sich ein Leben nicht wesentlich von einem anderen unterscheidet. Im Grunde machen alle Menschen die gleichen Erfahrungen. Bestimmte Muster kehren in jedem Leben wieder, wenngleich zumeist in abgewandelter Form. Daraus folgt, dass so etwas wie eine metaphysische Idee vom menschlichen Leben existent sein muss. Wir alle wachsen auf, verlieben uns und erleiden Liebeskummer, uns alle ereilen sowohl Erfolge als auch Rückschläge. Zwar fallen diese Erfahrungen bei jedem anders aus, gemeinsam ist jedoch, dass sie sich wie eine Art Muster durch das Leben eines jeden Menschen ziehen. Die Rückschläge in ihrem Leben waren beispielsweise der Verlust ihrer Eltern und die Verfolgung. Die

Rückschläge in dem noch kurzen Leben des Findelkindes waren die offensichtliche Abneigung der Eltern und die damit einhergehende Verbannung. Und am Ende eines jeden Lebens erwartet uns der Tod. Das bloße Menschsein scheint mit einem vorgegebenen Erfahrungsschatz und den gleichen Mustern einherzugehen, wodurch wir alle miteinander verbunden sind. Nur so konnte sich Alejandra die Verwebung verschiedener Schicksale erklären, wie es bei ihr und dem Findelkind der Fall war. Ihre Liebe zu dem verstoßenen Jungen erreichte schließlich grenzenlose Ausmaße, als ihr bewusst wurde, dass sie das gleiche Schicksal teilten, dass er ein Teil von ihr und sie ein Teil von ihm war. Eine leibliche Mutter könnte ihr Kind nicht mehr lieben, als Alejandra das Baby, so viel stand fest! Ihre Schicksale waren nun untrennbar miteinander verbunden. Ihre Leben hingen voneinander ab. Alejandra wusste, dass diese einmalige Verbindung nicht mehr rückgängig zu machen war und sie nun bis an den Rest ihres Lebens mit "El regalo" verbunden war. In jenen Stunden lernte sie, was es wirklich bedeutete, einen Menschen zu lieben, da sie zum ersten und wahrscheinlich einzigen Mal in ihrem Leben aufrichtig und wahrhaftig liebte! Sie erkannte dies daran, dass sie bereit war, dem Kleinen alles zu geben, wenn es sein musste, gar ihr Leben, in dem Wissen, dass der Junge, aufgrund seines Alters und seiner Abhängigkeit, ihr niemals etwas zurückzugeben in der Lage war. Eine reine Beziehung aus praktischen Zwecken oder der gegenseitigen Nützlichkeit zuliebe, war somit kategorisch ausgeschlossen und wich somit der Liebe.

"Ich hoffe, Sie hatten eine angenehme Nacht", sagte Pedro am Tisch. Alejandra aß erneut von den köstlichen Speisen, die ihr großzügig zur Verfügung gestellt wurden. Dem Kind verabreichte sie Milch und ließ es keinen Augenblick aus den Augen. Die meiste Zeit hatte sie es entweder auf ihrem Schoß sitzend oder in den Armen haltend, wobei sie fühlte wie in dem schmalen Brustkorb das kleine Herz hämmerte. Dies zu spüren ließ auch Alejandras Herz höher schlagen und sie unwillkürlich lächeln. Liebe flutete ihr Gemüt, Licht breitete sich in ihrem Innern aus und zum ersten Mal in ihrem Leben war sie glücklich und gelassen.

"Das hatte ich, vielen Dank. Lange habe ich nicht mehr so gut geschlafen", antwortete Alejandra schließlich.

"Das freut mich sehr! Wissen Sie, es ist bereits eine Zeit lang her, dass in diesem Bett geschlafen wurde."

Pedros Miene verdüsterte sich schlagartig und er legte seine Stirn in Falten. Er wirkte nachdenklich und blickte einen Augenblick ins Leere.

Alejandra nickte nur und widmete ihre Aufmerksamkeit dem Baby in ihren Armen, mit dem sie spielte und an dessen liebevollem, authentischem und ungekünsteltem Lachen, sie sich in höchstem Maße erfreute. Wenn das Kind lachte, war es, als öffneten sich die Pforte des Himmels und Alejandra vernahm Engel, die Harfe spielten.

"Sie lieben ihr Kind", stellte Pedro fest und lächelte schwach.

Alejandra sah ihm in die dunklen Augen und erblickte düstere Melancholie. Sie hatte ein Gespür für Menschen und ihre Emotionen. Dies hatte sie im Laufe ihres Lebens erlernt, da sie mit unzähligen Menschen in Kontakt gekommen war, bedingt durch ihre Ungebundenheit und ständige Flucht. Aus diesem Grund erkannte sie sofort, dass Pedro traurig war.

"Ich liebe ihn über alles", gab sie zurück.

"Könnten Sie sich vorstellen, dass er nicht mehr bei Ihnen wäre?"

"Um Himmels Willen! Niemals könnte ich das! Niemals!"

"Ich konnte es damals auch nicht."

"Wovon sprechen Sie?"

"Einen geliebten Menschen zu verlieren. Das konnte ich mir nicht vorstellen. Und doch trat es ein."

Alejandra schwieg und schluckte nur. Es entstand ein unangenehmes Schweigen. Das Mädchen wusste nicht, wie sie reagieren sollte und wartete die Reaktion Pedros ab. Womöglich brach er das Schweigen und erzählte seine Geschichte von sich aus, ohne dass sie nachfragen musste, was ihr zutiefst zuwider war, da sie Pedro unter keinen Umständen in Bedrängnis bringen oder ihn traurig machen wollte. Letztendlich erhob tatsächlich der Mann wieder das Wort und setzte mit seinen Erläuterungen an.

"Ich bin nicht immer alleine gewesen, müssen Sie wissen." Erst in diesem Augenblick bemerkte Alejandra, dass Pedro tatsächlich alleine war. Weder in der vergangenen Nacht, noch am heutigen Tag hatte sie eine mögliche Frau oder aber Kinder gesehen. Er wohnte alleine.

"Einst hatte ich eine Frau. Sie verließ mich jedoch. Ein reicher Kaufmann hatte ihr den Kopf verdreht und sie ließ mich mit unserer sechzehnjährigen Tochter alleine zurück."

"Wo ist Ihre Tochter jetzt?"

"Auch sie hat mich verlassen. Ist von uns gegangen. An der Schwindsucht zugrunde gegangen. Vor zwei Jahren war es."

Alejandra beobachtete, wie sich die Gesichtszüge Pedros vor Schmerz grässlich verzogen. Ungehemmt begann er zu weinen, ließ den Tränen freien Lauf, bebte am ganzen Leib und hielt sich eine Hand vor das Gesicht.

"Oh meine Clara. Wie konntest du mir das antun? Wieso nur hast du mich verlassen!", schluchzte er herzzerreißend.

Instinktiv und von Mitleid ergriffen, legte Alejandra ihre Hand auf die Pedros und streichelte selbige sanft mit dem Daumen. Das Findelkind begann ebenfalls leise zu weinen.

"Es tut mir unendlich Leid für Sie, Pedro. Das Leben ist ungerecht. Zutiefst ungerecht! Gott scheint nur gut zu den Schlechten zu sein. Zu den Guten dagegen ist er schlecht!"

"Wahr, wahr", pflichtete Pedro ihr bei und sah auf. Die Hand, mit der er zuvor noch sein Gesicht bedeckt hatte, legte er jetzt wiederum auf die Alejandras. Die Blicke der beiden trafen sich, doch die stechenden Augen Pedros bereiteten Alejandra Unbehagen. Sie konnte den Blick nur kurz halten und sah dann beschämt nach unten.

"Sehen Sie mich an, Alejandra", befahl der Mann mit einer solchen Stärke in der Stimme, die dem Mädchen keine andere Wahl ließen, als der Anordnung Folge zu leisten. Sie nahm den Blickkontakt wieder auf und lief dabei scharlachrot an.

"Sie erinnern mich an sie! Sie erinnern mich an meine Clara, an mein kleines Mädchen", sagte Pedro und seine Augen weiteten sich vor Erstaunen.

"Sind Sie sicher", stammelte Alejandra und musste erneut wegsehen vor Scham.

Pedro stand auf, kam um den Tisch herum, bis er genau hinter Alejandra, die noch auf ihrem Stuhl saß, stand. Er beugte sich zu ihr vor, umfasste ihre Schultern mit festem Griff und flüsterte ihr ins Ohr:

"Bleiben Sie hier! Es wird Ihnen bei mir an nichts mangeln! Ich will nicht erneut verlassen und allein gelassen werden."

Alejandra zuckte zusammen. Ihr Magen zog sich krampfhaft zusammen. Um sich zu beruhigen, streichelte sie den Kopf des Kindes, das sich mittlerweile ebenfalls wieder beruhigt hatte. Erst dann antwortete sie:

"Das ist leider nicht möglich, Pedro. Wissen Sie, ich bin nicht dazu gemacht, an einem Ort zu verweilen. Ich muss weiter!"

"Das können Sie mir nicht antun, Alejandra. Ich flehe Sie an! Bleiben Sie bei mir, ersetzen Sie Clara und werden Sie mein neues Mädchen! Ich werde sonst nie wieder glücklich!"

"Aber Pedro, ich kann..."

"Sie müssen", unterbrach der Mann sie.

Alejandra wusste, dass sie mit einem Verbleib bei Pedro nicht nur sich selbst, sondern auch den Mann in große Gefahr bringen würde. Die Inquisitoren waren ihr nach wie vor auf den Fersen. Sie konnte es sich eigentlich nicht erlauben, sich dauerhaft niederzulassen. Andererseits getraute sie sich nicht dies Pedro mitzuteilen. Dafür kannte sie ihn schlichtweg nicht gut genug. Was, wenn er ein Verräter wäre? Nein, sie durfte einem Menschen nicht blind vertrauen, dies stellte ein zu großes Risiko dar. Nur dem Baby in ihren Armen vertraute sie. Jenem Kind in dessen wunderschönen Augen sich ihre eigene Existenz spiegelte.

Doch, was geschähe mit dem Jungen, wenn sie weiterzöge? Sie konnte ihn unmöglich mitnehmen. Die Reise war viel zu anstrengend für ihn. Bei dem Gedanken nicht bei dem Kind zu sein, spürte Alejandra wie ihr das Herz schwer wie ein Stein wurde. Der Junge war auf sie angewiesen...und sie auf ihn! Ihn einfach zurückzulassen, könnte sie niemals übers Herz bringen. Hier, bei Pedro befanden sie sich beide in guter Obhut. Er würde für das Kind sorgen und nicht zuletzt auch für sie selbst.

Alejandra drehte sich zu Pedro um und sah ihm in die Augen. In seinem Blick erkannte sie die gleiche Leidenschaft, das unbändige Feuer, wie es ihre Augen aufwiesen, wenn sie das Kind betrachtete. Pedro schien sie also aufrichtig zu lieben, so aufrichtig, wie sie das Findelkind.

"Ich bleibe, aber nur unter einer Bedingung!"

"Alles, oh du meine geliebte Tochter! Du Licht meines Lebens! Kein Wunsch soll dir unerfüllt bleiben", schwärmte Pedro und seine Miene erhellte sich schlagartig.

"Mein Kind muss auch bleiben dürfen. Du musst es ebenso gut versorgen, wie mich! Versprich es, Pedro. Dann bin ich dein!"

Der Mann nahm sie in die Arme.

"Selbstverständlich, mein Kind! Ich nehme euch beide in mein Haus auf! Das einzige, was ich will ist, dass das Bett auf dem Dachboden nicht mehr leer steht."

Pedro wischte sich mit dem Ärmel die Tränen aus den Augen und schluchzte leise, nachdem er die Umarmung gelöst hatte.

"Gehörte das Bett ihrer Tochter?", fragte Alejandra interessiert.

Pedro nickte nur stumm. Es war ihm anzusehen, dass er weiterhin enorm mit den Tränen rang und es ihm nicht möglich war, weitere Worte darüber zu verlieren. Ein beklemmendes Gefühl bemächtigte sich Alejandras. Der Gedanke daran, dass sie die vergangene Nacht unwissentlich im Bett eines verstorbenen Mädchens ihres Alters verbracht hatte und wohl noch viele zukünftige Nächte dort zubringen wird, ließ sie innerlich erschaudern. Ebenso zuwider war ihr die Vorstellung, die Rolle eines ganz speziellen Menschen zu übernehmen, eine Tochter zu sein, etwas, das sie niemals gelernt hatte, einen einzigartigen Menschen zu ersetzen. Wie konnte Pedro ihr nur so viel Verantwortung zuteil werden lassen? Alejandra wusste, dass dieses Vorhaben zum Scheitern verurteilt war, da einen Menschen zu ersetzen, vollkommen unmöglich ist, in Anbetracht der Einmaligkeit eines jeden von uns. Nichtsdestotrotz musste sie schweren Herzens einwilligen. Sie dachte an das Findelkind, ihr Kind. Sie tat es ihm zuliebe! Sie hatte keine Wahl!

"Noch heute Abend werde ich eine Feier veranstalten! Das ganze Dorf soll dich, meine neue Tochter kennenlernen! Ich will, dass sie dich sehen, dass sie uns zusammen sehen! Ja, sogleich will ich alle nötigen Vorkehrungen treffen! Bleibe hier, geliebte Tochter!", sprach Pedro und nahm die vollkommen überforderte und paralysierte Alejandra erneut unter Tränen in die Arme.

"Meine Liebe zu dir kennt keine Grenzen", fuhr er leidenschaftlich fort und bedeckte Alejandras Stirn mit heißen Küssen väterlicher Zuneigung. "Warte hier, versprich es! Ich bereite deine Willkommensfeier vor!"

Pedro ließ Alejandra mit dem Kind in seinem Haus zurück und machte sich, wie angekündigt, auf den Weg, eine Feier vorzubereiten. Das Mädchen konnte sich dem nicht widersetzen. Sie musste alles brav über sich ergehen lassen. Etwas anderes blieb ihr nicht übrig. Die kommenden Stunden verbrachte sie damit, sich mit aller Leidenschaftlichkeit um das Baby zu kümmern.

Das halbe Dorf war eingeladen. Auf dem Dorfplatz war ein großes Zelt aufgebaut. Viele Reihen von langen Bänken waren aufgestellt, die Tische mit Speisen und Getränken unterschiedlichster Art bedeckt. Ganz vorne hatte man gar eine kleine Bühne eingerichtet. Das Fest war in vollem Gange. Die Sonne war bereits untergegangen und wich Mond und Sternen.

Pedro und Alejandra standen vorne auf der Bühne, alle Aufmerksamkeit konzentrierte sich auf die beiden. Das Mädchen spürte förmlich die fragenden Blicke wie Nadelstiche, vernahm das ihr geltende Gemurmel und Getuschel und sah in unzählige ausdruckslose Gesichter. Als dann auch noch Pedro sich ihr aufdringlich näherte und gar seinen starken Arm auf ihre schmalen Schultern legte, lief sie endgültig vor Scham rot an. Peinlich berührt machte sie sich so klein wie möglich.

"Sicherlich sind viele von Euch an dem Anlass dieser spontanen Feier interessiert", begann Pedro seine Rede. "Und, was soll ich sagen? Der Anlass steht neben mir! Das ist Alejandra!"

Das Getuschel nahm weiter zu, aus hinteren Reihen erfolgte gar schallendes Gelächter.

Pedro fuhr unbeirrt fort: "Nein, ich habe nicht etwa ein neues Weib geehelicht. Stattdessen habe ich eine neue Tochter! Ja, Ihr habt richtig vernommen! Ich habe Alejandra adoptiert, sie gehört jetzt zu meiner Familie!"

Vonseiten der Masse erfolgte plötzlich großer Applaus. Pedros Freude kannte keine Grenzen. Alejandra war in erster Linie einfach nur glücklich darüber, dass "El regalo" in seinem Bett schlafen konnte, in Sicherheit war und all dies nicht miterleben musste.

"Lasset uns Alejandra einen freudigen Empfang bereiten!", forderte Pedro lauthals.

Ein alter Mann aus der ersten Reihe reichte ihm ein Glas Rotwein. Dieses hob Pedro feierlich in die Luft. Die Menge tat es ihm gleich.

"Auf Alejandra!", rief er und leerte sein Glas in einem Zug.

"Auf Alejandra!", skandierte die Menge.

Der Scham des Mädchens war plötzlich schlagartig verschwunden. Sie genoss das Rampenlicht, die Aufmerksamkeit die man ihr, einem Niemand, auf einmal widmete, der Applaus der ihr und nur ihr allein galt. Zum ersten Mal in ihrem Leben fühlte sie sich gewürdigt, respektiert, anerkannt, gar bewundert. Ein großartiges Gefühl. Übers ganze Gesicht lächelnd, jedoch nach wie vor mit hochrotem Kopf, winkte Alejandra den Gästen zum Dank.

Wein und Bier flossen in Mengen. Ganze Ferkel wurden verspeist. Die Stunden vergingen wie Minuten und in jener Nacht gab es wohl keinen, der sich nicht prächtig amüsierte. Alejandra gelang es gar, einen ihrer Lebensträume zu verwirklichen. Vom Wein erhitzt und daher mit ausreichend Selbstbewusstsein ausgestattet, bewegte sie sich in Richtung Bühne. Sie warf ihre alten Schuhe ab, sodass sie barfuß war. Pedro hatte ihr bereits zuvor ein wunderschönes rotes Kleid zur Verfügung gestellt. In selbiges hineinzuschlüpfen, getraute sie sich zuvor noch nicht, doch unter Einfluss des Alkohols streifte sie, auf der Bühne stehend und somit von allen Gästen beobachtet, ihr altes, schmutziges Gewand ab, sodass sie vollkommen entblößt zu sehen war.

Unwillkürlich erhoben sich Gäste staunend von ihren Plätzen, um einen besseren Blick zu erhalten. Bewunderndes Seufzen war zu vernehmen, die Augen der Männer weiteten sich beim Anblick ihres nackten Körpers, die Kinnladen der vor Neid erstarrenden Weiber klappten nach unten. Pedro sah beschämt zur Seite, war der Anblick der unbekleideten Tochter wohl für jeden Vater ein unangenehmer Moment. Dennoch konnte er nicht widerstehen, dem Mädchen einen verstohlenen Blick zuzuwerfen, was ihn sofort erröten ließ.

Alejandra dagegen griff nach dem Kleid und schlüpfte elegant in selbiges hinein. Auch die dazugehörigen, weißen Schuhe zog sie an und schmückte sich mit den ebenfalls vorhandenen Ringen und Ketten.

Da stand sie nun auf der Bühne, in ihr rotes Kleid gekleidet. Die Menge hielt den Atem an, keiner wagte es auch nur das geringste Geräusch von sich zu geben. Alejandras atemberaubende Schönheit, versetzte jeden in Staunen. Noch niemandem hatte sich zuvor ein derartig unbeschreiblicher Anblick geboten. Als sie sich sicher war, die ungeteilte Aufmerksamkeit eines jeden Anwesenden endgültig für sich gewonnen zu haben, setzte Alejandra, die sich fühlte wie eine Prinzessin, zum Tanz an.

Unter tosendem Applaus wirbelte sie über die Bühne, untermalt von der Musik der anwesenden Musiker. Ohne Zweifel stellte dies das größte Spektakel dar, dass das Dorf seit langer Zeit erlebt hatte. Alejandra ließ alle Herzen mit ihrem unvergleichbaren Auftritt höher schlagen und niemand hatte sie an diesem Abend nicht lieb gewonnen!

Eine halbe Stunde dauerte Alejandras Auftritt, der größte in ihrem bisherigen Leben. Als sie im Anschluss die Bühne verließ, gelangte sie kaum einen Schritt vorwärts, ohne von zahlreichen Händen berührt zu werden, ohne dass sich ihr jemand in den Weg stellte und von ihr schwärmte, ohne dass sie von allen Seiten applaudiert und Zurufe wie "Viva Alejandra" erhielt.

War sie noch wenige Tage zuvor von einer Menschenmenge umgeben, die ihr Leid zufügen wollte und durch die sie sich mühselig kämpfen musste, so wurde sie jetzt von einer vergleichbaren Menschenmenge gefeiert und wie eine Göttin verehrt.

Freilich, es dauerte eine Weile, doch schließlich hatte sich Alejandra erfolgreich den Weg nach draußen aus dem Zelt heraus gebahnt. Innen hielt Pedro nochmal eine Rede, in welcher er sie in den höchsten Tönen lobte, wovon sie jedoch nicht mehr viel mitbekam.

Sie brauchte schlichtweg frische Luft. Sie war müde vom Tanzen, der Kopf schmerzte ihr aufgrund des reichlichen Genuss des Weines (überdies war sie an jenem Abend zum ersten Mal überhaupt mit Alkohol in Berührung gekommen). Tausende Eindrücke wirkten auf sie und wirkten überfordernd.

Sie sog die kühle Nachtluft genüsslich ein, atmete tief, um sich wieder zu beruhigen.

"Hallo Alejandra", ertönte plötzlich eine Stimme hinter ihr. Das Mädchen erschrak und wandte sich um. Sie gewahrte, dass sich von hinten heimlich ein junger Mann an sie herangeschlichen hatte, den sie ein paar Jahre älter als sie einschätzte. Aus unerklärlichen Gründen strahlte er eine gewisse Aura aus, in deren Bann Alejandra sofort geriet. Wie angewurzelt blieb sie stehen, unfähig sich in irgendeiner Weise zu regen.

"Wer sind Sie?", fragte sie.

Der Unbekannte trat ins Licht, sodass sie ihn nun in seiner vollen Pracht bestaunen konnte. Der großgewachsene, schlanke Mann, in ein schwarzes Gewand gekleidet, ähnelte jenen Männern, von denen Alejandra immer geträumt hatte. Sofort verlor sie sich in seinen dunklen Augen, die braungebrannte Haut übte, ebenso wie das lange, dunkle Haar einen enormen Reiz auf sie aus. Besonders die kräftigen Wangenknochen, die Stärke und Überzeugungskraft, die seine überaus fein geschnittenen Gesichtszüge ausstrahlten, waren geprägt von männlichem Selbstvertrauen.

Seine tiefe aber klare Stimme erklang erneut:

"Mein Name ist Juan. Ich habe dich die ganze Zeit über während der Feier beobachtet, Alejandra."

Er näherte sich ihr, legte seine Hände auf ihre Schulter und blickte ihr tief in die Augen. Eine solche Nähe duldete Alejandra für gewöhnlich nicht, doch sie war wie versteinert aufgrund der unbeschreiblichen Schönheit des Unbekannten.

"Du bist wunderschön", flüsterte er ihr ins Ohr. "Ich will dich, Alejandra. Nur dich! Komm mit mir!"

Ohne eine Reaktion abzuwarten ergriff Juan Alejandras warme Hand und führte sie vom Schauplatz des Geschehens fort.

Die Straße war einsam und verlassen und nur von wenigen Laternen beschienen, wie in der Nacht als sie ankam.

Wie in Trance folgte Alejandra dem Fremden und fühlte sich wie in einem Traum. Schließlich erreichten die beiden das Haus des Mannes und ohne auch nur ein weiteres Wort miteinander gesprochen zu haben, führte er sie in sein Schlafgemach..

Breit grinsend, der Blick von Feuer und Leidenschaft erfüllt, schloss Juan die Tür hinter sich und streifte langsam sein Gewand ab. Er befahl Alejandra näher zu treten und sie gehorchte, nach wie vor von dem Charme und der Schönheit des Mannes gefesselt.

"Zum Glück bekommt der alte Pedro nichts hiervon mit", lachte er. "Du wirst schön brav schweigen, nicht wahr?"

Alejandra nickte. Er grinste.

"Sehr gut! Das wird nämlich auch eine einmalige Angelegenheit!"

Wild stürzte Juan sich auf das Mädchen, umklammerte sie fest wie ein Tiger seine Beute und drückte seine brennenden Lippen auf die Alejandras. Diese erwiderte den Kuss ihrerseits voller

Leidenschaft.

Juans Hände glitten an ihrem Körper herab, berührten ihre Brüste und versuchten, das Kleid zu entfernen.

"Nein, warte!", schrie Alejandra voller Panik plötzlich auf. Die Wirkung des Weines begann nachzulassen und erst jetzt realisierte sie, was wirklich vorging und in welche Situation sie geraten war. Sie realisierte auch, dass sie das eigentlich gar nicht wollte. Juan fletschte die Zähne, offensichtlich erregt durch ihre Abneigung. Der blasse Vollmond schien durch das Fenster und erhellte sein Gesicht. Seine Schönheit war wie verflogen, er erschien Alejandra auf einmal wie ein Monster, ein wildes Tier, das sich auf sie stürzte und zu zerfleischen drohte.

"Aufhören! Aufhören!", schrie Alejandra in ihrer Verzweiflung, stellte fest, dass sie mit ihrem Flehen nur das Gegenteil der beabsichtigten Wirkung erreichte. Juan riss grob an ihrem Kleid und es gelang ihm, ihren Oberkörper zu entblößen.

Just in diesem Augenblick verspürte Alejandra etwas, das nicht von ihrem Peiniger ausgelöst wurde. Ein Stich in ihrem Herzen.

"El regalo", schoss es ihr sofort durch den Kopf. *Er weint, er weint, er weint. Er fühlt sich allein, er ist einsam, ich muss zu ihm! Sofort! SOFORT!!!*

Instinktiv und nur durch das mütterliche Band verbunden, spürte Alejandra, dass das Findelkind nach ihr verlangte. Es lag ganz alleine in seinem Bett und war aufgewacht! Es brauchte seine Mama!

Juan hatte sie mittlerweile zu Boden gerammt und versuchte ihr den Rest ihres Kleides ebenfalls auszuziehen. Seine gierigen Krallen langten nach ihr. Doch von dem Hilfeschrei ihres Babys beflügelt und mit ungeahnten Kräften ausgestattet, holte Alejandra mit ihrer freien Hand aus und schlug Juan die Faust mit aller ihr zur Verfügung stehenden Kraft in das Gesicht. Überrascht von der Stärke dieses plötzlichen Angriffs und dem Schmerz heulte er auf. Blut rann augenblicklich aus seiner Nase. Alejandra nutzte die Gunst des Augenblicks und stieß dem Angreifer das Knie mit voller Wucht in den Unterleib.

Juan krümmte sich und rollte sich zur Seite ab. Alejandra erhob sich schreiend:

"Ich muss zu meinem Baby, du verdammtes Monster!"

Sie verpasste ihm einen erneuten Tritt in die Seite und ließ sogleich einen weiteren folgen. Rippen brachen, Juan gellte vor Schmerz auf.

"Du hast ein Kind", winselte er mit letzter Kraft.

"Ein Kind, das ich über alles in der Welt liebe", gab Alejandra energisch zurück, richtete ihr Kleid wieder und verpasste dem am Boden liegenden Juan einen letzten Schlag.

"Du hast ein Kind, du elende Hure! Du verdammte Hure! Ketzerei, Ketzerei!", murmelte er kaum verständlich und enorm geschwächt.

Alejandra warf ihm einen letzten verachtenden Blick zu und stürmte hinaus. Was sie nicht mehr hörte war, dass Juan ihr wütend nachrief:

"Das wirst du bereuen, das zahle ich dir heim, du dreckige Ketzerin! Dafür wirst du büßen, Hure!"

Im Anschluss fiel er vor Schmerz in Ohnmacht.

"Ist ja schon gut, Mama ist ja da", tröstete Alejandra das lauthals weinende Findelkind und nahm es in die Arme. Langsam beruhigte es sich in der Gegenwart des Mädchens bis es schließlich zu weinen aufhörte und wieder sein offenherziges Lächeln aufsetzte.

Alejandra entschied sich, das Kind zu stillen, der nächste Entwicklungsschritt in der intimen Beziehung mit "El regalo".

In Gegenwart des Babys verspürte auch sie innere Ruhe und größtmögliche Ausgeglichenheit.

Gerade als sie das zufriedene Kind zurück ins Bett gelegt hatte, öffnete sich unangekündigt die Tür zu ihrem Dachgeschosszimmer.

Es war der offensichtlich gut angetrunkene Pedro. Er lallte:

"Sie lieben dich, Alejandra, sie lieben dich und ich liebe dich auch."

"Ich weiß", gab sie zurück und lächelte sanft.

"Wo bist du gewesen, mein Kind? Wir haben dich gesucht!"

"Ich war die ganze Zeit bei meinem Kind. Ich konnte es nicht länger allein lassen."

Alejandra entschied sich, die entsetzliche Begegnung mit Juan vorerst zu verschweigen. Dennoch war ihr bewusst, dass dieser sich wohl bald an ihr rächen würde.

"So, so", lallte Pedro nur.

"Gute Nacht, Pedro!"

"Gute Nacht, mein Engel!"

Pedro verließ taumelnd das Zimmer und polterte die Treppen hinunter. Die Feier war offiziell beendet.

Der Zeitpunkt ist gut, dachte Alejandra. *Wenn ich jetzt das Dorf verlasse, fällt es niemandem auf. Alle sind sie betrunken und schlafen. So eine Gelegenheit bekomme ich nie wieder.*

Das Mädchen wusste, dass sie an diesem Ort nicht mehr lange verweilen konnte. Dafür hatte sie zu viele Feinde, zu viele Verfolger. Sie musste ihr Wort brechen und Pedro verlassen, auch wenn ihm dies das Herz brechen würde, zu seinem Schutz und zu ihrem. Ein ruhiges Leben in Frieden war einfach nicht für sie bestimmt. Flucht, das war ihr Lebensinhalt. Schon immer gewesen. Daran ließ sich nichts ändern.

Wenn nicht jetzt, dann nie!

Alejandra stand auf und bewegte sich in Richtung Fenster. Die Türe zu nehmen wäre Pedro wahrscheinlich nicht entgangen, also wählte sie den Hinterausgang.

Als sie am Fenster stand, es öffnete und ihr die kühle Nachtluft entgegen peitschte, wandte sie sich ein letztes Mal zu ihrem geliebten Baby um. Erstaunt stellte sie fest, dass es aus seinem tiefen Schlaf aufgewacht war und sie regungslos anstarrte.

"Schlaf wieder ein, mein Schatz", sprach Alejandra. "Mama muss gehen! Mama wird dich für immer lieben!"

Das Findelkind hörte nicht auf, das Mädchen mit seinen melancholischen Augen anzustarren. Diese schienen die Größe von Untertellern anzunehmen. Der Blick drohte Alejandra das Herz zu zerreißen.

"Mach es mir doch nicht so schwer!", bat sie, doch sie erkannte, dass sich in den Augen des Kindes Tränen bildeten.

"Nein, bitte nicht weinen!"

Tränen kullerten die Wangen des Babys hinunter und Alejandra verspürte Stiche im Herzen. Nein, unmöglich konnte sie das

Geschenk des Himmels einfach so zurücklassen.

Sie schloss das Fenster wieder und kehrte in das Bett zurück, das Kind zu liebkosen und den Schlaf zu erwarten.

"Nein", flüsterte sie. "Sollen sie mich holen! Ich verlasse dich nicht! Nur der Tod soll uns trennen!"

Und so schlief Alejandra mit dem Findelkind in den Armen ein und verschwendete in ihren Träumen keinen Gedanken an Flucht, da sie nur von dem Baby träumte.

Die zweite Nacht im Hause Pedros war ebenso entspannt und ruhig verlaufen, wie die vorherige. Selbst der Gedanke daran, dass dieses Bett vormals der verstorbenen Tochter des Mannes gehört hatte, störte Alejandra nun nicht mehr. Ganz im Gegenteil, das Bett schien wie von einem schützenden Geist, einer wachenden Seele umgeben, die alle bösen Mächte abwehrten, Alpträume nicht zuließen und allgemein einen Rückzugsort darstellten, wie er schöner kaum sein könnte.

Dem Findelkind schien es genauso zu ergehen. Jedenfalls schlief es ebenso tief und fest wie Alejandra.

Diesmal erwachte das Mädchen nicht jedoch spät am Tag, wie es zuvor der Fall gewesen war, sondern in der Früh. Ihren geliebten Sohn ließ sie weiterschlafen, da sie es nicht über das Herz brachte, seinen friedlichen, ungetrübten Schlaf, der ebenso unschuldig und rein war wie das Kind selbst, zu stören. Nichts war schließlich so heilig wie der Schlaf eines Kindes.

Alejandra suchte die Küche auf und fand dort zu ihrem Erstaunen bereits den frühstückenden Pedro vor.

"Guten Morgen, mein Kind", begrüßte er sie freudestrahlend. "Hast du gut geschlafen?" Nach der langen Feier am Vorabend hatte Alejandra nicht damit gerechnet, dass der Mann bereits zu solch früher Stunde wieder bei Kräften war. Elende Nachwirkungen des Alkohols waren ihm in keiner Weise anzusehen.

"Guten Morgen, Pedro! Ja, das habe ich. Doch überrascht es mich, dich schon so früh anzutreffen. Ursprünglich gedachte ich, das Frühstück vorzubereiten, da ich damit rechnete, du würdest nach dieser kurzen Nacht länger im Bett verweilen."

Pedro lachte. "Wahrlich, du kennst mich noch nicht gut genug, Alejandra! Ich schlafe stets nur vier bis fünf Stunden in der Nacht. Mehr bedarf es nicht für mein Wohlbefinden. Das frühe Aufstehen ist mir im Laufe der Zeit zu einer Gewohnheit geworden!"

"Der Morgen legt den Grundstein für den weiteren Verlauf des Tages", stimmte Alejandra zu.

Pedro kam ihr entgegen und nahm sie kurz in den Arm.

"Wie hat dir deine Feier gefallen, mein Kind?"

"Außerordentlich gut, Pedro! Ich bin dir sehr dankbar dafür!"

"Alejandra, du brauchst dich für nichts zu bedanken! Ich stehe tief in deiner Schuld, es ist an mir, dir etwas zurückzuzahlen für das Vertrauen, das du mir entgegenbringst."

Alejandra nickte, hatte jedoch einen Kloß im Hals, da sie daran dachte, wie gerne sie gestern Nacht geflüchtet wäre, wie kurz davor sie stand, Pedro heimlich zu verlassen. Das schlechte Gewissen überfiel sie, in Anbetracht der Ahnungslosigkeit und Gutherzigkeit des Mannes.

"Eines noch", sagte Pedro. Alejandra sah ihn fragend an und sie spürte, dass ihr Puls heftiger als sonst zu pulsieren begann. Ein schwierig zu identifizierendes Gefühl von Angst bemächtigte sich ihrer.

Hoffentlich spricht er mich nicht auf das Kind an. Was ist, wenn er von Juan und mir erfahren hat? Was, wenn er Gedanken lesen kann und von meinen Fluchtgedanken weiß?

Pedro musterte sie mit einem Blick, der nichts Gutes verlauten ließ. Tatsächlich wirkte er so, als könne er Gedanken lesen.

"Was ist", stammelte Alejandra in negativer Erwartung und zog sich leicht zurück.

"Nenn mich nicht Pedro!"

Er legte seine Hand auf Alejandras Schultern. "Nenn mich Vater! So wie ich dich Tochter nenne! Wir sind eine Familie, du bist mein Kind!"

Das Mädchen wich zurück und entzog sich dem Griff des Mannes. Sie warf ihm einen leicht abstoßend wirkenden Blick zu und nahm eine verkrampfte und unsicher wirkende Haltung ein.

"Was ist, Alejandra? Warum weichst du vor mir zurück? Fürchte dich nicht vor deinem Vater!"

Pedro ging leicht auf sie zu und um keinen Verdacht zu erregen, stürzte sich Alejandra ihm in die Arme.

"Ich liebe dich Vater", seufzte sie, sich alle Mühe gebend, authentisch zu wirken. Sie fühlte sich schlecht dabei, die Worte auszusprechen, war schlichtweg falsch. Sie hatte einen leiblichen Vater gehabt und dieser lebte nicht mehr. Jetzt war sie unabhängig, auf sich allein gestellt. Einen anderen Mann als Vater zu bezeichnen, erschien ihr respektlos ihrem richtigen Vater gegenüber. Andererseits wollte sie den Mann, der so viel für sie getan und womöglich gar ihr Leben, und was noch viel wichtiger war, das Leben des Babys gerettet hatte, nicht verletzen. Um sich als dankbar zu erweisen, ließ sie sich auf dieses seltsame "Vater-Tochter-Spiel" ein, ihrem Gewissen zuwiderhandelnd und somit in einen inneren Konflikt geratend.

"Ich liebe dich auch, Alejandra, meine Tochter", seufzte Pedro zurück und Alejandra war sich beinahe vollkommen sicher, dass er in diesem Moment an Clara dachte. Selbstverständlich konnte sie den Kummer dieses einsamen Mannes nachvollziehen und sein Bedürfnis nach tiefen, emotionalen zwischenmenschlichen Beziehungen, um der Bedeutungslosigkeit seines Daseins entgegenzuwirken.

Alejandra löste die Umarmung und gewahrte, dass in Pedros Augen erneut Tränen glitzerten.

"Soll ich dir ein Bad einlaufen lassen?", bat er freundlich an und Alejandra willigte ohne nachzudenken sofort ein.

Wie lange war es her, dass sie sich nicht mehr richtig gewaschen hatte? Zuweilen kam sich Alejandra wie ein wildes Tier vor, ohne Würde, weil es an Pflege und Zuneigung für den Körper mangelte. Das heiße Bad, das Pedro ihr vorbereitet hatte, stellte eine enorme Erleichterung, eine absolute Wohltat für Körper und Geist dar. Er stellte ihr gar besonders wohltuende Öle, Seife und Düfte zur optimalen Pflege zur Verfügung.

Der sich in all den Wochen und Monaten, wenn nicht gar Jahren angesammelte Stress, fiel von ihr ab. Es war, als würden Wasser und Seife nicht nur den Dreck von ihrer Haut entfernen, sondern auch alle Sorgen und Ängste von ihr abspülen. Sie dachte nicht mehr an ihre Verfolger, an die Inquisitoren, an das Schicksal des Findelkindes, an Juan. All dies geriet in weite Ferne, verlor an Bedeutung. Es gab nur sie, das Bad und den gegenwärtigen Augenblick.

Die sich in tiefster Entspannung befindende Alejandra, erwachte plötzlich aus ihrer Trance, als es an der Tür klopfte und Pedro, ohne eine Antwort abzuwarten, eintrat (ein Schloss zum Absperren, war nicht vorhanden).

Entgeistert starrte sie ihn an, vor Schreck die Augen weit aufgerissen, reflexartig ihre Brüste mit den Händen bedeckend.

Pedro hatte ein sanftes Lächeln aufgesetzt, doch dies lenkte kaum von seinen mit feuriger Leidenschaft durchfluteten Augen ab. Einen vergleichbaren Blick hatte das Mädchen erst in der Vornacht gesehen und dieser hatte sie zutiefst verstört.

"Was...was machst du hier", stotterte sie, unruhig und nervös werdend.

"Ich komme nur, um dir den Rücken zu waschen!"

Mit diesen Worten griff Pedro nach einem Stück Seife und näherte sich Alejandra.

"Vater, dazu bin ich selbst in der Lage!"

"Aber das ist doch viel zu schwierig für dich, lass mich dir helfen!"

Alejandra ließ ihn gewähren, kauerte sich in der Wanne jedoch so weit wie möglich zusammen, um so wenig wie möglich von ihrer Haut zu entblößen. Pedro rieb ihr sanft den Rücken, doch ihre Nackenhaare richteten sich vor Erschaudern auf. Jede Berührung fühlte sich wie ein elektrischer Schlag an, der sie unwillkürlich zusammenzucken ließ.

"Oh, Alejandra!", setzte Pedro in schwärmerischem Ton und begutachtete ihren Körper. "Du bist so wunderschön! Deine Haut, so rein! Der Körper, so wohlgeformt! Das Haar, so lang!"

Alejandra lief rot an vor Scham, ähnlich wie auf der Bühne während der Feier. Sie sagte nichts, stattdessen sprach Pedro weiter:

"Weißt du, mein Mädchen, ich bin mir nicht mehr ganz sicher, was unsere Beziehung angeht."

Nun musste Alejandra doch das Wort ergreifen. Sie konnte sich nicht länger zurückhalten.

"Was soll das heißen?"

"Je mehr ich dich betrachte und je intensiver ich dich und insbesondere deinen Körper studiere, desto mehr gerate ich in einen inneren Konflikt."

"Jeder von uns kämpft gegen innere Dämonen und trägt Konflikte aus, von denen niemand etwas mitbekommt."

"Das ist richtig, doch diesmal ist es anders. Ich liebe dich, Alejandra, so viel steht fest. Doch vermag ich nicht mehr zu sagen, ob es sich hierbei um rein väterliche Liebe handelt, oder ob nicht noch etwas anderes dahintersteckt."

"Was meinst du, Vater?"

"Ich begehre dich, Alejandra! Du sollst mein Weib werden! Ich will nicht länger die Tochter ersetzt haben, von nun an sollst du mir als Ehefrau gehören!"

"Nein!", sagte Alejandra nur, sich bemühend, möglichst einschüchternd zu klingen, was ihr mitnichten gelang.

"Wehr dich nicht! Lass es geschehen!"

Pedro griff mit beiden Händen zu und zog das Mädchen ganz eng an sich heran. Alejandra schrie aus Leibeskräften und schlug wie wild um sich. Niemand, der sie hörte, niemand der ihr helfen konnte. Ein weiteres Mal in ihrem Leben befand sie sich in einer Extremsituation, in welcher sie auf sich allein gestellt war.

"Pedro, lass mich los!", schrie das Mädchen, doch es nützte nichts. Seine starken Hände berührten sie überall, glitten an ihrem Körper herab. Er hatte sie mittlerweile so fest in seinem unbarmherzigen Griff, dass sie sich nicht mehr bewegen konnte.

Doch Geschehnisse wiederholten sich. Alejandra spürte Schmerzen in ihrem Herzen. Das Baby war aufgewacht, hatte begonnen zu weinen und verlangte nach seiner Mutter, verlangte nach ihr.

"Mein Kind, mein Baby", schrie Alejandra auf. Pedro erstarrte als wäre er aus Stein. Sein Griff war nach wie vor zu fest, um ihm zu entkommen, aber er hielt augenblicklich inne.

"Der Junge ist aufgewacht! Er muss seine Mutter sehen! Ich muss ihn sehen! Pedro, lass mich sofort los! Ich muss zu meinem Kind!"

Pedros Augen weiteten sich. Das Feuer und die Gier in selbigen erlosch wie von Geisterhand und wichen blankem Entsetzen. Auf einmal gewann er die Kontrolle über seine Triebe zurück, der Verstand setzte wieder ein und er erkannte, was er getan hatte.

"Was habe ich getan? Oh, was habe ich nur getan?", rief er. Sein Gesicht verzerrte sich vor Schmerz und sofort ließ er Alejandra los.

Diese sprang aus der Wanne, griff zu einem Handtuch, welches sie sich in Windeseile umwarf und eilte in das Dachgeschoss zu dem Findelkind.

Pedro sackte kraftlos zusammen, kauerte sich auf den Boden und bedeckte das Gesicht mit seinen Händen vor Scham und Entsetzen vor der eigenen Tat.

"Schande über mich! Schande über mich", rief er immerfort.

Nachdem das Baby von Alejandra gestillt wurde, beruhigte es sich schnell wieder. Auch das Mädchen kam nach dem Schock schnell wieder zu sich, da der Anblick des Kindes ihr Herz besänftigte. Pedro hatte ihr auf ihr Bett ein neues Kleid bereitgelegt, diesmal eines aus smaragdgrüner Seide. Zweifellos hatten all die Kleider, die er ihr schenkte, einst Clara gehört und er wollte jetzt sein neues Mädchen darin sehen. Nichtsdestotrotz zog sie sich das Kleid an und legte den Kleinen zurück in das Bett. Im gleichen Moment öffnete sich die Tür und Pedro stand erneut im Türrahmen. Es war ihm anzusehen, dass er geweint hatte. Zudem war er nach wie vor vollkommen rot angelaufen vor Scham. Er brachte kein Wort heraus.

"Komm herein", bot Alejandra an. Vorsichtig leistete der Mann dem Angebot Forderung.

"Was ist nur in mich gefahren", begann Pedro nach wie vor vollkommen zerstreut und voller Angst vor sich selbst.

"Pedro, beruhige dich!"

"Ich bin ein Monster! Keine Entschuldigung der Welt vermag mein Handeln auszugleichen, vergessen zu machen. Wie konnte ich dir das nur antun?"

"Du hast im richtigen Moment wieder zu dir gefunden. Noch konntest du rechtzeitig abbrechen. Du hast mir keinen Schaden zugefügt!"

Alejandra lächelte ihn an. Es war ein warmes, aufrichtiges Lächeln.

"Du bist so gut zu mir, Alejandra! Ich verdiene deine Gutherzigkeit nicht! Kannst du mir jemals verzeihen? Ich war nicht ich Selbst!"

"Schon gut, ich kann dein Leid nachvollziehen. Den Verlust von Frau und Kind zu verkraften stellt ein schwieriges Unterfangen dar. Ich vergebe dir!"

Pedro nahm das Mädchen herzlich in die Arme und weinte. Das Baby war wieder friedlich eingeschlafen.

"Wie kann ich das nur jemals wieder gut machen?", heulte Pedro herzzerreißend. Er löste die Umarmung und ließ sich schwach auf das Bett sinken, direkt neben das Findelkind. Er atmete schwer, griff sich gelegentlich an die Brust. Nach einer Pause, die er definitiv benötigte, um sich wieder zu sammeln, ließ er verlauten:

"Du kannst nicht hier bleiben! So schwer es mir fällt, dies zu sagen, doch es ist die Wahrheit! Bliebest du, so könnte etwas Schreckliches geschehen! Ich weiß nicht, ob ich in Zukunft nicht noch einmal den Verstand verliere, von bösen Mächten fremdgesteuert, von Bedürfnissen und Verlangen angetrieben werde und mich dem, wie eben, nicht widersetzen kann. Ich bin nicht länger in der Lage, dich vor mir selbst zu schützen. Doch dir darf nichts zustoßen, dir und deinem Kind! Du musst beschützt werden. Mein Herz zerreißt bei dem Gedanken, dich nicht mehr wiederzusehen, Alejandra, aber es ist die einzig richtige Entscheidung! Du musst mich so schnell wie möglich verlassen, sonst kann ich für nichts garantieren!"

Diese Worte ausgesprochen zu haben, die Pedros Seele bereits seit Längerem zu quälen drohten, stellte eine regelrechte Erleichterung für ihn da. Er wirkte augenblicklich gelöster und von einer unglaublichen Last befreit.

Alejandra nahm neben ihm auf dem Bett Platz und legte ihren Arm tröstend um seine Schulter. Pedro war nach wie vor völlig aufgelöst.

Sie riss sich zusammen, denn nun war es an ihr, dem Mann, der sie gerettet hatte, etwas anzuvertrauen. Und sie vertraute ihm, ungeachtet des Vorfalls in der Wanne.

"Auch ich habe dir etwas mitzuteilen, etwas das ich dir schon längst hätte sagen sollen! Pedro, ich bin eine Zigeunerin. Ich bin kriminell und werde gesucht. Die Inquisition ist hinter mir her, da ich ein Hurenkind bin!"

Pedro erhob den Kopf, sah ihr ins Gesicht und blickte sie entgeistert an.

"Du bist was?", setzte er ungläubig an, doch Alejandra unterbrach ihn wieder.

"Schweig und höre mir aufmerksam zu! Dieser Junge ist nicht mein Kind! In Wahrheit wurde er als Findelkind ausgesetzt und in einen Fluss geworfen! Er wäre beinahe ertrunken, ich habe ihm das Leben gerettet! Ich weiß, dass ich dich verlassen muss. Ich muss diesem Ort den Rücken kehren, kann hier nicht länger verweilen. Ich bringe uns alle in große Gefahr!"

Pedro starrte Alejandra einige Zeit lang an, undeutlich etwas vor sich hin stammelnd. Die Minuten vergingen und keiner der beiden sagte ein Wort. Schließlich lächelte Pedro schwach und meinte:

"Weißt du was, Alejandra? Für mich bist du vieles, allen voran ein guter Mensch, eine hervorragende Tänzerin und fürsorgliche Mutter, aber ganz sicher keine Kriminelle! Ein so besonderer Mensch wie du ist mir im Leben noch nicht begegnet!"

Alejandra erwiderte das Lächeln und bedankte sich mit einem Kuss auf Pedros Wange, der diesen erröten ließ.

Die Tatsachen nicht ignorierend, machte sich Pedro sofort an die Arbeit.

"Wenn dem so ist, haben wir keine Zeit zu verlieren, deine

Flucht vorzubereiten!"

Er stellte dem Mädchen einen kleinen Beutel zusammen, den sie auf dem Rücken tragen konnte und den er mit Proviant für die Reise füllte.

"Was geschieht mit dem Kind?", erkundigte sich Alejandra als ihr Blick erneut auf den Jungen fiel, der mittlerweile wieder aufgewacht war und sie mit seinen wachen Augen ansah und liebevoll anlächelte.

"Warum lassen wir das nicht das Kind entscheiden?", meinte Pedro und beide sahen den Kleinen erwartungsvoll an.

Als hätte es auf diesen Moment gewartet, öffnete das Baby den Mund und sprach die ersten Worte seines Lebens:

"Mama!"

Beinahe zu Tränen gerührt, nahm Alejandra freudestrahlend das Kind in die Arme.

"Seine ersten Worte!"

Pedro, ebenfalls gerührt von dem Anblick sagte:

"Das ist ein deutliches Bekenntnis!"

Das Mädchen küsste das Kind.

"Ich lasse dich nicht zurück! Gemeinsam schaffen wir das!"

Dieser herzzerreißende Moment wurde jäh durch heftiges Pochen an der Haustür unterbrochen, welches bis in das Dachgeschoss widerhallte.

Pedro und Alejandra erschraken, die Tür wurde erneut bearbeitet. Da es sich bei selbiger um eine überaus robuste Tür aus feinstem Eichenholz handelte, die, darüber hinaus noch versperrt war, hielt sie dem stand. Noch.

Eine laute Stimme erklang von draußen und wenngleich sie nur gedämpft an des Mädchens Ohren drang, so erkannte sie diese doch sofort. Zu sehr hatte sie sich in ihr Gedächtnis gebrannt.

"Dies ist das Haus des Mannes, der mit der Ketzerin kooperiert!"

Es war Juan! Doch er war nicht alleine! Begleitet wurde er von Inquisitoren!

Alejandra lief leichenblass an, ihrer eigentlich dunklen Haut entwich jedwede Farbe und sie kämpfte gegen den Drang an, sich übergeben zu müssen.

"Sie haben mich, sie haben mich! Die Inquisition! Sie sind da!"

Die Hände über dem Kopf zusammenschlagend taumelte das Mädchen im Zimmer hin und her, fieberhaft nach einer Lösung suchend.

"Wir müssen den Jungen in Sicherheit bringen", entfuhr es ihr und beim Gedanken daran, was die Inquisitoren dem Kind antun würden, lief ihr ein eiskalter Schauer den Rücken herunter.

Pedro eilte zu einem Schrank und kramte einige Sachen hervor. Es war als hätte ein Geistesblitz ihn ereilt, nie zuvor schien er so sicher zu wissen, was er zu tun hatte.

"Wir lassen ihnen eine Minute, um uns freiwillig entgegenzutreten!", ertönte Juans Stimme von außen. "Dann brechen wir die Tür ein!"

Pedro eilte zurück zu Alejandra. Er trug einige Tücher bei sich.

"Nimm das Kind an dich", forderte er.

Alejandra nahm den Jungen in ihre Arme, küsste ihn auf Stirn und sagte:

"Es wird alles gut! Mama ist bei dir!"

Das Kind strahlte nach wie vor über das ganze Gesicht und wiederholte sein erstes Wort:

"Mama! Mama! Mama!"

Pedro wickelte den Jungen mit einem der Tücher um den Leib des Mädchens, sodass sie ihn nicht festhalten brauchte.

Im Anschluss knotete er die übrigen langen Tücher zu einer Art Kordel zusammen, die sich in Windeseile zu einem langen Seil zusammensetzte. Hierbei ging er erstaunlich geschickt und geistesgegenwärtig vor.

"Wir brechen die Tür jetzt ein", schrie Juan von draußen, Pedro blieb unbeeindruckt.

Alejandra widmete ihre Aufmerksamkeit dem Findelkind und tröstete es. Ansonsten ließ sie Pedro agieren.

Die Tür pochte, laute Stöße waren zu vernehmen, Holz heulte auf, knirschte, bog sich.

Pedro war fertig! Das fertige Seil warf er aus dem Fenster des Dachgeschosses. Es reichte tatsächlich bis zum Boden. Da sich die Haustür auf der anderen Seite des Hauses befand, konnte man sich von dem Dachgeschoss aus, unauffällig davon schleichen.

"Verlass das Land", sagte Pedro. "Gehe zusammen mit dem Jungen und werdet glücklich zusammen!"

Alejandra sah den Mann einen Moment verwirrt an.

"Was soll das denn heißen? Du kommst doch mit oder etwa nicht?"

"Nein, Alejandra! Ihr seid schneller, wenn ihr zu zweit seid!

Nehmt keine Rücksicht auf mich! Ich stelle mich den Inquisitoren!"

"Ich lass dich nicht zurück, Pedro!"

"Du hast mir in der kurzen Zeit, die uns beiden leider nur vergönnt war, mehr gegeben als jemals ein Mensch zuvor! Durch dich habe ich gelernt, was es bedeutet ein Mensch zu sein! Ich muss meinen Fehler wieder gutmachen! Ich stehe tief in deiner Schuld, Alejandra! Und jetzt sei nicht dumm und rette dich und das Kind! Ihr habt nicht mehr viel Zeit!"

Die Tür hielt den feindlichen Angriffen nach wie vor stand, doch es war nur eine Frage von Sekunden, bis sie fiel.

Pedro küsste Alejandra auf die Stirn, die beiden umarmten sich ein letztes Mal. In den Augen des Mädchens glänzten Tränen.

"Leb wohl, mein Vater!", verabschiedete sie sich.

"Leb wohl, mein Engel! Mach etwas aus deinem Leben und aus dem des Jungen! Ich werde euch immer im Herzen tragen! Und jetzt beeilt euch!"

Alejandra warf sich aus dem Fenster und ergriff erst im Fallen das Seil bestehend aus stabilen Tüchern, um somit wertvolle Zeit zu sparen. Pedro hielt die Leine von oben mit aller Kraft fest.

Dann geschahen viele Dinge gleichzeitig.

Die Tür barst, sie explodierte regelrecht und eine undefinierbare Anzahl wütender Männer stürmten das Haus. Schritte schwerer Stiefel polterten die Treppe hinauf und näherten sich bedrohlich. Währenddessen beobachtete Pedro, wie Alejandra mit dem Baby unten ankam, sich ein letztes Mal zu ihm umwandte, um ihm einen Luftkuss zuzuwerfen und dann wie eine junge Gazelle davonrannte.

"Adios, señorita", sagte Pedro leise und sah dem Mädchen hinterher, bis es nicht mehr zu sehen war. Dann ließ er das Seil fallen, schloss das Fenster, wandte sich Richtung Tür und erwartete sein Schicksal.

Direkt im nächsten Augenblick betraten fünf bewaffnete und Kruzifixe tragende Männer den Raum, einen von ihnen erkannte Pedro sofort als Juan, den wohl unbeliebtesten Mann im ganzen Dorf. Dieser trat vor.

"Wo habt Ihr sie versteckt!", fuhr Juan Pedro an.

"Ihr Narren", lachte Pedro, sich den übrigen Inquisitoren zuwendend. "Hier gibt es keine Ketzerin! Ich lebe seit vielen Jahren allein!"

"Er lügt", schrie Juan ihn an. "Durchsucht das Haus!"

Drei der Männer leisteten der Anordnung Folge, kehrten jedoch bald darauf resigniert zurück, da sie nicht fündig wurden.

"Die Hure lebt hier, das weiß ich!", schrie Juan, völlig außer sich vor Wut.

"Wenn Sie gestatten, meine Herrn, so würde ich das Rätsel gerne auflösen", sprach Pedro ruhig. "Der wahre Ketzer befindet sich in ihren Reihen!"

Er deutete auf Juan.

"Dieser Mann hat sein einjähriges Kind verstoßen und es jämmerlich im Fluss ersaufen lassen!"

Verstörte Blicke der übrigen Inquisitoren wurden Juan zuteil. Dieser, vollkommen überrascht von dieser Aussage lief kreideweiß an. Freilich, Pedro wusste nicht, dass es sich hierbei tatsächlich um Juan handelte. Er hatte es einfach behauptet, doch aus der Reaktion dieses abscheulichen Mannes, konnte er schließen, dass er mit seiner Behauptung wirklich recht hatte.

Entgeistert blickte dieser Pedro an und stammelte: "Was, woher wisst ihr?"

"Ist das wahr?", fragte einer der Inquisitoren, Juan ernst musternd.

"Naja, also...NEIN! LÜGE! LÜGE! ERSCHIEßT DEN KETZER!"

"Abführen", befahl der gleiche Mann, der sich als Hauptmann der kleinen Gruppe herausstellte. "Falsche Informationen preiszugeben und dann auch noch Verrat an einem Kind Gottes zu begehen! Euer Schicksal wird später entschieden!"

Juan leistete zwar erbitterten Widerstand, wurde jedoch schnell von den übrigen Männern überwältigt und in Fesseln gelegt.

Der Hauptmann und einer seiner Kollegen verweilten jedoch noch bei Pedro.

"Woher wisst Ihr überhaupt davon?", erkundigte sich der Hauptmann. "Wenngleich Eure Anklage der Reaktion des Betroffenen nach zu urteilen, der Wahrheit entspricht, müsst ihr Euch selbst noch als unschuldig erweisen!"

Um von Alejandra abzulenken, opferte sich Pedro.

"Ich weiß es, weil wir zusammengearbeitet haben. Ich bin ebenso schuldig wie er. Wir haben uns diesbezüglich zerstritten und aus diesem Grund hat er mich bei Ihnen verraten. Es gibt keine Ketzerin, es hat nie eine gegeben! Für all diese Taten bin ich verantwortlich! Ich habe ein Doppelleben geführt. Doch der Betrug ist aufgefallen und um ehrlich zu sein, bin ich dankbar darüber, denn jetzt kann ich vor Gott Buße tun! Ich bin der Ketzer, nach dem ihr gesucht habt. Lasst es jeden wissen, teilt es Euren Vorgesetzten, all jenen Anführern mit, für die Ihr arbeitet. Es ist vorbei!"

Des Hauptmanns Miene verfinsterte sich. Er griff in den Gürtel und nahm eine Schusswaffe hervor. Seinem Kollegen teilte er mit:

"Verkünde die Botschaft, dass wir die beiden Ketzer gefunden haben und dass unsere Jagd in dieser Hinsicht somit abgeschlossen ist! Bring den anderen um, der uns falsche Informationen geliefert hat! Erschieß ihn an Ort und Stelle. Ich werde diesen Fluch jetzt endgültig beenden!"

Der angesprochene Inquisitor verneigte sich unterwürfig.

"In Christus. Amen!", ließ er verlauten und entfernte sich umgehend.

"Nur zu", meinte Pedro zu dem Hauptmann. Er breitete die Arme aus, nahm tief Luft und schloss die Augen. Der Inquisitor lud die Waffe, ein lautes Klicken ertönte. Das letzte, was Pedro hörte, war ein lauter Knall, das letzte woran er dachte, war Alejandra wie sie in ihrem roten Kleid mit dem Findelkind in den Armen vor ihm tanzte...

Alejandra dagegen tauchte mit ihrem über alles geliebten Kind unter. Es hieß, dass sie Spanien tatsächlich verlassen konnte, begünstigt dadurch, dass die Inquisition die Suche nach ihr abgebrochen hatte, in der Annahme, der Fall hätte sich erledigt. Das Hurenkind Alejandra hielt niemand mehr für eine real existierende Person, sondern nur für die Erfindung eines krankhaften Geistes eines tatsächlichen Ketzers. Was genau aus Alejandra und "El regalo" geworden ist, ist nicht überliefert und bis zum heutigen Tage unbekannt. Sie sind nie wieder gesichtet worden! Doch wo auch immer sie sich befinden, was auch immer sie tun, ich bin mir sicher, dass es ihnen gut geht und sie glücklich sind! Der Herr segne und beschütze sie!

7 Das Tagebuch des Hermann Friedrich

19. Januar 1942:

Heute war ein schöner Tag. Ich habe viel Zeit mit Anna verbringen können. Direkt nach der Schule als Herr Schneider uns in die Freiheit entließ, waren wir Schlitten fahren. Anna war sehr beeindruckt, als ich ihr erzählte, dass ich den Schlitten selbst gebaut habe. Nun ja, wenn ich ehrlich bin, ist das nicht ganz richtig. Eigentlich hat Vater mir die Arbeit abgenommen, da er meinte, ich sei noch zu jung, um es alleine zu machen. Vater und ich waren damals sehr oft zusammen Schlitten fahren. Wenn wir wieder nach Hause zurückkehrten, erwartete Mutter uns bereits mit einer Tasse heißer Schokolade. Das war eine sehr schöne Zeit, nach der ich mich manchmal noch zurücksehne. Ein Tag, ich glaube es war ein Donnerstag, änderte jedoch alles. Vater bekam per Post irgendein Schreiben, von dem er mir lange Zeit nichts erzählen wollte. Seitdem hat er sich immer so merkwürdig Mutter und mir gegenüber verhalten. Eine Woche später verabschiedete Vater sich von mir. Was genau er vorhatte, wollte er mir nicht mitteilen. Mutter teilte mir irgendwann später mit, dass er seiner Verpflichtung dem Vaterland gegenüber nachgehen müsse. Ich habe das damals schon nicht verstanden. Ich dachte immer, Vater hätte nur uns, seiner Familie und natürlich sich selbst gegenüber eine Verpflichtung. Von diesem Vaterland war noch nie die Rede gewesen. Ich erinnere mich noch sehr gut daran, wie ich am Tag der Abreise in Tränen ausbrach und Vater nur unter der Bedingung gehen ließ, dass er so bald als möglich wiederkäme. Äußerst widerwillig ließ er sich darauf ein, doch wie ernst die ganze Sache wirklich war, realisierte ich erst, als er sich unter

Tränen von Mutter verabschiedete. Das war das erste Mal, dass ich ihn habe weinen sehen. Mutter weinte oft. Wenn das Geld knapp war, wenn wir eine Zeit lang nichts zu essen hatten, etc., etc. In der Zeit kurz nach Vaters Abreise, weinte sie besonders oft. Ich nahm sie dann stets in den Arm und erklärte ihr, sie brauche sich keine Sorgen zu machen. Vater habe mir schließlich versprochen, er käme bald wieder und ein wahrer Mann würde sein Versprechen niemals brechen.

Mutter sagte damals zu mir: "Hermann, jetzt bist du der Mann im Haus". Ziemlich viel Verantwortung für einen damals siebenjährigen, der ich jedoch gerne nachkam. Das ist mittlerweile drei Jahre her. Vater ist immer noch nicht zurück. Gehört haben wir nie von ihm. Wer auch immer dieser Vaterland ist, ich mag ihn nicht, denn er hat mir meinen Vater weggenommen, denn dass dieser ernsthaft sein Versprechen brechen würde, habe ich nie auch nur in Erwägung gezogen.

Nun ja, seitdem war ich jedenfalls der Mann im Haus. Und ein Mann muss in der Lage sein, einen Schlitten bauen zu können. Aus diesem Grund habe ich Anna auch gesagt, dass er mein Werk sei. Naja, zugegebenermaßen wollte ich gerne etwas angeben. Nicht, weil dies in meinem Charakter so angelegt ist, sondern vielmehr, weil ich Anna gerne beeindrucke. Ich glaube nämlich, dass ich ein bisschen verliebt in sie bin. Aber nur ein bisschen. Nicht so wie die Erwachsenen. Die sagen das ihrem Partner nämlich ständig. Immer heißt es "Ich liebe dich", "Du bist alles für mich", "Ohne dich kann ich nicht leben", etc.,etc.

Nein, Anna werde ich niemals sagen, dass ich ein bisschen, ein kleines bisschen in sie verliebt bin. Das ist peinlich! Und, naja, was ist, wenn sie sagt, dass sie mich nicht mag? Nein, dann schweige auch ich lieber.

Nachdem wir ausgiebig im Schnee gespielt hatten, begleitete ich Anna, wie es mir zur Gewohnheit geworden, nach Hause. Auf dem Weg dorthin begegnete uns ein Auto, eines dieser großen Transporter, die in letzter Zeit des Öfteren durch unser Dorf fuhren.

Der Fahrer, als er unserer ansichtig wurde, brachte das Fahrzeug zum Stehen, kurbelte das Fenster herunter und rief uns zu. Anna und ich, der den Schlitten zog, hielten inne und drehten uns nach dem Wagen um. Der Fahrer, ein blauäugiger, blonder Mann, ungefähr Mitte zwanzig, rief: "Und? Fährt er gut?"

Hierbei wies er mit der Hand auf den Schlitten.

"Natürlich tut er das. Er wurde ja auch von meinem Vater gebaut", rief ich zurück.

"Von deinem Vater?", fauchte Anna mir leise zu und mir wurde bewusst, dass ich mein Geheimnis wohl verraten habe.

"Nun...ja", stammelte ich und errötete heftig.

"Dein Vater,hmmm", meinte der Fahrer. "Wo ist er mein Junge?"

"Weiß nicht. Das Vaterland hat ihn für sich beansprucht", sagte ich mit kaum zu überhörender Wehmut in der Stimme.

"Dein Vater ist ein ehrenhafter Mann. Ganz im Gegensatz zu dem ganzen Gesindel, das auf unseren Straßen wandelt", rief der Fahrer.

"Wen meinen Sie? Ich finde die Leute in unserem Dorf sehr nett", meldete Anna sich plötzlich zu Wort.

Der Fahrer runzelte ungläubig die Stirn. "Wenn das so ist, habt ihr wohl noch nie einen Juden getroffen. Es wird dunkel. Geht lieber schnell nach Hause, Kinder. Des Nachts lauern sie überall. Seid wachsam!"

"Wo fahren Sie zu solch später Stunde noch hin?", fragte ich neugierig.

"Ich handle im Auftrag des Vaterlandes. Eine äußerst wichtige Verpflichtung. Es geht um den Fortbestand unserer Rasse. Kommt, steigt schnell ein. Ich fahre euch vorher noch nach Hause. Zwei kleine Kinder sollten um diese Uhrzeit nicht mehr alleine draußen sein."

Anna und ich stiegen ein. Glücklicherweise war der Wagen so breit, dass der Schlitten noch hineinpasste. Der nette Mann fuhr uns beide bis vor die Haustür. Ich bedankte mich recht artig und war vollkommen beeindruckt.

Anna meinte zu ihm, kurz bevor er davon fuhr: "Ich möchte gerne nochmal mit diesem Transporter fahren."

"Vielleicht ergibt sich ja nochmal die Möglichkeit. Und jetzt geh ins Haus. Deine Mutter sorgt sich sicherlich schon um dich", sagte der Fahrer zum Abschied.

Später im Bett fragte ich mich, ob der junge Mann auch eine Familie zuhause hat sitzen lassen müssen, weil er auch für dieses Vaterland arbeiten muss. Mit diesem Gedanken werde ich gleich wohl einschlafen.

2. Februar 1942:

Es verschwinden spurlos Leute. Als wir heute in die Schule kamen, wurden wir von einem neuen Lehrer empfangen, der sich uns als Herr Göthen vorstellte. Der Mann war mir direkt zuwider. Seine kleinen, böse funkelnden Augen verrieten mir alles, was ich über diesen Menschen wissen musste. Wir machten heimlich Witze über seine Glatze. Auf die Frage, wo denn der gute Herr Schneider wäre, meinte er nur: "Der darf nicht mehr unterrichten. Ich bin euer neuer Lehrer und ihr habt mir zu gehorchen, damit das klar ist."

Weitere Nachfragen duldete das Scheusal nicht. Bereits am ersten Tag mit ihm offenbarten sich seine seltsamen Erziehungsmaßnahmen. Wer nicht zuhörte oder mit dem Banknachbarn sprach, bekam sofort einen heftigen Schlag mit dem Lineal. Auch mich erwischte es, als ich mich einmal zu Anna herüberbeugte, um ihr etwas ins Ohr zu flüstern.

15. Februar 1942:

Ich vermisse Herr Schneider und frage mich, wo er sich wohl gegenwärtig aufhält. Ich hoffe, er ist wohlauf. Er war ein toller Lehrer, gutherzig, immer lieb zu uns Kindern. Ich kann mich nicht entsinnen, dass er auch nur einmal einen von uns geschlagen hat. Zudem war der Unterricht bei ihm viel interessanter. Wir haben lesen und rechnen gelernt. Herr Göthen dagegen ist der Ansicht, dass wir dergleichen nicht benötigen. Er lehrt uns etwas von der Biologie, wie er selbst es nennt. Ich mag dieses Fach nicht. Es geht um Menschen und ihre Wertigkeit. Heute hat er uns eine Art Schaubild präsentiert, welches Menschen in verschiedene Klassen einteilt. Außerdem redet er immer sehr schlecht über Juden. Ich weiß immer noch nicht, wer oder was das sein soll, habe jedoch die Vermutung, dass es irgendwie mit diesem Vaterland in Verbindung steht, denn auch das findet im Unterricht stets Erwähnung.

16. Februar 1942:

Heute hat Herr Göthen in unserem Klassenraum ein Plakat aufgehangen. Es zeigte einen uniformierten, dunkelhaarigen Mann, der einen, zumindest meines Erachtens, viel zu kurz geratenen Schnurrbart trug (lange nicht so schön, wie der den Vater immer zu tragen pflegte). Der Mann erschien mir aufgrund seines ernsten Blickes nicht gerade vertrauenswürdig, geschweige denn sympathisch. Die Unterschrift des Plakats lautete: *Ein Volk, ein Reich, ein Führer!*

Bei Herr Schneider haben wir so etwas nie gemacht. Seit Neustem dürfen wir uns schon nicht mehr mit "Guten Morgen" begrüßen, wie es unter unserem alten Lehrer noch an der Tagesordnung stand. Es dauerte eine Weile bis ich die neue Begrüßung verstanden habe, doch jetzt mache ich nur noch von ihr Gebrauch. Zumindest in der Schule.

Als ich heute nach Hause kam, begrüßte ich meine Mutter, ganz so, wie es mir beigebracht wurde, mit "Heil Hitler".

"Hermann", sagte sie plötzlich, sichtbar erschüttert. "Komm her".

Ich gehorchte und setzte mich neben meine Mutter, woraufhin diese ausholte und mir eine kräftige Ohrfeige verpasste. Die Tränen schossen mir aus den Augen, obwohl ich mich bemühte, sie zurückzuhalten. Eigentlich war es weniger der Schmerz, der mich zum Weinen brachte, als der Schock über diese vollkommen ungewohnte Reaktion der Mutter, die mich normalerweise nie schlägt.

"Das will ich nicht noch einmal aus deinem Mund hören, hast du verstanden!", schrie sie mich an. Nun ließ ich hemmungslos meinen Tränen freien Lauf.

"Aber das haben wir in der Schule so gelernt. Ich muss doch immer das tun, was der Lehrer sagt. Das hast du mir doch so erklärt."

Auch Mutter begann wieder zu weinen und nahm mich schließlich in den Arm.

"Es tut mir leid, mein Engel. Ich wollte dir nicht weh tun. Aber sag das bitte nie wieder. Auch nicht in der Schule. Ich verbiete es dir."

"Aber warum denn?", heulte ich.

"Wegen diesem Mann hast du keinen Vater und ich keinen Ehemann mehr."

Ich wurde hellhörig als ich das Wort "Vater" vernahm und hakte nach: "Wie meinst du das? Vater ist doch wegen des Vaterlandes weg."

Ich hörte auf zu weinen. Die Neugierde war stärker als die Trauer und so lauschte ich andächtig der Mutter Worte.

"Weißt du, Hermann, das ist nicht so einfach zu erklären. Dein Vater ist damals nicht freiwillig weggegangen. Und dass er bis heute noch nicht zurückgekehrt ist, liegt an dem Mann, dessen Gruß zu gebrauchen, ich dir verbiete. Wir wollen deinen Vater ehren, indem wir uns weiterhin mit `Guten Tag´ begrüßen. Einverstanden?"

Mein Kopf arbeitete auf Hochtouren. Ich fühlte mich beinahe wie dieser sehr intelligente Mensch, der nach Amerika gegangen ist, aus welchen Gründen auch immer. Schließlich führten meine Überlegungen zu einem Ergebnis.

"Also ist dieser Hitler das Vaterland? Und das Vaterland ist Schuld daran, dass Vater weg ist?"

"So in etwa", sagte Mutter.

"Dann hasse ich Hitler und das Vaterland!", schrie ich lauthals auf und rannte in mein Zimmer. Ich sprang auf mein Bett, zog mir die Decke über den Kopf und fing wieder an zu weinen. Zwar kam ich mir dabei vor wie ein kleines Kind und das wollte ich nicht mehr sein, aber ich konnte einfach nicht anders. Somit beschloss ich, nie wieder mit "Heil Hitler" zu grüßen.

17. Februar:

"Heil Hitler, Kinder", grüßte uns Herr Göthen am nächsten Tag. Alle erwiderten den Gruß. Alle, außer mir. Ich grüßte, wie ich es auch zuvor immer getan und wie Mutter es mich gelehrt hatte.

"Guten Morgen, Herr Göthen."

Der Lehrer warf mir einen bösen Blick zu und kam langsam auf mich zu.

"Warum grüßt du nicht so, wie es sich gehört?", fragte er mich.

Unerschrocken blickte ich ihm in die Augen. Im Klassenzimmer herrschte vollkommene Stille. Man hätte eine Stecknadel fallen hören können. Anna, die neben mir saß, starrte mich mit weit geöffneten Augen an und ich wusste, dass sie es nicht wagte, zu atmen.

Mit ruhiger Stimme entgegnete ich jedoch: "In meiner Sprache begrüßt man sich immer noch mit `Guten Morgen´. Wenn Sie ein Problem damit haben, dürfen Sie es gerne behalten. Es ist schließlich ihres und nicht meines."

Herr Göthen lief rosarot an vor Wut, riss sich jedoch zusammen. Stattdessen fragte er: "Wer hat dir das beigebracht, du dämlicher Bengel?"

"Der gesunde Menschenverstand", log ich. Eigentlich war es ja die Mutter, doch die wollte ich nicht verraten. Was genau dieser Menschenverstand überhaupt ist, weiß ich nicht. Ich habe nur mal nebenbei mitbekommen, dass es so etwas anscheinend gibt, also habe ich den Begriff einfach in meinen Wortschatz aufgenommen und für besondere Situationen aufgehoben, Situationen wie dieser.

Meine Mitschüler lachten alle gellend auf. Alle, bis auf Anna, die sich nun die Hand vor den Mund hielt und sichtlich schockiert über mein Verhalten dem Lehrer gegenüber war.

"Seid still", schrie Herr Göthen aus Leibeskräften. Absolute Stille. Dann wandte er sich wieder mir zu.

"Wie dem auch sei, Hermann. Vielleicht kannst du mir stattdessen eine Frage beantworten. Wer ist Schuld daran, dass wir den Krieg verloren haben?"

Ich überlegte, diesmal ernsthaft. Schließlich antwortete ich: "Unfähige Soldaten?"

Aus des Lehrers Reaktion schloss ich, dass meine Antwort wohl falsch war, denn er verpasste mir mit dem Lineal einen heftigen Schlag auf den Kopf. Auch wenn der Schmerz entsetzlich war, gelang es mir, die Tränen zurückzuhalten. Vor Anna wollte ich mir nicht diese Blöße geben. Ich dachte an meinen Vater und daran, wie stark er immer war. Ein Mann musste schließlich stark sein und durfte nicht weinen. Weinen, das durften Frauen und Mädchen. Ich aber nicht, denn ich war ja nun der Mann im Haus.

"Neue Chance", sagte Herr Göthen. "Kannst du mir sagen, wer den Kommunismus und den Kapitalismus begründet hat? Wer den ganzen Tag auf der faulen Haut liegt und uns Deutsche ausraubt und manipuliert? Wer heimtückisch schmarotzt, unsere Rasse auszurotten und die Weltherrschaft an sich reißen zu gedenkt und allgemein für alles Übel in der Welt verantwortlich ist? Kannst du mir das sagen, Hermann?"

"Sie etwa?", sagte ich vorsichtig und bereute meine vorlaute Antwort sofort, denn nun gab es für Herrn Göthen kein Halten mehr. Diesmal lachte von den anderen Kindern niemand. Der Lehrer schrie mich wütend an: "Du vorlauter Bengel. Es sind die Juden! Merk dir das! Die Juden, die Juden, die Juden! Merk dir das!"

Mit diesen Worten schleuderte er mich zu Boden und verpasste mir einen Schlag nach dem anderen, während er weiterhin einige unverständliche Worte schrie. Nun begann ich doch vor Schmerzen laut zu schreien und verzweifelt aufzuheulen. Aus den Augenwinkeln sah ich, wie auch Anna leise weinte. Waren daran auch diese Juden Schuld, wer auch immer das sein mochte? Wohl kaum! Jedenfalls glaubte ich es nicht.

20. Februar 1942:

An jenem Tag kam ich von Wunden nur so übersäht nach der Schule nach Hause. Mein rechtes Auge war blau, das Gesicht verklebt mit vertrocknetem Blut. Zudem humpelte ich leicht.

Meiner besorgten Mutter berichtete ich alles, was sich zugetragen und auch die Gründe für mein Verhalten. Die Mutter, stolz wie Oskar teilte mir ihre grenzenlose Liebe zu mir mit und versprach mir, dass sie dafür Sorge tragen werde, dass Herr Göthen mich nie wieder derart zurichten würde. Mit der Erklärung, sie habe diesbezüglich noch etwas zu erledigen, verließ sie das Haus und kehre erst gegen Abend wieder.

Was auch immer Mutter getan hatte, es zeigte Wirkung. Herr Göthen ließ in den Folgetagen von mir ab. Nie wieder rührte er mich auch nur an. Er hatte sich auf andere Opfer konzentriert. Was habe ich nur für eine tolle Mutter!

23. Februar 1942:

Herr Göthen hat uns heute in der Schule ein Bild von einem Juden gezeigt. Abgebildet war ein kleiner, dicker Mann mit einer krummen Nase und einem hinterlistigen Gesichtsausdruck. Er war fein gekleidet, hielt in der einen Hand einen Aktenkoffer und in der anderen einige Bündel mit Geldscheinen.

Ich war froh, nun endlich ein Bild von den Juden vor Augen zu haben. Endlich wusste ich, was ein Jude überhaupt war. Herr Göthen erklärte uns, dass man es einem Menschen ansehen würde, wenn er jüdischer Abstammung wäre und man dann nicht zögern dürfe. Was genau er damit meinte, erklärte er zwar nicht, betonte jedoch wie böse Juden seien und dass sie unsere Rasse bedrohen würden. Was das nun wieder zu bedeuten hatte, erschloss sich mir nicht. Um ehrlich zu sein, passte ich im Unterricht auch nicht mehr wirklich auf. Es machte mir einfach keinen Spaß mehr. Viel lieber würde ich rechnen und lesen, so wie es noch früher mit Herr Schneider war. Was der gute Mann wohl gerade macht? Ich hoffe nach wie vor, er ist wohlauf. Fragen über Fragen. Was heutzutage von einem Zehnjährigen alles verlangt wird.

Der dicke Fritz, der in der letzten Reihe saß, fragte den Lehrer, ob es sich bei dem Mann auf dem Plakat, das seit Herr Göthens Amtsantritt nun schon in unserem Klassenzimmer hing, ebenfalls um einen Juden handelte. Just in diesem Augenblick fiel auch mir die große Ähnlichkeit auf, die der Mann mit dem viel zu kurzen Schnurrbart mit dem abgebildeten Juden in unserem Schulbuch, aufwies, weshalb ich die Frage für durchaus berechtigt hielt. Herr Göthen hat das wohl anders gesehen. Er war alles andere als zufrieden mit dieser Frage und verprügelte den armen Jungen vor der ganzen Klasse wie er kürzlich auch mich misshandelte.

26. Februar 1942:

Den Nachmittag verbrachte ich wieder mit Anna. Draußen hatte es sehr zu unserer Freude wieder geschneit. Der Schnee tauchte das ganze Land in ein herrlich beruhigendes Weiß. Alles war so friedlich, alles war so schön. Ich wünschte mir, der Tag mit Anna wäre niemals zu Ende gegangen.

Wir bauten einen Schneemann. Wir gaben uns derart viel Mühe, dass er uns an Größe bald schon überrage. Unser Werk war fast vollendet, es fehlte nur noch die Nase. Ich suchte den Boden ab, was aufgrund des hohen Schnees kein leichtes Unterfangen darstellte bis ich schließlich fündig wurde. Ich hatte einen kleinen Zweig gefunden, der allerdings ein wenig gebogen war. Feierlich komplettierte ich unser Werk und befestigte den Zweig als Nase in unseres Schneemanns Gesicht.

Anna jubelte und ich stand stolz, mit verschränkten Armen da und bewunderte unsere Arbeit.

"Sieh dir mal die Nase an", sagte ich schließlich. "Sie ist so krumm und gebogen. Unser Schneemann ist wohl ein Jude."

Sofort bemerkte ich, dass ich wohl etwas Falsches gesagt haben musste, denn Anna lief rot an und sah beschämt zu Boden, ungefähr so wie ich, als sie bemerkt hatte, dass mein Vater den Schlitten gebaut hatte und nicht ich.

"Ist was?", erkundigte ich mich und legte vorsichtig einen Arm um Annas Schultern. Dabei lief wiederum ich rot an. Ich spürte, wie mein Herz höher schlug und ich leicht zu schwitzen begann. Nichtsdestotrotz genoss ich die Berührung und diese Nähe zu Anna.

"Hermann, ich muss dir etwas sagen", meinte sie endlich und blickte mich nun an. "Etwas, das aber unbedingt unser Geheimnis bleiben muss. Es darf niemand wissen."

"Ich verspreche, niemandem etwas davon zu sagen. Darauf kannst du Gift nehmen, Anna. Worum geht es?"

Anna war sichtlich betroffen. Sie sah abwechselnd erst den

Schneemann, dann den Boden und schließlich mich an.

"Ich bin Jüdin", sagte sie, nachdem sie endlich den Mut gefasst hatte, mir ihr Geheimnis zu verraten.

"Ehrlich?", fragte ich erstaunt.

"Naja, also meine Eltern sind Juden. Ich gehe mal davon aus, dass es mich dann wohl auch erwischt hat."

"Das verstehe ich nicht", sagte ich. "Du bist doch ein Mädchen."

"Ja, ja. Aber ein jüdisches Mädchen."

"Für mich sind alle Mädchen gleich."

"Ich weiß nicht."

Es entstand ein peinliches Schweigen. Wir sahen uns gegenseitig an und wussten nicht, wie wir zu reagieren hatten. Ich war vollkommen verwirrt, verstand die Welt nicht mehr.

"Aber, du siehst doch gar nicht so aus wie der Jude auf dem Bild."

Anna zuckte die Achseln.

Ich fuhr fort: "Herr Göthen hat doch gemeint, man erkennt einen Juden sofort, wenn man ihn sieht."

Anna zuckte die Achseln.

Erst jetzt realisierte ich, wie enttäuscht ich in Wahrheit über Annas mir anvertrautes Geheimnis war. Nicht, dass ich enttäuscht darüber wäre, dass sie jüdisch sei. Nein, das war mir einerlei. Ich war enttäuscht darüber, dass sie mir nicht gesagt hatte, dass sie mich sehr mag. Das wäre ein viel schöneres Geheimnis gewesen und tief in meinem Innern, wünsche ich mir nichts sehnlicher. Mal abgesehen davon, meinen Vater wiederzusehen. Doch dabei wollte ich es nicht belassen. Ich nahm all meinen Mut zusammen und sagte: "Ich muss dir auch etwas sagen."

Anna sah mich erwartungsvoll an. Ich dachte angestrengt nach, was man mir vermutlich auch ansah. Die Worte waren, da sie derart bedeutungsvoll waren, mit Bedacht zu wählen.

"Ich...ich wollte dir nur sagen...ähm...also...", stammelte ich.

Ohne Vorankündigung nahm Anna auf einmal meine Hand. Beschämt blickte ich zu Boden.

"Ich wollte dir nur sagen, dass du schöner aussiehst, als der Jude auf dem Bild."

Vorsichtig sah ich wieder auf, um Annas Reaktion mitzubekommen. Sie setzte ein wunderschönes Lächeln auf, dessen Anblick mein Innerstes mit Wärme erfüllte.

"Lieb von dir", sagte sie mit ihrer lieblichen Stimme und umarmte mich ganz fest. Ich erwiderte die Umarmung und hätte fast begonnen zu weinen, so überwältigt war ich plötzlich von meinen Gefühlen, die ich in einer derartigen Intensität nie zuvor gespürt hatte. Doch mir gelang es, die Tränen zurückzuhalten. Ein Mann darf schließlich nicht weinen. Das dürfen die Mädchen und Frauen aber ich nicht. Ich bin ja der Mann im Haus. Jedenfalls hatte ich nun endgültige Gewissheit. Ich war in Anna verliebt. Und das mehr als nur ein bisschen.

2. März 1942:

Seit dem 26. Februar war Anna auf einmal spurlos verschwunden. Sie kam nicht mehr in die Schule. Nachmittags suchte ich das Haus auf, in dem sie mit ihrer Mutter lebte, doch niemand war zuhause. Die ganze Situation ängstigte mich zutiefst und ich verspürte schier unerträgliche Schmerzen in meinem Herzen. Was, wenn ihr etwas zugestoßen war? Was sollte ich nur machen? Glücklicherweise tauchte sie am heutigen Tag wieder auf, sie ging ganz normal weiterhin zur Schule. Obwohl sie es laut eigener Aussage zutiefst rührend fand, dass ich derart um sie besorgt war, wollte sie mir nicht erzählen, wo sie war. Zu meinem Leidwesen musste ich feststellen, dass sie fortan in der Klasse gehänselt und beleidigt wurde. Natürlich versuchte ich sie so gut wie möglich zu verteidigen, doch vermochte ich nicht viel gegen die zahlreichen Übergriffe auszurichten. Zuvor war Anna in der Klasse recht beliebt, was mich nur noch mehr verwirrte. Ich vermutete jedoch, dass es irgendetwas mit dem seltsamen Zeichen zu tun hatte, das Anna auf einmal an ihrer Jacke trug. Es war eine Art Stern, ein Zeichen, das ich zuvor noch nie gesehen hatte und welches sich zuvor auch nicht auf ihrer Jacke befunden hatte.

Im Unterricht zeichnete Herr Göthen dieses Zeichen sogar an die Tafel und schrieb direkt daneben: *Wer dieses Zeichen trägt ist ein Feind unseres Volkes!*

Anschließend wandte er sich an Anna.

"Nun Sarah, möchtest du dich vielleicht dazu äußern?"

Verwirrt sah ich abwechselnd den Lehrer und dann Anna an. Ich musste mich wohl verhört haben. In unserer Klasse gab es keine Sarah.

Anna erwiderte nichts, sondern stand wortlos auf und verließ schnellen Schrittes das Klassenzimmer. Ich eilte ihr, ohne nachzudenken hinterher. Herr Göthen ließ mich gewähren, brach jedoch wie all meine Mitschüler in boshaftes Gelächter aus, das mir die Tränen in die Augen trieb.

Auf dem Flur rief ich Anna hinterher: "Anna! Anna, so warte doch. Wo willst du denn hin?"

"Ich darf nicht mehr auf diesen Namen hören", schluchzte das arme Mädchen. "Nun, dann...Sarah?"

Jetzt blieb Anna stehen und ich holte sie schließlich ein. Wir standen uns nun gegenüber.

"Ich heiße ab sofort Sarah", erklärte mir Anna unter Tränen.

"Also das ist...sehr verwirrend", sagte ich. "Warum denn das?"

"Das weißt du doch ganz genau", erwiderte Anna in vorwurfsvollem Ton und ich konnte tatsächlich einen Zusammenhang herstellen. Auf einmal war es, als ginge mir ein Licht auf, das die trüben Nebelschwaden durchdrang.

"Weil du jüdisch bist", stellte ich resigniert fest. Sie nickte nur stumm. Jetzt war es an mir, sie in den Arm zu nehmen, was ich auch tat.

"Dann heißt du eben Sarah. Das ist auch ein schöner Name. Sei nicht traurig. Mir ist es ohnehin einerlei, wie du heißt. Ich mag dich so oder so."

"Danke, Hermann", schluchzte Anna und drückte mich so fest an sich, dass ich glaubte, sie würde mich zerdrücken.

"Wir werden immer Freunde bleiben", versprach sie mir unter Tränen.

"Ja...Freunde...", antwortete ich zugegebenermaßen etwas enttäuscht. An diesem Tag kehrte keiner von uns in den Unterricht zurück.

3. März 1942:

"Darf ich dich etwas fragen, Mutter?"

Mutter und ich saßen zusammen am Küchentisch. Ein weiterer furchtbarer Tag war vergangen. Ein Tag, an dem Anna in der Schule gehänselt wurde und Herr Göthen dieses Verhalten auch noch billigte. Annas Tränen zerrissen mir wahrlich das Herz.

"Jederzeit, mein Sohn."

"Sind Juden schlechtere Menschen?", stellte ich die Frage, die mich nun schon seit längerer Zeit quälte und die meinen Schlaf trübte.

Mutter lächelte sanft. "Nein, das sind sie nicht. Lass dir von niemandem etwas anderes einreden. Mensch ist Mensch!"

"Das habe ich mir schon gedacht", meinte ich, sehr erleichtert über diese Auskunft, die mein Gewissen reinigte und meine unruhige Seele beruhigte.

"Warum fragst du?", hakte meine Mutter nach.

"Angenommen du wärst ein Mann. Wie würdest du einem Mädchen deine Liebe gestehen", stellte ich eine Gegenfrage um etwas vom Thema abzulenken und um die andere Sache loszuwerden, die mir keine Ruhe mehr ließ.

"Bist du etwa verliebt?", wollte die Mutter wissen.

Energisch sagte ich: "Nein, natürlich nicht! Es ist eine rein theoretische Frage."

Nun, Mutter ist alles andere als dumm. Generell scheint es allen Müttern zu eigen zu sein, die Sorgen und Nöte ihrer Kinder sofort zu erkennen, selbst wenn diese, wie in meinem Falle, lügen. Dementsprechend schlussfolgerte Mutter mit ihrem messerscharfen Verstand: "Du bist in ein jüdisches Mädchen verliebt, hab ich Recht?"

Ich sah nun keinen Grund mehr, mein Geheimnis für mich zu

behalten und nickte, wobei ich beschämt den Blick senken ließ.

Mutter lächelte schwach und legte ihre warme, tröstende Hand auf meine Schulter.

"Hermann, das ist wunderbar. Doch so leid es mir tut. Das Mädchen und du, ihr könnt niemals ein Paar sein."

Ich nickte erneut und spürte, wie sich in meinem Hals ein Kloß bildete.

"Wie heißt sie denn?"

"Sarah."

"Nein, nein. Ich meine ihren *richtigen* Namen."

"Anna", murmelte ich kaum merklich, mich sehr bemühend, die Tränen zurückzuhalten.

"Ein schöner Name", stellte Mutter anerkennend fest.

"Warum machen die das?", wollte ich wissen. In meinen Augen glänzten bereits die Tränen, meine Stimme war schwach.

Mutter, die intelligente Frau wusste natürlich genau, was ich meinte.

"Ich begreife es auch nicht. Es erstaunt mich immer wieder wie kreativ Menschen auf einmal sind, wenn es darum geht, ihren Mitmenschen Leid zuzufügen. Der Mensch scheint aus den Fehlern der Vergangenheit nicht zu lernen."

"Mutter, was soll ich tun?"

"Gestehe ihr einfach deine Liebe. Sag ihr, wie viel sie dir bedeutet. Denk nicht zu viel darüber nach. Auch wenn ihr keine Zukunft haben werdet, so ist es doch wichtig, dass sie es weiß. Dein Herz und deine Seele werden erst Frieden finden, wenn du ihr es sagst."

Mutter nahm mich tröstend in ihren Arm und ich wollte nun nicht länger stark sein und begann hemmungslos zu weinen. Auch der stärkste Mann wird zuweilen von seinen Gefühlen übermannt. Das habe ich von Vater gelernt. In meinen Gedanken kamen wieder die Bilder auf als er sich damals unter Tränen von seiner Familie verabschiedete. Der Gedanke daran, machte mich nur noch trauriger.

"Ich wünschte, Vater wäre noch hier", schluchzte ich. "Er wusste immer, was zu tun war."

"Ich vermisse ihn auch, Hermann. Aber vergiss niemals, dass du in der Welt das wichtigste für mich bist. Ich liebe dich über alles!"

"Ich liebe dich auch Mutter! Und gleich morgen werde ich Anna sagen, dass ich auch sie liebe!"

Dann brachte Mutter mich zu Bett, doch schlafen konnte ich mitnichten...

4. März 1942:

Ich hatte es mir fest vorgenommen. An diesem Tag würde ich Anna endlich mitteilen, wie viel sie mir bedeutet. Ich würde stark sein, stark wie ein Mann, stark wie mein Vater es war. Direkt nach der Schule, wenn ich sie, wie jeden Tag, nach Hause begleite, würde ich es sagen. Direkt, unmissverständlich und der sich daraus ergebenden Konsequenzen bewusst.

Ich bemühte mich, den Fokus zunächst noch auf den Unterricht zu legen, was mir jedoch nicht gelang. Heute ging es um Krieg und Gewalt, ein Thema, das mir ohnehin schwer missfiel, gegen das sich mein Innerstes unwillkürlich sträubte. Nichtsdestotrotz versuchte ich, möglichst glücklich und gelassen zu wirken, scherzte gelegentlich mit Anna, doch sie ging nicht darauf ein. Ich fragte sie daraufhin, ob alles in Ordnung sei, doch sie gab keine Antwort. Sie wirkte wie in eine vollkommene Lethargie und Apathie versetzt, sprach kaum ein Wort, zitterte am ganzen Leib und vermied Blickkontakt. Die zahlreichen abscheulichen Worte, die man ihr an den Kopf warf, wie "Judensau" oder "Volksfeind", trugen ihren Teil dazu bei. Ich war zutiefst traurig über meine eigene Machtlosigkeit und fragte mich doch zugleich fieberhaft, was nur mit Anna los sei. Sie war doch sonst immer so stark, so tapfer. Was konnte ihr nur widerfahren sein? Es war als hätte sie eine sehr düstere Vorahnung, die wie eine schwarze Gewitterwolke schwer über sie herabhing und sie jedwedem Optimismus und Lebensfreude beraubte.

Dann, urplötzlich und ohne Vorankündigung, geschah es: Jemand klopfte an der Tür und kurz darauf betrat mitten in der dritten Stunde ein großgewachsener, uniformierter Mann mit blauen Augen und blondem Haar das Klassenzimmer. Augenblicklich erkannte ich in ihm den Fahrer, der Anna und mich vor einigen Wochen Abends vom Schlittenfahren nach Hause gefahren hatte.

"Heil Hitler, Herr Göthen. Heil Hitler, Kinder", grüßte er und ließ die obligatorische Armbewegung folgen.

"Heil Hitler", skandierten meine Mitschüler, nur ich blieb bei meinem "Guten Morgen". Anna sagte nichts.

"Heil Hitler, Oberstleutnant Hofreiter! Treten Sie doch bitte ein", empfing ihn der widerwärtige Herr Göthen und schüttelte dem Mann die Hand.

"Sparen Sie sich die Floskeln. Sie wissen, weshalb ich hier bin", brummte der Uniformierte, der sich als Herr Hofreiter herausstellte. Ich bemerkte, dass er am Arm seiner Uniform ebenfalls ein Zeichen trug. Sofort musste ich an das Zeichen auf

Annas Jacke denken, stellte jedoch schnell fest, dass es ganz anders aussah, wenngleich es einem Stern doch nicht gänzlich unähnlich war.

"Natürlich, mein Herr. Sie sitzt dort vorne, in der zweiten Reihe", sagte Herr Göthen und mir rutschte das Herz in die Hose, als der Lehrer seinen Arm hob und auf Anna zeigte.

"Die habe ich schon von weitem erkannt. Juden kann ich förmlich riechen", prahlte Hofreiter und setzte ein breites Grinsen auf, das seine strahlend weißen Zähne entblößte.

Er kam auf uns zu. Seine schwarzen Stiefel ließen den Holzboden unter ihm erzittern.

"Ich möchte dich bitten, mitzukommen, Sarah", säuselte der Oberstleutnant und blieb direkt vor uns stehen. Da stand er nun, bäumte sich auf, warf einen dunklen Schatten auf Sarah und mich und bot ein angsteinflößendes Bild des Schreckens. Im Klassenraum war absolute Stille vorherrschend. Keiner wagte es laut zu atmen oder gar dem Sitznachbarn einen verstohlenen Blick zuzuwerfen.

Unwillkürlich fragte ich mich, woher der Mann wusste, dass wir Anna seit kurzem nur noch Sarah nannten. Schnell verwarf ich diese Frage, da sie mir unberechtigt erschien.

Ich sah entsetzt wie Anna, wie Espenlaub zitternd, sich langsam von ihrem Stuhl erhob und auf den Mann zukam.

"Nein", schrie ich reflexartig auf, war blitzschnell auf den Beinen und sprang mit einem Satz zwischen Sarah und Hofreiter.

"Wenn Sie sie haben wollen, müssen Sie zunächst an mir vorbei", sagte ich mit fester Stimme und absoluter Entschlossenheit. Derart entschlossen war ich nie zuvor in meinem Leben gewesen. Von hinten spürte ich, wie Anna sich an mich schmiegte.

"Soll das ein Witz sein", bellte der Oberstleutnant. "Du verteidigst einen Volksfeind? Was bist du für ein Deutscher?"

"Wenn das zum Deutschsein dazugehört", so entgegnete ich. "Dann will ich kein Deutscher mehr sein!"

Aus den Augenwinkeln sah ich, wie die Mundwinkel aller der im Raum anwesenden schlagartig herunterklappten und sich die Augen weiteten, ganz besonders die von Herrn Göthen, der augenscheinlich kurz vor einem Nervenzusammenbruch stand.

Der vor Wut rot angelaufene Hofreiter bellte nur: "Wie kannst du es wagen, dein Vaterland zu verraten!"

"Mein Vaterland? Ich habe einen Vater aber kein Vaterland. Euer sogenanntes Vaterland hat mich meines Vaters beraubt!"

Ich selbst war erstaunt über den Mut, den ich in dieser Situation aufgebracht hatte. Dennoch kann ich nicht behaupten, dass es mir schwerfiel. Das Gegenteil war der Fall. Die Worte sprudelten nur so aus mir heraus, ohne dass ich darüber nachdenken musste. Es fühlte sich einfach richtig an. Intuitiv.

Der Oberstleutnant war vollkommen perplex und blieb zunächst wie angewurzelt stehen. Ich nutzte diese Gelegenheit, drehte mich zu Anna um und sagte dem verängstigten, jedoch offensichtlich zutiefst beeindruckten und stolzen Mädchen direkt ins Gesicht: "Anna, hiermit möchte ich dir mitteilen, dass ich dich über alles liebe! Du bist das Mädchen meiner Träume und du bedeutest mir alles!"

Im Klassenraum getraute sich nach wie vor niemand, das Wort zu erheben, geschweige denn zu lachen. Alle kamen aus dem Staunen nicht mehr heraus. Anna lief nicht rot an, ich ebenfalls nicht. Stattdessen sahen wir beide uns so tief wie nie zuvor in die Augen, so tief, dass ich vermeinte in ihre Seele blicken zu können. Ihre reine, gütige, einmalige Seele.

Anna setzte ein bezauberndes Lächeln auf, aufrichtig und ernst. Dann küsste sie mich. Sie küsste mich wie die Erwachsenen es zu tun pflegen. In diesem Moment dachte ich an Vater und darauf wie stolz er wohl wäre, dass sein Sohn jetzt ein Mann war. Ich schlang meine Arme um das zierliche Mädchen und genoss den Kuss so sehr wie ich noch nie zuvor etwas im Leben genossen hatte. Der schönste Moment meines Lebens würde jäh durch zwei grobe Hände unterbunden, die mich von hinten an der Schulter packten und brutal zu Boden schleuderten. Es war Hofreiter, der nun auch Anna unsanft am Handgelenk packte und sie von mir wegzog.

Anna jedoch beachtete ihn gar nicht und sah mich verträumt an. Nur mich und sonst niemanden.

"Ich liebe dich auch, Hermann", wisperte sie und ließ mich mit diesen Worten erstrahlen und mein Herz endlich Frieden finden.

Der Oberstleutnant wandte sich an Herrn Göthen, der teilnahmslos dem ganzen Geschehen beigewohnt hatte.

"Ich befürchte, wir müssen dem Führer Bericht von Ihren anscheinend fragwürdigen Erziehungsmaßnahmen erstatten. Offensichtlich ist es Ihnen nicht gelungen, diesen Bengel von der Wichtigkeit unserer Pflicht ausreichend in Kenntnis zu setzen."

Wie er diese Worte vernahm, erbleichte Herr Göthen und sackte auf seinem Stuhl zusammen, ohne dem etwas zu entgegnen. Er wusste offenbar nur zu gut, was das für ihn bedeutete.

Ich dagegen richtete mich langsam wieder auf und sah Anna in die Augen.

"Versprich mir, dass du wiederkommst", flehte ich, mit Tränen in den Augen.

Anna, die ebenfalls leise weinte, sagte: "Ich verspreche es. Pass gut auf dich auf, Hermann. Sei immer wachsam und komme nicht vom rechten Weg ab!"

Der Oberstleutnant, nach wie vor verwirrt und mit der Situation etwas überfordert musterte mich nun genauer und an dem plötzlichen Glänzen in seinen Augen, merkte ich, dass er mich nun erkannt hatte. Er grinste hämisch.

"Deine Freundin darf jetzt nochmal mit dem Transporter fahren."

Mit diesen Worten wollte er sich zum Gehen wenden, doch Anna entriss sich seines Griffes, fiel mir um den Hals und küsste mich ein letztes Mal.

Hofreiter wirbelte herum und packte sie erneut, diesmal so grob, dass sie laut aufschrie und entfernte sich mit ihr.

"Ich liebe dich", rief ich ein letztes, verzweifeltes Mal den beiden hinterher, doch Anna hatte es vermutlich nicht mehr gehört. Mit einem Mal sprangen alle Kinder auf, rannten zum Fenster und beobachten, wie Anna in dem gleichen Transporter untergebracht wurde, in dem wir beide schonmal nach Hause gefahren wurden. Viele meiner Mitschüler begannen zu weinen, so auch ich. Herr Göthen dagegen rührte sich nicht von der Stelle und war so bleich wie die Kreide mit der er zuvor noch Wörter wie "Volksfeind" an die Tafel geschrieben hatte.

30. August 1950:

Die Hoffnung, Anna vielleicht doch noch irgendwann wiederzusehen, die mich durch die Jahre getragen hat, musste ich mittlerweile verwerfen. Genauso wie auch den innigen Wunsch meinen Vater wiederzusehen. Nur Mutter war mir noch geblieben. Sie liebte ich mit einer unbeschreiblichen Hingabe, wie es kein Liebhaber besser könnte.

Der Krieg und alle mit ihm verbundenen Schrecken sind nun vorbei. Ein neues Zeitalter bricht an. Mir bleibt nichts anderes übrig als das Leben so zu akzeptieren, wie es eben ist und versuchen aus allem, das Beste zu machen. Es muss bergauf gehen!

Anna werde ich für immer im Herzen tragen. Unsere Liebe hat auch noch im Tod Bestand und wird niemals erlöschen. Heute ehre ich alle Opfer des Krieges, allen voran Anna, das einzige Mädchen, das ich jemals geliebt habe und meinen Vater, der mir immer ein Vorbild von wahrer Stärke war und der mir gezeigt hat, was es heißt, ein Mann zu sein.

Ich werde meinen Teil dazu beitragen, zusammen mit den zukünftigen Generationen zu gewährleisten, dass so etwas nie wieder geschieht. Das bin ich ihr und ihm schuldig. Schuld trage ich nicht, die Verantwortung liegt jedoch bei uns allen, auch bei mir. Und so verbleibe ich, zwar mit einem gebrochenen Herzen, jedoch mit innerem Frieden, da ich stets so gehandelt, wie ich es für richtig gehalten! Nun ist es Zeit für eine moralische Revolution, für Anna und Vater und all die anderen Menschen, die sinnlos ihr Leben lassen mussten und die für mich wohl auf Ewig gesichtslos bleiben werden.

Liebe hat uns zusammengehalten, auch in den dunkelsten Stunden und auf diese Art haben wir ein Zeichen gesetzt in einer düsteren, herzlosen Welt und dem Hass getrotzt! Und ich bereue nichts!

Hermann Friedrich

8 Der Liebestrank

Lasset mich eine Geschichte erzählen. Eine, die sich zugetragen in der Stadt der Liebe. Und ich meine nicht Paris. Die Rede ist von der Stadt auf dem Wasser. Venedig! Wir schreiben das Jahr 1723. Der verehrte Leser möge alles vergessen, was er bisher gelernt. Es ist eine andere Epoche, wir befinden uns mitten im Barock. Zu jener Zeit hatte Venedig viel von seinem Glanz, der auf den politischen Einfluss als See-und Handelsmacht des 15. Jahrhunderts zurückzuführen ist, verloren. Im 18. Jahrhundert, dem Jahrhundert in dem jene Geschichte stattfand, die ich zu erzählen gedenke, beriefen sich die Einnahmen Venedigs vordergründig auf die Produktion von Luxusartikeln, Schmuck und Spiegeln. Hier offenbarte sich der ganze Prunk und Protz des Barock. Feste wurden gefeiert, des Karnevals erfreute man sich, bei der Musik und dem Theater reihte sich eine Hochphase an die andere. Dieses feuchtfröhliche und kunterbunte Leben stellte jedoch nur die Fassade dar und spiegelte die grausame Wirklichkeit in keiner Weise wider, sondern leugnete diese vielmehr. Nur der Adel hatte Zugang zu einem Dasein in Saus und Braus. Der Großteil der Bevölkerung hauste unter den erbärmlichsten Umständen in völliger Armut und musste hart arbeiten, um das eigene Überleben zu sichern. Die Straßen Venedigs waren alles andere als sicher. Kriminalität war die logische Folge dieses menschenunwürdigen Lebens.

Der Leser möge sich bitte in jene Zeit hineinversetzen, sich die schönsten Gebäude und Kunstwerke, jedoch auch die verdreckten und vom elenden Gestank befallenen Straßen vorstellen. Die verwinkelten Gassen, das Plätschern des Wassers, dem geselligen Treiben auf unzähligen Festen, dem Wein, den Menschen verschiedenster Stände und nicht zuletzt den schönen Frauen.

In diesem Venedig des 18. Jahrhunderts lebte ein Mann, dessen Geschichte es wert ist, erzählt zu werden. Sein Name war Graziano Aldini, zweiundzwanzigjährig, obwohl sein Antlitz seinem tatsächlichen Alter nicht entsprach. Sein narbenübersätes Gesicht, die fettigen schwarzen Haare, die in Strähnen herunterhingen, die winzig kleinen schwarzen Augen, der Buckel und die geringe Körpergröße legten die Vermutung nahe, er könne bereits das vierzigste Lebensjahr überschritten haben, ein sehr reifes Alter für die damaligen Verhältnisse, besonders für einen nicht dem Adel angehörigen Mann. Sicherlich sollte man Menschen nicht nach ihrem Äußeren beurteilen, er war jedoch ein Mann, dem die Bosheit ins Gesicht geschrieben stand. Wahrlich, der Held unserer Geschichte glich mehr einer Ratte als einem Menschen, was nicht zuletzt an seinem hinterlistigen Wesen lag. Die Erwartungen des geneigten Lesers muss ich somit unglücklicherweise enttäuschen. Der Held unserer Geschichte ist kein märchenhafter Prinz, kein edler Ritter, kein liebenswerter Geselle. Wir haben es mit einem durch und durch verkommenen Menschen zu tun, sowohl in Bezug auf seine äußere, ungepflegte Erscheinung, als auch auf sein Inneres. Dass er sein ganzes Leben in trauriger Einsamkeit verbringen musste verwundert nicht, wollte mit einem solchen Menschen doch niemand gerne seine Zeit verbringen. Venedigs Frauen nahmen Abstand von ihm, machten einen großen Bogen um ihn, ignorierten ihn und entfernten sich umgehend, kam er auch nur in ihre Nähe. Eine einzige Ausnahme bildete ein Mädchen aus einem armen Elternhaus. Ihr Name ist irrelevant für uns und soll uns daher auch nicht weiter interessieren. Jedenfalls empfand dieses gutmütige Mädchen aufrichtiges Mitgefühl mit unseren Helden. Es tat ihr leid, dass er ein Dasein jenseits der zivilisierten Gesellschaft führen musste und verbrachte daher Zeit mit ihm, da er ansonsten völlig alleine sei, was sie nicht übers Herz bringen konnte. Wie es zum Kontakt der beiden gekommen war und wie es überhaupt möglich war für einen solch verkommenen Menschen so etwas wie Mitleid zu empfinden, ist uns nicht überliefert. Wir wissen nur zweierlei. Nämlich, dass die Bemühungen des Mädchens nicht angemessen gewürdigt wurden, da ein Monster wie Aldini so etwas wie Dankbarkeit oder Liebe niemals empfinden konnte und dass er das arme Kind am 17. Juni des Jahres 1720, also drei Jahre vor dem Beginn unserer Erzählung, kaltblütig ermordete. Vermutlich genügte sie seinen Ansprüchen nicht und musste dafür mit ihrem Leben bezahlen. Da die genauen Umstände jedoch unbekannt waren, ist diese Vermutung meinerseits mit Vorsicht zu genießen. Doch da ich weiß, wie Aldini war, ist diese Theorie durchaus angebracht. Die Leiche des Mädchens hatte man in einer der zahlreichen verwinkelten und dunklen Gassen Venedigs gefunden. Die Quetschungen und Schrammen an ihrem Hals legten die Vermutung nahe, dass der Unmensch, dieses Tier, sie erwürgt hatte. Morde waren damals in Venedig an der Tagesordnung und niemanden interessierte es wirklich, wer der Mörder war oder nach welchen Motiven er gehandelt hatte. Die Ermittlungen wurden nur halbherzig geführt, die Eltern des Mädchens hatten ihre Tochter alsbald vergessen und vermochten sich wenige Zeit später nicht einmal mehr an ihren Namen zu erinnern. Aldinis Verbrechen flog niemals auf. Für den Leser mag dies befremdlich klingen und auf Unverständnis stoßen, ich erinnere jedoch gerne nochmal daran, dass wir uns im 18. Jahrhundert befinden, in einer gänzlich anderen Zeit.

Unser Held verdiente seinen Lebensunterhalt als Zimmermann. Seine Dienste waren allerdings nicht erwünscht, weshalb er kriminell wurde, um an Geld zu gelangen. Für Aldini hatte die gehobene Gesellschaft Venedigs nichts als Abscheu übrig. Er war in der ganzen Stadt bekannt und jeder hielt sich von ihm fern. Seine große Leidenschaft, ja gar sein einziger Lebenssinn war das Studium der weiblichen Schönheit. Aldini bewunderte und begehrte die schönsten Frauen Venedigs. Er trieb sich heimlich auf Festen umher, heimlich, da er ein nicht gern gesehener Gast war, verfolgte junge Frauen auf der Straße, sah ihnen voller Begeisterung durch das Fenster beim Baden, dem Kämmen der Haare und dem darauffolgenden Ankleiden zu. Aus diesem Grund glaubte Aldini vieles über Frauen zu wissen, zwar noch nicht alles, doch sehr viel (alles zu wissen war natürlich sein großes Ziel). Er glaubte, sie in ihrem Denken zu verstehen, zu wissen, was sie begehrten und liebten, ihre verborgenen Bedürfnisse zu kennen.

Die Frauen des Adels bekam Aldini nie zu Gesicht. Sie ließen sich generell nie blicken, vegetierten die ganze Zeit über in ihren dekadenten Gemächern dahin. Daher musste sich unser Held mit dem Anblick bürgerlicher Mädchen begnügen was er auch tat, da sich unter ihnen durchaus ansehnliche Subjekte befanden. Besonders angetan hatte es ihm ein achtzehnjähriges Mädchen namens Antonia, die jüngste Tochter des Claudio, einem sehr angesehenen Schneider. Mit ihrem wallenden schwarzen Haar, den dunklen Augen und den blutroten Lippen gefiel sie Aldini gar so sehr, dass dieser völlig vergaß, dass es in Venedig noch viel mehr schöne unverheiratete Frauen gab. Auf einmal hatte er nur noch Augen für sie, beobachtete fortan ausschließlich sie beim Baden, Kämmen und Ankleiden. Aldini nahm an, dass das Feuer der Liebe in ihm entbrannt war, irrte sich jedoch, da er Liebe mit Wollust verwechselte oder gar gleichsetzte. Aufrichtig zu lieben war Aldini Zeit seines Lebens ein unmögliches Unterfangen. Er bewunderte und begehrte. Nichts weiter mehr! Trotzdem lebte er in dem Glauben, er sei unsterblich in dieses Mädchen verliebt. Übel nehmen können wir dies unserem Helden mit Verlaub nicht, denn Antonia war tatsächlich ein bildhübsches Mädchen, so voller Energie und Lebensfreude, dass es gar die Sonne zum Lächeln brachte, die behutsam auf das schönste Geschöpf, das sich unter ihrer Obhut befand, schien. Selbstredend hatte Antonia unzählige Verehrer. Die vielen Liebesbriefe und geschenkten Rosen untermauerten diesen Eindruck. Ihr Vater Claudio verfügte folglich über den großen Luxus, sich den künftigen Gatten seiner Tochter frei auswählen zu können. Aldini war doch tatsächlich selbstbewusst oder wohl eher töricht genug, einen Versuch zu wagen, die Schönheit für sich zu gewinnen. Sein eigenes Ansehen sollte doch wohl erheblich wachsen, wenn er ein solches Mädchen zur Frau nehme. In erster Linie dachte er jedoch einzig und allein daran, seinen geheimsten Leidenschaften nachzugehen.

Eines Morgens verließ Antonia alleine ihr Elternhaus und wurde von Aldini, der sie bereits erwartete, abgefangen. Beim Anblick des berüchtigten Mannes erschrak sie, schämte sich jedoch dessen, weshalb sie prompt eine Entschuldigung folgen ließ. Sie war in der Tat die einzige Person, die mit Aldini vollkommen vorbehaltlos und unvoreingenommen ein Gespräch zu führen in der Lage war. Dies können wir getrost auf ihre reine Herzensgüte, ihre gute Erziehung aber auch ihre kindliche Naivität und Unerfahrenheit zurückführen, denn dass dieser Mann nichts Gutes im Schilde führte, war in seinen garstigen Augen abzulesen.

Aldini entschuldigte sich seinerseits das Mädchen so überrascht zu haben und gestand ihr seine grenzenlose Liebe. Antonia teilte unserem Helden jedoch mit, dass sie dem Marco versprochen war und diesen in Bälde zum Manne nehmen werde. Als Entschädigung lud sie Aldini zu ihrer in wenigen Wochen stattfindenden Hochzeit ein. Auch dies lässt sich mit ihrer Unerfahrenheit erklären, denn einen Herumtreiber mit krimineller Energie lud man nicht ein, erst recht nicht zur eigenen Hochzeit.

Daraufhin fiel unser Held vor seiner Angebeteten auf die Knie und klagte über seinen Herzschmerz und dass er fortan nie wieder glücklich sein könne. Antonia tat es aufrichtig leid, ihn enttäuschen zu müssen und ging weiter ihres Weges, wenn auch etwas eingeschüchtert.

Unser zutiefst gekränkter und gedemütigter Held, der die Ablehnung keineswegs nachvollziehen konnte, begab sich zurück in die armselig eingerichtete Hütte am Rande der Stadt, die er sein Heim nannte. Diesen Ort verließ er für die nächsten Tage nicht, auch nicht um Antonia heimlich zu beobachten. Danach war ihm nicht zumute. Er dachte nach und überlegte, wie er diesen üblen Streich doch noch abwenden konnte. Antonia gehörte ihm und niemand anderem!

Kurz darauf trug sich zu, dass eine alte Frau nach Venedig kam, die von sich selbst behauptete, Wunder vollbringen zu können. Diese Unbekannte war infolgedessen das einzige Gesprächsthema in der Stadt. Über die bevorstehende Hochzeit der jüngsten Tochter des Claudio mit diesem attraktiven Manne höheren Standes, redete plötzlich keiner mehr. Von dieser alten Frau nichts mitzubekommen war unmöglich, denn selbst dem Aldini kamen ihre Wunder zu Ohren. Da er ein von Grund auf skeptischer und misstrauischer Mensch war, hätte er die Alte niemals aufgesucht, wenn sich nicht herumgesprochen hätte, dass sie tatsächlich Wunder vollbringen könne und alles der Wahrheit entsprach. Beispielsweise habe sie angeblich einem Blinden das Augenlicht geschenkt, Kranke geheilt und einem Bettler zu einem gut bezahlten Beruf verholfen. Dies erweckte Aldinis Neugier. Wenn dem so sei könne die Alte bestimmt auch dafür sorgen, dass sich ein Mädchen in ihn verliebe. Dabei dachte er natürlich an ein ganz bestimmtes Mädchen...

Bei nächster Gelegenheit (man musste zunächst ein Treffen mit der Frau vereinbaren) suchte unser Held die Alte auf. Wie genau er von ihrem Standort erfuhr und wo sich dieser befand, ist leider nicht bekannt. Fest steht nur, dass man ihr eine Behausung zur Verfügung gestellt hatte, in der sie ihrer Arbeit ungestört nachgehen und sich einzeln mit ihren Kunden treffen konnte.

Aldini teilte der Alten, die tatsächlich sehr einer Hexe ähnelte und genauso hässlich wie er selber war, sein Anliegen mit.

Diese reagierte verwundert und zeigte nicht viel Verständnis für diesen sonderbaren Wunsch ihres neuen Kunden. Sie meinte, dass Liebe nicht erzwungen werden solle, da dieses Gefühl von innen heraus komme und man die Menschen ihrer Fähigkeit aufrichtig zu lieben nicht berauben dürfe. Zudem sei ein Mensch nicht mehr frei, wenn man ihn wahrlich dazu zwinge, Gefühle zu entwickeln, die initiiert und nicht echt seien. Und außerdem sei es doch ohnehin nicht erstrebenswert von jemandem nur geliebt zu werden, weil dieser nicht anders könne und nicht etwa weil dieser sich aus freien Stücken dazu entschieden hätte. In solch hochkomplexe Prozesse dürfe man nicht eingreifen, menschliche Emotionen seien nicht dazu da, um manipuliert und ausgenutzt zu werden.

Doch Aldini bestand darauf, dass die Alte ihm helfen solle, da er totunglücklich sei und in seiner Verzweiflung keinen anderen Ausweg sähe. Von moralischen und ethischen Prinzipien verstünde er ohnehin nichts. Zudem bot er ihr einen ordentlichen Batzen Geld (natürlich gestohlen) und da die Alte neu in der Stadt war und daher nicht wusste, welch heimtückischen Menschen sie sich gegenübersah, willigte sie schließlich doch ein.

Die Hexe hatte Aldini einen Liebestrank gebraut (als letzte Zutat hatte sie eine Haarsträhne Aldinis benötigt, damit sich die Angebetete auch in ihn verliebte und nicht etwa in den nächstbesten Mann, den sie erblickte). Diesen Trank konnte er bereits drei Tage später abholen. Die rosarote Flüssigkeit befand sich in einem kleinen Gläschen. Die Alte erklärte, dass bereits ein Tropfen davon das Herz einer jeden Frau zum Schmelzen bringe, garantierte, dass es funktioniere und bat ihren Kunden, es mit Bedacht einzusetzen.

Eine Woche später an einem Mittwoch fand eine Feier statt, zu der sich unser Held heimlich begab, da er herausgefunden hatte, dass die Frau seiner Träume ebenfalls eingeladen war. Den

Liebestrank trug er bei sich, denn auf diese Gelegenheit hatte er sehnsüchtig gewartet. Freundlich begrüßte er Antonia und wechselte einige Worte mit ihr. Die anderen Gäste reagierten überaus schockiert darauf, dass ein solch hübsches Mädchen mit einem solchen Unhold sprach und wie immer ging ihm jeder aus dem Weg. Es waren viele Gäste eingeladen und in dem Getümmel gelang es Aldini, sich dem Weinglas Antonias zu nähern und heimlich ein Tröpfchen des Wundermittels als zusätzliche Zutat hinzuzugeben. Dann wartete er, wartete bis seine Geliebte, oder besser gesagt seine Begehrte endlich durstig wurde. Lange dauerte dies nicht. Noch bevor die Eheschließung mit ihrem Versprochenen vonstatten gegangen war (die Hochzeit sollte erst einige Tage später stattfinden), hatte sich Antonia unsterblich in unseren Helden verliebt. Es mag schwer zu glauben zu sein, doch ich versichere dem geschätzten Leser, dass dies wirklich der Wahrheit entspricht. Man bedenke, dass wir das Jahr 1723 schreiben und Wunder zur damaligen Zeit anscheinend möglich waren.

Ich vermag nicht zu berichten wie es Antonia gelungen war, die Hochzeit noch im letzten Moment zu verhindern oder wie sie es ihrem überaus verärgerten Vater (der sich Sorgen um sein eigenes Ansehen machte) begreiflich machen konnte, dass Graziano Aldini, dieses Scheusal von einem Mann ihr neuer Geliebter war, doch irgendwie war es ihr gelungen (wohl ebenfalls ein Wunder, das mit der magischen Kraft des Liebestranks zu erklären ist). Was aus dem armen Marco wurde, ist ungewiss. Sein Schicksal ist nicht überliefert und er wird uns in dieser Geschichte nicht mehr begegnen. Jedenfalls ist davon auszugehen, dass er alles andere als erfreut war.

Aldini hatte sein Ziel erreicht und lebte fortan mit dem schönsten Mädchen Venedigs zusammen. Mit ihr konnte er sein Studium des Weiblichen fortsetzen und zum Ende führen. Er traf sich noch einmal mit der Hexe, der er seinen Erfolg zu verdanken hatte und bedankte sich artig bei ihr. Diese sagte, dass die Wirkung des Trankes nur so lange anhielte wie sie am Leben war, dies jedoch ein Geheimnis war, das er für sich behalten solle. Aus einem unbegreiflichen Grund vertraute die Alte unserem Helden diese wichtige Information an. Demzufolge fanden all ihre vollbrachten Wunder ein jähes Ende, sobald sie verstarb. Da sie ja schon eine alte Frau sei und es ungewiss sei, wie lange sie überhaupt noch lebe, solle Aldini sein Glück genießen so lange er noch konnte. Diese Worte gaben unserem Helden sehr zu denken.

Wie genau er mit Antonia umging, ist uns nicht überliefert, wir können jedoch davon ausgehen, dass er das arme Mädchen nicht gut behandelte. Wahrscheinlich ist es gut, dass wir keine Details kennen. Sie diente schließlich nur der Erfüllung Aldinis triebgesteuerten Absichten. Einzig darauf reduzierte er sie. Doch sie ließ zweifellos alles mit sich machen. Erniedrigungen und Demütigungen seitens ihres Geliebten taten ihrer Liebe keinen Abbruch. Der Trank machte es ihr unmöglich sich der grenzenlosen, wenn auch unaufrichtigen Liebe zu entziehen, Aldini konnte tun was er wollte, sie würde niemals aufhören können, ihn zu lieben. Nicht etwa, weil sie aufrichtig liebte, sondern weil sie, ihrer Freiheit beraubt, nicht anders zu denken und zu handeln in der Lage war. Der Trank hatte ihre Sinne vernebelt, ihre eigenen Bedürfnisse unterdrückt, sodass sie sich Aldini vollkommen unterwerfen musste. Das Leben dieses bemitleidenswerten Mädchens wurde fremdbestimmt, sie war nichts anderes als eine Marionette, der Spielball eines Wollüstlings und dessen hilflos ausgelieferte Untergebene. Zwar machte ihre falsche, erzwungene Liebe es ihr unmöglich, unter Aldinis Launen zu leiden, weshalb sie die zahlreichen Misshandlungen, die zweifellos stattfanden, willenlos über sich ergehen ließ, doch es stand außer Frage, dass sie mit dem Verlust ihrer Freiheit und der Fähigkeit aufrichtig und selbstbestimmt zu lieben ihrer Menschlichkeit beraubt wurde, auch wenn sie dies in dem Moment selber nicht wahrnehmen konnte. Sie wurde von einem denkenden Subjekt in ein willenloses Objekt verwandelt, über dessen armselige Gefühle ohne Zustimmung bestimmt wurde. Sie existierte fortan nur eines bestimmten Zweckes wegen, ohne eigenes Streben nach Sinnhaftigkeit vollziehen zu dürfen. Das Schlimmste ist, dass sie nicht einmal darüber Bescheid wusste, dass sie unwissentlich litt, wie ein Kranker, der an einem Virus zugrunde geht, ohne dass irgendwelche Symptome ihn quälen. Der Verlust der Selbstständigkeit geht mit dem Verlust der Würde einher.

Eine ganze Weile ging dies so weiter, doch Aldini wurde Antonia jeden Tag, der verging, langweiliger. Dass er nicht um sie kämpfen musste, sondern dass sie sich unterwarf und völlig auslieferte, missfiel ihm sehr. Trotz ihrer schier unbeschreiblichen Schönheit und Weiblichkeit, die er so sehr begehrte, verlor sie ihren Reiz. Hatte man erstmal das, was man begehrte, pflegte es immer seine scheinbar magische Anziehungskraft zu verlieren. Einzig das Mysterium, das einen unbekannten Menschen umgab, machte diesen interessant und reizvoll. Ist die innigste Liebe nicht die unerfüllte? Macht die Unerfüllbarkeit der Liebe diese nicht erst so besonders? Liebte man nicht nur aufgrund eben dieser Unmöglichkeit und Unerfüllbarkeit seiner Liebe? Ist nicht die Ablehnung das einzig reizvolle?

Bei unserem Helden ist zwar an wahre Liebe nicht zu denken, doch letztlich verhielt es sich bei seiner Fleischeslust genauso. Es ist schwer zu sagen wie lange Aldini und Antonia zusammen waren. Überliefert ist nur, dass er das zur Liebe verdammte und verurteilte Mädchen kurz vor ihrer gemeinsamen Hochzeit verließ. Die Unglückliche versuchte mit aller Macht Aldini wieder für sich zu gewinnen, nicht weil sie wirklich wollte, sondern weil sie nicht anders konnte, ohne zu wissen, dass sie eigentlich nicht wollte. Schließlich lebte die Alte noch und somit auch die magische Wirkung des Liebestranks. Und er wirkte auch noch bis zu Antonias Tod. Die Ärmste sah in ihrer aufrichtigen Verzweiflung bedingt durch unaufrichtige Gefühle keinen anderen Ausweg als sich das Leben zu nehmen. Sie ertrank sich am 20. Februar des Jahres 1724.

Das tragische Schicksal seiner ehemaligen Angebeteten ließ den herzlosen Aldini vollkommen kalt. Vielmehr freute er sich, sie losgeworden zu sein, ohne sich die eigenen Hände schmutzig machen zu müssen, wozu er definitiv jederzeit bereit gewesen wäre, hätte sie ihn zu sehr belästigt. Endlich war er wieder ein freier Mann und nicht länger gebunden! Das Mädchen hatte ihm gute Dienste geleistet, war jedoch aufgebraucht und musste ersetzt werden. Die Worte der Alten beschäftigen ihn sehr. Wie lange diese solch alte Frau noch zu leben hatte, war ungewiss. Und dann war der Zauber vorbei. Für immer. Der Liebestrank würde mit dem Ableben seiner Erfindung ebenfalls sein Ende finden. Allein der Gedanke daran versetzte Aldini in solche Panik, dass er sich in den folgenden Monaten mit unzähligen Jungfrauen und den schönsten Mädchen Venedigs vergnügte. So lange der Trank noch wirkte und er jede Frau der Welt haben konnte, musste er dies ausnutzen. Und Aldini nutzte es aus. Er ließ seinen Trieben und verborgensten Wünschen und Fantasien freien Lauf, unterdrückte seine unstillbare Lust nicht länger, begehrte immer weiter und eilte von Frau zu Frau. Unbegreiflich wie er dies anstellte, doch irgendwie gelang es diesem hinterlistigen Mann immer seiner neusten Angebeteten etwas von seinem Wundermittel zu verabreichen. Langsam aber sicher wurde das Gläschen, das er stets bei sich trug immer leerer und leerer. Der Leser möge sich in Erinnerung rufen, dass ein einziger Tropfen pro Mädchen genügte, um ihr vollkommen den Kopf zu verdrehen. In Anbetracht dessen können wir uns gut vorstellen wie vielen Frauen unser Held das Herz gestohlen hatte, wenn der Trank schon fast aufgebraucht war. Tatsächlich gab es in Venedig keine Frau, mit der Aldini noch nicht geschlafen hatte (manchen Frauen verabreichte er sogar mehr als nur einen Tropfen seines Liebestranks, einfach um zu sehen, wie sie vor Liebe fast den Verstand verloren, woran er sich sehr erfreute). Keine begehrenswerte Frau war noch nicht seiner Verführung verfallen. Unser Held lebte seine eigenen Träume skrupellos und rücksichtslos aus und verspürte nicht im Geringsten Mitleid oder Reue mit seinen hilflosen Opfern. Natürlich gab es unzählige Selbstmorde junger Mädchen, denen Aldini mal wieder das Herz gebrochen hatte. Er hatte gar so viele Verehrerinnen, dass er sich einiger von ihnen selber entledigen musste. So wurde unser Held in der Tat zum Massenmörder. Er genoss seine Überlegenheit und erfreute sich der Aufmerksamkeit und Verehrung, die ihm jetzt zuteil und zuvor stets verweigert wurde. Dass diese Liebe und Zuneigung nicht auf wahren Gefühlen beruhte, sondern erzwungen und erkauft war, interessierte ihn nicht. Sein Wissen über Frauen war nun endgültig allumfassend, wie er glaubte, womit er sein größtes Ziel, seinen Lebenstraum erreicht hatte. Er betrachtete seine Aufgabe als abgeschlossen.

Von den unzähligen Orgien ermüdet, entschied sich unser Held, sich zur Ruhe zu setzen. Er musste Venedig schleunigst verlassen, denn man hatte Verdacht geschöpft. Ihm drohte der Tod, sollten seine zahlreichen Verbrechen auffliegen, was sehr bald der Fall sein konnte. Die Anzahl der Toten und Vermissten war derart gestiegen, das selbst die unfähigen Sicherheitsbeauftragten sich dazu gezwungen sahen, der Sache ernsthaft auf den Grund zu gehen, nicht zuletzt aufgrund dem Drängen und wachsendem Unmut innerhalb der Bevölkerung. Der Liebestrank war mittlerweile aufgebraucht, der Frauenanteil der Bevölkerung drastisch gesunken. Das letzte Verbrechen, das Aldini beging, war der Mord an der Hexe. Auch sie hatte ihm gute Dienste erwiesen, wenn auch nicht in der Art wie die anderen Frauen. Doch sie hatte ihm all dies ermöglicht. Doch ihre Zeit war ebenfalls abgelaufen, denn sie wurde nicht länger benötigt. Aldini erstach sie im Schlaf mit einem Dolch. Er befürchtete sie könnte ihn verraten, da sie schließlich den Liebestrank gebraut und an ihn verkauft hatte, weshalb sie sich den Zusammenhang mit den zahlreichen Morden durchaus logisch erschließen konnte (sie war zwar naiv aber nicht dumm). Zufrieden und im Reinen mit sich, schmiedete unser Held konkrete Pläne, Venedig, die Stadt der Liebe, den Rücken zu kehren. Irgendwo wollte er sich in einer ruhigen Ortschaft, weit weg von dieser Stadt niederlassen. Dort würde ihn niemand kennen und er könnte ein neues Leben starten. Er würde sich eine neue Leidenschaft zu eigen machen, denn Frauen hatten ihren Reiz für ihn verloren. Er wusste einfach schon alles über sie, wie er zumindest glaubte. So weit kam es jedoch nicht, denn was er zu diesem Zeitpunkt noch nicht wusste war, dass er sich von einer seiner endlosen Liebschaften die Syphilis zugezogen hatte. Die Krankheit brach unerwartet am Tag der geplanten Flucht aus und erschütterte unseren Helden bis ins Mark. In diesem Zustand war es ihm unmöglich, Venedig zu verlassen. Er wusste nicht wie ihm geschah und fühlte sich immer elender. Ich kann es zwar nicht genau bestätigen, vermutlich hatte Aldini sich jedoch noch mehr Krankheiten zugezogen, die ihm alle gleichzeitig schwer zu schaffen machten. Jedenfalls suchte er die besten Ärzte Venedigs auf, doch niemand war bereit, ihm zu helfen. Man schickte ihn weg, man lachte ihn aus, man ekelte sich vor ihm. Sein Zustand wurde gar ausgenutzt. Da er keinerlei Gegenwehr leisten konnte, stahl man ihm sein gesamtes Hab und Gut, prügelte ihn wie einen Hund vor lauter Hass und Ablehnung. Aldini bettelte um Hilfe und litt immer mehr unter seiner Krankheit, doch seine Bemühungen waren aussichtslos. Es ist gar anzunehmen, dass zu jenem Zeitpunkt jeder in Venedig wusste, dass er für all die Schandtaten verantwortlich war, man ihn jedoch nicht auslieferte, um zu sehen, wie er leiden und elendig auf der Straße sterben musste. An diesem Anblick erfreute sich das Volk jedenfalls. Nach einem zu jeder Zeit aussichtslosen Kampf ging unser Held vollkommen gedemütigt und seiner letzten Ehre beraubt an seinen Leiden zugrunde. Er starb am 30. Dezember des Jahres 1724, einsam und verlassen in der dunklen Gasse, jener, in der er damals seinen ersten Mord an dem jungen Mädchen begangen hatte. Die Leiche ließ man dort verwesen, die Ehre eines anständigen Begräbnisses erwies man ihm nicht. Sein Körper wurde von Maden befallen und von Ratten gefressen. Dies, verehrter Leser, war die Geschichte des Graziano Aldini, der in die Geschichte einging als der größte Liebende aller Zeiten, wobei doch wahrlich Verächter der menschlichen Würde und Dieb der Freiheit mehr zutrifft. Möge er in Frieden ruhen!

9 Des Mannes Natur oder Zusammenhalt unter Männern

"Was ist heute für ein Datum?", bellte der Oberstleutnant mich an. "Bei all dem Chaos hier verliert man komplett den Überblick."

"Der dritte September, Herr Oberstleutnant", antwortete ich und salutierte dabei.

In dem Punkt musste ich dem guten Mann zustimmen. Bei der Flut an Ereignissen konnte man wirklich schnell den Überblick verlieren.

Der dritte September war mein zweiter Einsatztag in Polen. Gestern hatte ich einen alten Mann aus seinem Geschäft vertrieben, ihn blutig geschlagen und seine Schaufenster eingetreten. Endlich hatte ich einmal die Möglichkeit, meiner kreativen Ader zu einem angemessenen Ausdruck zu verhelfen.

Nirgends war es so einfach, Erfolgserlebnisse zu erringen, wie im Krieg. Zuhause hatte ich nichts als mühsame Arbeit auf dem Felde. Ich war ein Nichts, niemand interessierte sich für mich. Im Krieg ist das anders. Man bekommt endlich Aufmerksamkeit für das, was man tut. Ich spürte die entsetzten Blicke von den alten Weibern, die verängstigt aus den Fenstern starrten und mich heimlich dabei beobachteten, wie ich dem Alten die Zähne ausschlug. Bei der Feldarbeit wird man gar nicht beachtet. Im Krieg ist das anders. Besser.

Ich habe wieder das Gefühl, jemand zu sein, einen Beitrag zu leisten. Auch wenn es in Zerstörung ausartet. Doch so gut ging es mir schon lange nicht mehr. Meine Schüsse zertrümmerten Scheiben und Glas. Unter meinen Tritten brachen Knochen. Meine Kollegen führten eine Gruppe von ungefähr zwanzig

Einheimischen fort und ließen sie sich in einer Reihe aufstellen. Ich wohnte dem amüsiert bei.

"Mitkommen", befahl der Oberstleutnant. Er führte mich und zwei meiner Kollegen, ihre Namen hatte ich schon wieder vergessen, auf die andere Straßenseite.

"Nehmt alles mit, was irgendwie von Wert sein könnte!", forderte er und wies auf ein Geschäft.

Wir raubten es aus, räumten alles leer, erschossen den Besitzer. Ich liebte es wirklich. Hier herrschte Anarchie, das Recht des Stärkeren.

Ich hatte immer Angst davor, jung zu sterben. Im Vollbesitz meiner körperlichen und geistigen Kräfte zu sterben, war mir stets ein unerträglicher Gedanke gewesen. Ich hatte aber auch Angst lange zu leben und somit am eigenen Leibe mitzuerleben, wie meine körperlichen und geistigen Kräfte immer weiter schwinden. Doch hier war das nicht so. Unsere Arbeit war für die Ewigkeit bestimmt und würde dementsprechend meinen eigenen Körper und Geist überdauern, dessen war ich gewiss. Nur der Krieg bot mir diese Möglichkeit. Rohe Gewalt, Hass und dergleichen. Es verlieh mir ungeheuerliche Stärke und ich liebte die damit einhergehende Macht. Die Macht der Überlegenheit. Eine reinste Demonstration der eigenen Stärke. Meinen Körper durchströmten Glücksgefühle, die mich euphorisierten. Nie zuvor hatte ich mich derart lebendig und bedeutend gefühlt.

Der Krieg lässt einen alles vergessen. Private Probleme interessieren hier nicht. Es ist egal, was meine Partnerin zuhause macht. Ich vergaß den letzten Streit mit ihr. Ich vergaß den Tod meines Vaters. Zuweilen vergaß ich selbst meine eigene Existenz. Ich wurde eins mit dem Augenblick, ging voll in meiner Tätigkeit auf, ohne jedwede Ablenkung. Keiner sieht diese Seiten des Krieges. Man hielt mit seinen Kollegen stärker zusammen als man jemals mit einem Menschen zusammengehalten hatte. Das berauschende Gefühl des Sieges war wie jene angenehme Trunkenheit, die sich nach einem gemäßigten Konsum eines guten Weines einstellt. Es gab nur noch ein Ziel. Die Vergeltung. Nichts anderes zählte. Und ich hatte endlich keine Angst mehr, denn hier war ich wer.

Nachdem wir das Geschäft geplündert hatten, bemerkte einer meiner Mitstreiter einen gut versteckten Kellergang. Wir traten die Tür ein und fanden im Innern der Kammer ein winselndes Mädchen, wohl ungefähr in meinem Alter vor. Einen Augenblick, der sich wie eine Ewigkeit anfühlte, starrten wir sie mit gierigen Blicken an. Sie trug einfache Kleidung, wie sie unter Bauern üblich war. Sie hatte leidenschaftliche braune Augen und schwarzes glattes Haar.

Sie sprach etwas auf Polnisch, was wir natürlich nicht verstanden, doch dem Ton ihrer Stimme war zu entnehmen, dass sie wohl um Gnade flehte.

Das beste am Krieg war die Anonymität! Man musste sich keine Gedanken, um sein Ansehen und seinen Ruf machen. In einer Welt ohne Regeln, existierte so etwas nicht. Man musste keine Verantwortung für sein Handeln übernehmen. Man konnte tun, was man wollte, schließlich gab es keine Konsequenzen. Keine Verantwortung, keine Prozesse und Gerichte gegen einen, keine Strafen, keine Reue. Alle sind sie nur seelenlose Objekte ohne Namen, die man nicht kennt und nie wieder sehen wird und die unserer Willkür ausgesetzt sind. Keine Ordnung versperrte uns den Weg. Das Leben war die reinste Wildnis.

Daher zögerten wir nicht, dem hübschen Weibe die Lumpen vom wohlgeformten Körper zu entreißen und uns sinnlich unserer Lust hinzugeben. Lange war es her, dass meine Lust angemessen befriedigt wurde, da mein Weib zuhause dessen nicht vermochte. Ich spürte Druck, den unwiderstehlichen Drang, wie ihn ein Hungernder beim Anblick eines deftigen Bratens empfindet. Mein Durst war unerträglich, gleich einem, der ohne Wasser die Wüste durchquert. Abwechselnd drangen wir nacheinander in sie ein, während die anderen sie krampfhaft festhielten. Ihr Geschrei stachelte mich nur noch weiter an. Auch meine Kollegen ergötzten sich an ihrem Leiden.

Als wir fertig waren, entschieden wir, das Mädchen zurückzulassen. Sie war ohnmächtig geworden, nur das Beben ihres unbekleideten Körpers versicherte uns ihre Lebendigkeit. Wir fühlten uns großartig und unheimlich mächtig. Gegenseitig klopften wir uns auf die Schulter, lachten gemeinsam und erfreuten uns der Leichtigkeit des Lebens, als wir den Keller und das Gebäude wieder verließen. Eine solch innige Verbundenheit zu anderen Männern, hatte ich nie zuvor empfunden. Diese zwei mir unbekannten Kollegen, die mir gerade zu der Schändung eines Mädchens verholfen hatten, waren zu diesem Zeitpunkt die besten Menschen der Welt für mich. Zuhause hatte ich mir immer solche Freunde gewünscht, doch sie nie gefunden. Wir lernten uns durch den Krieg kennen und durch ihn wuchsen wir unzertrennlich zusammen. Es leben meine Kameraden!

Auf der Straße erschossen wir wahllos Menschen, steckten Häuser in Flammen und schlugen nach allem, was sich bewegte. Wir huldigten dem, der uns dies ermöglicht hatte. Nie zuvor hatte ich mich derart frei in meinem Handeln gefühlt. Das war nur hier möglich, in einer Welt ohne Regeln.

Der Krieg hatte mich aus dem Elend meines Daseins befreit. Ich konnte mein Leben wieder genießen. Meinen Kameraden erging es wohl genauso.

Schade nur, dass die richtige Arbeit noch vor uns lag. Das Dorf war am Ende des Tages, unmittelbar nach Einbruch der Nacht vollkommen zerstört. Ein letztes Mal konnten wir alle zusammen von der Einheit feiern, das Vaterland preisen, Stärke demonstrieren. Es gab nichts weiter mehr zu machen. Und der richtige Krieg stand noch bevor. Die Gesetzeslosigkeit, die uns noch vom Vorteil war, konnte sich, so meine Befürchtung, bald zu unseren Ungunsten herausstellen, nämlich später an der Front. Doch daran wollte ich jetzt noch nicht denken. Zu schön war einfach der soeben errungene Sieg. Die Pflicht konnte noch etwas auf sich warten lassen. Und wie schön war es, nicht verantwortlich zu sein. Wie schön menschlich.

10 Krone und Herz

"Die Zuneigung erklärt sich häufig nur aus niedriger Gesinnung und hochmütiger Eitelkeit."

Voltaire

Das Mittelalter, zu heutigen Zeiten stark romantisiert, stellte die zeitliche Epoche zwischen dem Ende der Antike und dem Beginn der Neuzeit dar. Der Untergang des römischen Reiches wird dabei meist als das Ende jener Antike betrachtet, wohingegen sich die Renaissance, die auf das Mittelalter folgte, als Wiederentdeckung jener Zeit der großen Philosophen und Denker Griechenlands und Roms betrachtet.

Entgegen vieler Sagen und glorreichen Geschichten war das Mittelalter alles andere als eine angenehme Epoche. Geprägt war jene Zeit von Kriegen, Krankheiten und großer Armut der unteren Stände. Auf der anderen Seite lebte der Adel in Saus und Braus und scherte sich herzlich wenig um die Leiden des Volkes. Es war ebenfalls die Zeit der Könige. Einer von ihnen war König Vanité von Frankreich. Da keinerlei Gewaltenteilung vorhanden war, vereinte er die Macht der Exekutive, Legislative und Judikative alleine in sich. Die Geschichte, die ich zu erzählen gedenke, handelt von eben jenem Herrscher, der, so heißt es, vermutlich im 13. Jahrhundert lebte, wobei ich für die Richtigkeit dieser Angabe nicht garantieren kann. Schließlich vermag ich selber nur wiederzugeben, was mir selbst berichtet ward und jene nur, was ihnen mitgeteilt und so weiter. Bei Ereignissen, die derart weit in der Vergangenheit zurückliegen ist nun mal nicht auszuschließen, dass nicht alle geschilderten angeblichen Tatsachen auch der Wahrheit entsprechen. Doch was ist schon Wahrheit? Wahr kann nur etwas für einen selber sein. Und für mich liegt diese subjektive Wahrheit vor. Ich bin von der Wahrheit meiner Geschichte überzeugt, folglich muss sie es auch sein. Wie der Leser darüber zu urteilen gedenkt, obliegt einzig und allein seiner eigenen Entscheidungsgewalt. Mit weiteren Ausschweifungen möchte ich nicht vom Wesentlichen ablenken. Dies sollte der Vorrede genügen. Der Leser möge sich freundlicherweise in jene geschilderte Zeit zurückversetzen und alle vorliegenden Geschehnisse und Dialoge als Wahrheit akzeptieren, selbst wenn er dieses oder jenes als die künstlerische Freiheit des Erzählers zu erkennen glaubt.

Der Sommer des Jahres 1298 war ein besonders heißer und daher auch trockener. Verheerende Ernteausfälle waren die Konsequenz. Die fast schon als Gottheit angepriesene Sonne wurde fortan zum Feind ernannt und wüste Beschimpfungen galten ihr und demjenigen, der unter ihr das Land regierte. Regen wurde sich herbeigesehnt, Menschen arbeiteten sich auf dem Feld zu Tode oder verhungerten elendig, das Vieh starb in Massen und die Armut der Bauern nahm neue, nicht für möglich gehaltene Ausmaße an.

Man sollte meinen einem gerechten Herrscher ginge dies Leid seines Volkes zu Herzen und würde ihn dazu bewegen, Gegenmaßnahmen einzuleiten. Bei König Vanité von Frankreich trat dies jedoch mitnichten ein. Während sein Volk hungerte und, wir dürfen es ruhig sagen, wie Tiere zugrunde ging, vermehrte er seinen Reichtum und beutete diejenigen aus, die ohnehin nichts hatten. Im Kontext der Zeit betrachtet stellte Vanité selbstredend keine Ausnahme, sondern eher den Normalfall dar. Das Mittelalter war vieles, jedoch definitiv keine gerechte Zeit. Die Ernte der Bauern, die aufgrund der Dürre, die das Land wie ein Geist heimsuchte, ohnehin überaus dürftig ausfiel, heimste der

König ein. Die Steuern erhöhte er ständig, vermutlich um damit den Aufbau seiner Armee zu finanzieren. Die Grausamkeit und Rücksichtslosigkeit des Königs Vanité von Frankreich suchte jedoch bis zum heutigen Tag ihresgleichen. Ob er bereits von Kinderbeinen an derart verkommen und boshaft war, ist heute nicht mehr zurückzuverfolgen. Womöglich führte erst seine Krönung zum Größenwahn, denn dass Macht Menschen verändert, zum Negativen versteht sich, stellt eine unumstößliche Tatsache dar. Über wie viele Leichen er zu gehen hatte, um seine Ziele zu erreichen, war ihm einerlei, weshalb er getrost als skrupellos und heimtückisch zu bezeichnen ist. Im Übrigen ist noch zu erwähnen, dass des Königs größte Leidenschaft das Exekutieren war. Kaum etwas bereitete ihm mehr Freude als mitanzusehen, wie politische Gegner, Landstreicher und ähnliche Feinde zunächst aufs verwerflichste gefoltert und anschließend meist öffentlich hingerichtet wurden. Dass sich Vanité im Volke keiner großen Beliebtheit erfreute, ist überflüssig zu erwähnen. Doch was sollte man schon gegen die Macht dieses Tyrannen unternehmen, der selbige schamlos ausnutzte und sich seiner Überlegenheit erfreute?

Unter Berücksichtigung dessen liegt der Schluss, dass es sich bei diesem Mann keineswegs um einen moralisch hochstehenden Menschen handelte, nahe. Sicherlich wird sich der Leser fragen, wie es um das Liebesleben dieses berüchtigten Königs stand. Um diese Frage zu beantworten bedarf es eines Blickes in dessen Vergangenheit. Da seine Mutter an einer unbekannten Krankheit unmittelbar nach Vanités Geburt zugrunde ging, reifte das junge Kind gänzlich ohne den Kontakt zum weiblichen Geschlecht zum Manne heran, mit Ausnahme der zahlreichen Zofen und Dienstmägde, die, selbstredend in keiner Weise mit Respekt behandelt wurden. Dass diese Zeit den späteren König stark geprägt hat, ist nachvollziehbar. Schließlich stellt die Kindheit im Leben eines jeden Menschen die Jahre dar, in der er am meisten lernt, in der sich dessen Weltanschauung entwickelt und er am einfachsten zu beeinflussen ist. Eine nicht unerhebliche Anzahl an psychischen Erkrankungen haben daher ihren Ursprung in eben jener Zeit des Heranwachsens. Wurde der junge Mensch, um mich eines Beispiels zu bedienen, als Kind schwer misshandelt, wird er den Schaden, den dies angerichtet hat, besonders in seinem späteren Leben in aller Deutlichkeit zu spüren bekommen. Misstrauen, Angstzustände, Isolation, extreme und teils gegensätzliche Gefühle, die bis zum Selbstmord führen können, sind häufige Konsequenzen. Im Falle unseres Königs war das Aufwachsen ohne Mutter, ohne weibliche Bezugsperson mutmaßlich der ausschlaggebende Grund für dessen Hass auf das Weibsvolk. Den einzigen Kontakt, den er jemals zu den Weibern pflegte, war jener zu besagten Dienstmädchen, die seiner Achtung und Wertschätzung offenbar nicht wert waren. Somit lässt sich erklären, warum Vanité Frauen zutiefst verachtete und auch kein Interesse an intimen Beziehungen hatte. Zu behaupten, dass der König dem weiblichen Geschlecht vollkommen abgeneigt war, entspräche jedoch nicht gänzlich der Wahrheit, wenngleich zweifelsohne festzuhalten ist, dass er außer dem körperlichen Begehren nicht viel für sie übrig hatte und dass dies gar der einzige Grund war, warum er sie überhaupt an seinem Hof duldete. Er begehrte und spielte seine Macht aus, um die sinnlichen Frauen des Hochadels für sich zu gewinnen, was ihm als König selbstredend auch gelang, war das Objekt der Begierde nicht schon einem anderen versprochen. Zu erwähnen ist hierbei, dass er in seinen Bindungsversuchen ausgesprochen unbeständig war und sich nur ungern auf ein Weib festlegen wollte. Also tat er es auch nicht. Als Herrscher Frankreichs stand ihm das auch zu. Nicht auszumalen, wie viele Herzen er wohl damit brach. Doch was interessierte ihn das schon. Niemand schien seiner würdig zu sein, zumal keine der Frauen in der Lage war, ihm den erhofften Sohn zu schenken, den er als seinen Nachfolger unbedingt benötigte. Da er allerdings noch ein Mann war, der in der Blüte seines Lebens stand, war dieses Unterfangen noch nicht von Dringlichkeit. Vielmehr erfreute er sich seiner jugendlichen Schönheit und liebte es, mit seinem Charme die Frauen einer nach der anderen zu verführen.

Zum gegebenen Zeitpunkt war König Vanité, der im Übrigen aufgrund des ebenfalls recht frühen Todes seines Vaters früh den Thron Frankreichs bestiegen hatte, erneut ohne weibliche Begleitung an seiner Seite.

Zu jener Zeit nahm die Hexenverfolgung deutlich an Fahrt auf, maßgeblich vorangetrieben durch unseren König. Selbstredend bediente man sich, insbesondere Vanité, dieser menschenverachtenden Praxis, um sich politischer Gegner und Andersdenkender im Allgemeinen zu entledigen. Die große Furcht vor dem Unbekannten und religiöser Fanatismus spielten jedoch ebenfalls eine nicht unerhebliche Rolle, wenngleich wir festhalten können, dass sich der König von Frankreich nicht viel aus Religion machte. Es verging kein Tag an dem nicht entweder Vanité selbst oder seine engste Gefolgschaft die öffentlich ausgetragene Verbrennung einer in Verdacht geratener Frau anordnete (was sich überaus gut mit des Königs Frauenhass vereinbaren ließ). Da war jedoch noch nicht abzusehen, dass ausgerechnet diese dunkle Leidenschaft des Königs, selbigem noch zum Verhängnis werden würde...

Man nannte sie nur Juliette. Ihr Familienname war nicht bekannt, nicht einmal ihr selber. Dies ist darin zu erklären, dass es sich bei diesem zweifelsohne wunderschönen Mädchen um eines niederen Standes handelte. Unglücklicherweise hatte sie ihren Vater niemals kennengelernt. Er musste elendig verhungern, was definitiv auf die Rücksichtslosigkeit des damaligen Königs von Frankreich, dem Vater unseres Vanités, von dem ansonsten nicht viel bekannt ist, zurückzuführen ist. Dessen Herrschaft diente der des amtierenden Königs als Vorbild. Der Sohn eignete sich die Skrupellosigkeit des Vaters ebenfalls an. Somit war das Schicksal des Vaters dieses prachtvollen Mädchens besiegelt. Die Mutter der Kleinen fiel der gnadenlosen Hexenverfolgung des Sohnes zum Opfer. Sie wurde an einem Freitag dem 13. auf dem Scheiterhaufen hingerichtet, vor den Augen der damals zehnjährigen Tochter. Das Kind war fortan auf sich alleine gestellt und entwickelte sich nicht nur zu einer absoluten Überlebenskünstlerin (uns ist nicht begreiflich wie es einem derart jungen Menschen möglich war, alleine in der grausamen Welt zu bestehen), sondern auch, verständlicherweise, zu einer frühreifen und höchst erfahrenen Frau. Getrieben ward sie einzig von ihrem unbändigen Willen, der vermutlich aus ihrem grenzenlosen Hass dem König gegenüber resultierte. Dies hielt sie am Leben, denn sie konnte diesem abscheulichen Mann selbstredend weder verzeihen, noch dessen grausames Verbrechen jemals vergessen...

Im Thronsaal war König Vanité gerade in eine Partie Schach mit seinem ergebensten Diener, einem Mann namens Louis, der über ein ebenso boshaftes Wesen wie sein Herr verfügte und von dem es heißt, dass er viele Geschicke des Königs im Verborgenen leitete, vertieft, als sich plötzlich die gewaltige Flügeltür öffnete und eine Horde des Königs Soldaten eintrat, ein in Ketten gelegtes und unübersehbar geschändetes Mädchen in ihren Reihen. Heftig erregt über die unerwartete und vor allem unangekündigte Störung riss der impulsive König das Schachbrett zu Boden und erkundigte sich mit bebender Stimme nach dem Grund für das Erscheinen seiner Männer. Grob wie diese waren, schleuderten sie ihre Gefangene vor ihrem Gebieter auf den Boden und erklärten, dass es sich bei der

Unbekannten um eine Hexe handelte, die mit dem Tode zu bestrafen sei. Ihre ihm, dem König, feindlich gesinnten Worte, die sie auf dem Marktplatz des nahegelegenen Dorfes, in dem sie, die Soldaten, Wache gehalten, verlauten ließ, legten keinen anderen Schluss nahe, als dass sie für den allgemeinen Frieden eine ernstzunehmende Bedrohung darstelle. Die Tatsache, dass er ein neues Opfer hatte, beruhigte das königliche Gemüt. Er warf der am Boden liegenden Gestalt einen zunächst verächtlichen Blick zu, der jedoch schnell einem neugierigen und leicht erstaunten Gesichtsausdruck wich. Das hasserfüllte Antlitz, das ihm entgegenblickte weckte etwas in des Königs Brustkorb. Diese unbekannte Gefühlsregung nicht weiter beachtend, fällte er sein übliches Urteil: Tod auf dem Scheiterhaufen und zwar wie immer bereits am folgenden Tag und in aller Öffentlichkeit. Nachdem er gesprochen, wurde das Mädchen weggebracht und in ihr Verließ geführt, wo ihr nichts anderes übrig blieb als auf den Tod zu warten und ihrem Ende entgegenzusehen.

Zunächst versuchte er noch das plötzliche Herzbeben zu ignorieren, als es ihm jedoch nicht mehr möglich war, begann König Vanité sich ernsthaft Sorgen zu bereiten. Ob es sich bei des Königs Befinden tatsächlich um Liebe oder schlichtweg um Wollust handelte, ist uns heute kaum noch möglich, mit Bestimmtheit zu sagen. Allerdings spricht vieles dafür, dass wirklich, zum ersten Mal in seinem Leben, zumindest im Ansatz so etwas wie Liebe vorlag. Zum einen zeigt seine große Besorgnis ob der körperlichen Regungen, dass er mit dieser Art Gefühl bisher noch nicht konfrontiert wurde und mit der Wollust war er schließlich bestens vertraut. Außerdem empfand er Gefühle für eine Gefangene, ein Bauernmädchen, eine Hexe und somit einem Weibe, das ihm aus materieller Sicht, also aus seiner gewohnten Sicht, nichts zu bieten hatte. Darum gehen wir, nicht zuletzt aus Gründen der Kunst und der romantischen Dichtung davon aus, dass der König unsterblich verliebt war, zumal ihm das Gesicht dieser Schönheit nicht mehr aus dem Kopf ging. Womöglich reizte ihn auch die Tatsache, dass er mit dieser unmöglich zu erfüllenden Liebe traditionellen Mustern zuwiderhandle und der Reiz des Verbotenen sich somit bemerkbar machte oder einfach das Bedürfnis seine königliche Überlegenheit einer armen Bauerntochter gegenüber auszukosten und zu genießen. Liebe hin oder her, dass er das Mädchen zumindest begehrte, ist bewiesen, schließlich beauftragte er des Nachts, da sein Verlangen die Kontrolle über seinen Verstand erlangte, seinen Diener damit, die Gefangene aus dem Verließ in sein Schlafgemach zu geleiten. Als Grund gab er an, er wäre sich in Bezug auf das Dasein als Hexe des Mädchens nicht länger derart sicher wie zu Beginn und wolle verhindern einen vorschnellen Schluss zu treffen, weshalb er sie zuvor noch persönlich zu inspizieren wünsche. Seine wahren Absichten behielt er für sich, nicht zuletzt aus Scham und Angst davor, einiges an Ruf einzubüßen. Der Diener, wenngleich ein wenig verwirrt, handelte wie ihm befohlen und nur kurze Zeit später befand sich die Gefangene, selbstredend nach wie vor an den Händen gefesselt, in des Königs Schlafgemach, ihm direkt gegenüber. Dieser befahl seinem Diener, die beiden alleine zu lassen und die Wachen nur auf seine ausdrückliche Anweisung eintreten zu lassen. Dann waren sie ungestört.

Eine lange Zeit lang standen beide nur da, ausdruckslose Mienen aufgesetzt und starrten einander an, wobei dem König das Feuer, das hasserfüllte Glänzen in den Augen des Mädchens nicht entging. Sein wollüstiger Blick musterte sie von oben bis unten und er hatte alle Mühe, sein großes Entzücken zu verbergen.

Des Mädchens Antlitz ließ sein Herz dahinschmelzen wie erhitzte Butter oder Schnee, der der glühenden Sonne ausgesetzt ist. In ihren leidenschaftlichen braunen Augen lag dennoch ein nicht zu übersehender Hauch von Melancholie, der darauf hindeutete, dass sie in ihrem noch so jungen Leben, das, geschätzt, erst 16 Jahre andauerte, bereits viel Leid zu ertragen hatte. Ihre Haut war braun gebrannt von der harten Arbeit auf dem Feld, bei der sie der prallen Sonne ausgeliefert war und ihr schwarzes Haar ward in einem Zopf zusammengeflochten. Ihr schmaler und noch kindlicher Körper (bedingt durch den Mangel an Nahrung, den sie zu beklagen hatte, aufgrund der Dürre in diesem Sommer), ward geschunden von zahlreichen Misshandlungen und der harten körperlichen Arbeit. Unter dem Lumpen, den sie trug, zeichneten sich bereits ihre wohlgeformten Brüste ab, die jedoch noch nicht vollständig gereift waren, was dem König selbstredend nicht entging. Trotz dieser augenscheinlich schwächlichen und kränklichen Erscheinung machte der König in ihrem Gesicht, bedingt durch die feurigen Augen eine tiefe Entschlossenheit aus, die ihn erkennen ließ, dass es sich bei dem Mädchen zweifelsohne um eine wahre Kämpfernatur handelte, die einiges zu ertragen vermochte und daher überaus ausdauernd und eine starke Persönlichkeit war.

Nachdem Vanité seine ausgiebigen Betrachtungen, die die unbekannte Schönheit in aller Seelenruhe und ohne ein Wort zu sagen über sich hat ergehen lassen, abgeschlossen hatte, begann er, eine Konversation aufzubauen.

"Holde Maid, wie ist dein Name?', fragte er. Keine Antwort. "Oh, ich verstehe", setzte er hinzu und betrachtete dabei die Handfesseln des Mädchens. "Du wirst wohl erst reden, wenn ich dich davon befreit habe. Nun, das lässt sich einrichten."

Mit diesen Worten befreite er die Gefangene von ihren Fesseln. Kaum war sie losgelöst, stürzte sie sich schließlich voller Hass auf den König und ging ihm an die Gurgel. Dieser wiederum rief nicht nach Hilfe, sondern überwältigte die Angreiferin alleine nach einem kurzen aber heftigen Kampf. Er stemmte die vom Hunger stark geschwächte Gefangene auf das Bett und hielt sie fest.

"Du Schwein, du widerliches Schwein", rief das Mädchen. "Wegen dir habe ich meine Eltern verloren. Oh Schande über dich du elender Herrscher."

"Bleib ruhig und rede mit mir. Ich muss mit dir sprechen."

Das Mädchen schrie weiter und warf Vanité die übelsten Beschimpfungen an den Kopf. Als er schließlich einsah, dass sie keine Ruhe geben würde, schlug er sie, woraufhin sie tatsächlich verstummte.

"Hör mir endlich zu", sagte er. "Was auch immer mit deinen Eltern geschehen ist, ich habe dich aus einem ganz bestimmten Grund hierher befohlen. Du gehörst jetzt mir. Du musst mit mir kooperieren, weil ich es dir als dein König befehle." "Du bist nicht mein König. Du bist ein elender Mörder, sonst nichts. Du hast meine Mutter auf dem Scheiterhaufen verbrennen lassen. Dafür sollst du im Fegefeuer brennen, du Unmensch."

"Du bist das schönste Mädchen, das ich jemals gesehen habe und daher will ich dich besitzen. Ich habe das Recht darauf!"

Das Mädchen begann zu schluchzen und bitterlich zu weinen.

"Niemals werde ich mit dir kooperieren. Was du mir und deinem gesamten Volk angetan, ist unverzeihlich."

Vanité entgegnete, als hätte er die Antwort des Mädchens nicht vernommen: "Aufgrund deines niederen Standes vermag ich nicht dich zur Frau zu nehmen. Dies wäre nicht mit einem Ansehen und meiner sozialen Stellung zu vereinbaren. Sei dir jedoch im Klaren darüber, dass du sterben wirst, solltest du dich widersetzen. Das gleiche Schicksal wie das deiner Mutter, von der du berichtest, wird auch dich ereilen. Doch ich gewähre dir die Möglichkeit zu wählen, in all meiner Barmherzigkeit und Großzügigkeit, die auch du noch zu schätzen lernen wirst."

"So sei es. Ich werde sterben und meinen Eltern folgen."

Der König war geschockt von dieser Antwort, hatte er doch mit der gegenteiligen Reaktion gerechnet. Seine Drohung hatte keinerlei Wirkung gezeigt.

"Dein Volk verhungert und du tust nichts dagegen. Du lässt unschuldige Menschen hinrichten. Du bist ein Tyrann und ein unfähiger Herrscher und der Tod erscheint mir als Erlösung, wenn ich durch ihn einer Verbindung mit einem Scheusal wie dir entgehe", sprach das Mädchen plötzlich ganz ruhig. Sie leistete keine Gegenwehr mehr und schien sich mit ihrem Schicksal abgefunden, ja, mehr noch, sogar angefreundet zu haben.

Der König antwortete darauf nichts. Stattdessen berührte seine Hand langsam den Körper, des sich noch in seinem Griff befindenden Mädchens. Diese griff jedoch des Königs Hand mit ihrer eiskalten, packte fest zu und drückte ihn weg. In dieser Geste lag eine derart starke Aussage und Entschlossenheit, dass der König völlig überrascht von ihr abließ. Allein die Tatsache, dass sich jemand, vor allem eine Frau ihm widersetzte versetzte ihn in Schockstarre. Entsetzt von der tödlichen Kälte des Blickes des Mädchens, wich er zurück. Mit fester und von Willensstärke nur so trotzender Stimme sagte sie: "Schände meiner nicht durch deine Berührung, Unhold!"

"Komm mit mir", versuchte es der König ein letztes Mal. Und, verehrter Leser, ich selbst vermag es kaum zu glauben, doch es heißt, dass der große Vanité just in diesem Augenblick vor einer einfachen Bauerntochter auf die Knie fiel und sie wahrlich anflehte, sich auf ihn einzulassen, und sich gar für den Mord an ihrer Mutter entschuldigte, nachdem er ihr seine grenzenlose

Liebe gestanden. Der König, der vor Gewalt niemals zuvor zurückschreckte, getraute sich nicht, diese unscheinbare, von Schmerzen und Leid zerfressene, zierliche und halb verhungerte Gestalt ohne dessen Zustimmung zu berühren, was die ungeheure Ausstrahlung und den eisernen Willen dieses beeindruckenden Mädchens eindrucksvoll unter Beweis stellt. Mit ihrer unfassbaren Präsenz schien sie den gesamten Raum einzunehmen, mit ihrem gewaltigen Schatten zu füllen und damit den König zu ängstigen, der den Zorn und die Rache Gottes zu fürchten begann, der diesen Engel auf die Erde schickte, um ihn für seine Missetaten zu richten.

"Es wird dir schmerzen mich hinrichten zu lassen", sagte das Mädchen zu dem verwirrt, verzweifelt und fast schon lächerlich am Boden liegenden König, der nun, wie sie es sich schon immer wünschte, zu ihren Füßen lag, den sie endlich, nach all den elenden Jahren des Wartens unter Kontrolle und genau in der Position hatte, in der sie ihn sehen wollte.

"Ich weiß, dass du mich hinrichten lässt, da du dir ansonsten einen Fehler eingestehen müsstest und du dir diese Blöße vor dem Volk niemals geben würdest. Also werde ich sterben, doch nicht als dein Opfer, sondern als dein Bezwinger. In der körperlichen Auseinandersetzung bin ich dir hoffnungslos unterlegen, doch ich verfüge über Waffen von solch verheerender Macht, die du dir nicht in deinen kühnsten Träumen auszudenken vermagst und denen du wiederum hoffnungslos ausgeliefert bist. Ich bin bereit diese Welt zu verlassen. Doch du wirst den Schmerz meines Verlustes, die Last dieser Ungerechtigkeit und all deiner Missetaten, auf die ich dich aufmerksam gemacht, nicht ertragen können und elendig unter dieser Last zusammenbrechen. Zu stark ist dein Verlangen, zu gewaltig die ungeheuerliche Leidenschaft, die sich deiner bemächtigte. Damit wirst du erheblich mehr leiden als ich und wirst endlich begreifen, dass du im Unrecht bist. Dies ist meine Rache, die Rache für meine Eltern und all die Menschen, die unter deiner Herrschaft zu leiden haben. Du wolltest meinen Namen wissen. Ich verrate ihn dir mit Vergnügen, damit du deinen Verlust, deinen Schmerz zu benennen in der Lage bist. Ich bin Juliette und ich werde dich heimsuchen, in den Wahnsinn treiben. Ich bin das Volk, das sich gegen dich stemmt, die fleischgewordene Hoffnung des Widerstandes, der Erlöser, der Frankreich zurück in die Freiheit führt. Gedenke meiner, du Unhold!"

Bleich vor Angst kroch der König auf allen vieren so weit wie möglich von dem Mädchen weg, das sich vor ihm aufgebäumt hatte und rief die Wachen herbei, was dem Mädchen ein hämisches Grinsen ins Gesicht schnitzte, da dies das Zeichen für die Aufgabe des Königs und ihrem damit einhergehenden endgültigen Sieg war. Sie hatte alles gesagt, was es zu sagen gab und ließ sich daher seelenruhig und ohne auch nur den geringsten Widerstand zu leisten, abführen. Sie war mit sich im Reinen und hatte ihre Lebensaufgabe erfüllt. Sie würde als Heldin sterben und damit den größtmöglichen Sieg davontragen, den ein Mensch nur erringen kann. Eben jene Stille ängstigte Vanité nur noch mehr, da er nur an die lauten Töne gewöhnt war.

Wie geplant fand am folgenden Tag die Hinrichtung statt. Obwohl der König wusste, dass er damit seine vernichtende Niederlage besiegeln würde, gab es für ihn kein Zurück mehr. Das Schicksal, Gott hatte entschieden und er war somit machtlos. Es war ihm unmöglich, sich dem Willen des Allmächtigen zu widersetzen. Nichtsdestotrotz ordnete Vanité eine Änderung an. Juliette sollte nicht auf dem Scheiterhaufen qualvoll zu Tode kommen, sondern ihr sollte der wesentlich schnellere Tod durch Köpfung gewährt werden, zudem unter Ausschluss der Öffentlichkeit.

Des Königs teuflischer Berater Louis wollte nicht wahrhaben, dass sein Gebieter für ein einfaches Mädchen niedersten Standes derartige "Vergünstigungen" bereithielt und äußerte sich sehr abfällig über die Bauerntochter. Dies wiederum missfiel dem König und er verteidigte seine Geliebte so gut es ihm möglich war, ohne Aufsehen zu erregen. Denn daran, dass Gott das unlöschbare Feuer der Liebe in ihm entflammt hatte, konnte er ebenfalls nichts ändern. Diese völlige Machtlosigkeit, machte dem Ego des Herrschers sehr zu schaffen.

Kurz bevor die Hinrichtung stattfand suchte Vanité in einem ungestörten Moment ein letztes Mal die Nähe zu Juliette, um sich zu verabschieden. Diese küsste ihn leidenschaftlich, selbstredend keineswegs aus Liebe, sondern um das Verlangen des Wollüstlings noch weiter zu entfachen und um ihm damit den baldigen Verlust noch schmerzhafter zu machen. Als dann der Moment ihres Todes gekommen war, brach Juliette kurz zuvor in triumphierendes Gelächter aus, Gelächter des Sieges, Gelächter der Überlegenheit, Gelächter zur endgültigen Demütigung des Königs, teuflisches, höllisches Gelächter, das bis zu seinem Tode ewig in seinem Kopf widerhallen würde. Immer und immer und immer wieder.

Nach langem Zögern und äußerst widerwillig gab Vanité den letzten Befehl, dem Juliette jemals zu hören bekommen sollte. Der König wollte zwar nicht hinsehen, konnte seinen Blick jedoch nicht abwenden, zu nahe ging ihm das, was sich unmittelbar vor seinen Augen abspielte. Doch selbst nachdem der Kopf bereits zu Boden gefallen war, schien ihr Lachen anzuhalten. Die Mundwinkel waren von einem teuflischen Grinsen verzerrt. Vanité erbleichte augenblicklich, eilte schleunigst davon und übergab sich. Niemals würde er diesen grässlichen Anblick vergessen können. Und er weinte und weinte und weinte.

Wenige Tage später ließ er seinen ergebenen Berater Louis ebenfalls hinrichten, da dieser hinter des Königs verborgenem

Geheimnis gekommen war. Juliette dagegen ermöglichte er, als einzigem Menschen überhaupt, ein anständiges, ja, beinahe königliches Begräbnis. Dies verstand er als Zeichen seiner grenzenlosen Liebe und Zuneigung. Sein Herz ward gebrochen, die Krone setzte er ab. Das Mädchen suchte ihn, wie angekündigt heim, jede Nacht, ließ ihm keine Ruhe, später auch tagsüber. Es gab kein Entrinnen. Schwermütig und zutiefst melancholisch wurde er. Wann genau er starb, ist uns nicht überliefert, ebenso wenig wie die Ursache seines Todes. Von unerträglichem Kummer, einem Attentat bis hin zu Selbstmord ist jede Theorie vertreten. Wie so oft bleibt uns auch hier die Wahrheit verborgen. Doch eines gilt als sicher. Juliette lacht noch immer im Grabe über ihre geglückte Rache…

11 Morgenrot

"Trotz allem glaube ich immer noch, dass die Menschen

tief in ihrem Herzen gut sind."

Anne Frank

"Was machst du denn da unten? Komm endlich raus", rief Rudolf, ein junger dunkelhaariger Mann, dessen ernste Gesichtszüge erahnen ließen, dass er in seinem kurzen Leben bereits viel Leid miterlebt hatte.

"Wartet auf mich", ertönte es aus dem Graben. Dort unten saß Peter zusammengekauert, nachdenklich an einem Stift kauend, ein vollgekritzeltes Stück Papier vor sich. "Ich muss den Brief an meine Frau noch fertig schreiben."

Peter war ebenfalls ein junger Mann, wenngleich vermutlich einige Jahre älter als Rudolf. Doch was für eine Rolle spielte dies schon, hatte er doch den selben gleichgültigen, versteinerten Gesichtsausdruck aufgesetzt.

"An Margret?", fragte ihn Hans, der älteste der drei. Das Gespräch hatte er nur beiläufig mitverfolgt. In erster Linie widmete er seine Aufmerksamkeit seiner mit Blut und Schmutz befleckten Uniform, die er halbherzig versuchte, etwas sauberer zu bekommen. Seine ehemalige Lebensgefährtin hatte ihm stets regelrecht eingetrichtert, sich um sein Äußeres zu sorgen. Ein Überbleibsel aus alter Zeit, die Macht der Gewohnheit. Er nahm die Pickelhaube vom Haupt, strich sich durch das bereits ergraute Haar und fuhr sich durch den Schnurrbart.

"Ja, an Margret", antwortete Peter, der offenbar die erhoffte Inspiration gefunden hatte und jetzt weiter fleißig schrieb, bis das Papierstück derart vollgekritzelt war, dass kein weiteres Wort mehr Platz gefunden hätte.

"Was schreibst du ihr schönes?", erkundigte sich Rudolf und warf seinem Kameraden einen neugierigen Blick zu, bevor er weiter sein Gewehr reinigte. Sie alle schienen gefangen in ihrer eigenen Welt.

"Dies und das", gab Peter nur zurück, faltete den Brief, steckte ihn in einen bereits beschrifteten Umschlag und verstaute ihn in den Tiefen seiner Tasche.

"Bisschen konkreter bitte", bat Hans. "Ich benötige noch Inspiration. Muss Gertrud auch noch einen Brief schreiben. Habe das versprochen."

"Also gut", setzte Peter an. "Ich habe ihr von Ypern erzählt. Glaube, dass die Stadt eigentlich ganz schön sein könnte, wäre sie nicht Schauplatz dieser Kämpfe. Naja, ich berichte ihr halt von den Erlebnissen an der Westfront. Dies und das, ihr wisst schon. Habt ja das gleiche erlebt. Habe ihr erzählt, dass Joseph vor zwei Tagen gefallen ist, oder waren es zwei Wochen? Zwei Monate? Ist auch egal, jedenfalls weilt er nicht mehr unter uns. Armer Teufel!"

"Armer Teufel", stimmten die anderen beiden wie im Chor an, nickten betrübt und sahen melancholisch zu Boden. Rudolf ließ seine Waffe unwillkürlich sinken.

"Außerdem", fuhr Peter fort, "erzählte ich ihr von dem Waffenstillstand. Also dem vorübergehenden Frieden."

"Der Kaiser will es nicht", unterbrach ihn Hans.

"Scheiß auf den Kaiser", meinte Rudolf und seine Miene

verfinsterte sich wie der klare Himmel im Sommer durch ein plötzlich entstehendes Gewitter getrübt wird.

"Wie auch immer. Jedenfalls soll sie wissen, dass es mir gut geht, dass ich noch lebe. Ich habe ihr versprochen so bald wie möglich nach Hause zu kommen. Und sie soll meine Tochter von mir küssen und ihr frohe Weihnachten wünschen."

"Versprich nichts, was du nicht halten kannst", empfahl ihm Rudolf. Er half seinem Freund aufzustehen. Mühsam kam Peter aus dem Graben hervorgekrochen und richtete sich langsam auf. "Joseph hat seiner Frau auch versprochen, dass er bis Weihnachten bei ihr ist. Siehst ja, was draus geworden ist."

Rudolf kratzte sich nachdenklich am Bart.

"Du hast eine Tochter?", fragte Hans.

"Ja", antwortete Peter. "Sie heißt Elisabeth. Sie kennt mich jedoch nicht. Ist erst vor zwei Monaten geboren worden."

"So, so", meinten die anderen nur und hingen wieder ihren eigenen Gedanken nach.

Wie sie wohl ist, die Kleine, fragte sich Peter. Ob sie wohl ihm glich oder doch eher Margret? Hatte sie seine blauen oder ihre grünen Augen? Sein blondes oder ihr braunes Haar? Hatte sie sein Temperament oder ihre Bequemlichkeit? Würde er, Peter, jemals die Antworten auf all diese Fragen herausfinden?

"Seht, dort hinten!"

Die aufgebrachte Stimme Rudolfs riss sie aus ihren Gedanken. Ihre Körper wurden automatisch in einen Zustand der Schockstarre versetzt. Das Blut geriet in Wallung, das Herz pochte wie eine außer Kontrolle geratene Wasserpumpe. Gespannt folgten sie der Richtung des ausgestreckten Zeigefingers ihres Freundes und erblickten in der Ferne drei

Soldaten.

"Der Feind! In Deckung!", schrie Hans instinktiv und Peter und er warfen sich augenblicklich in den Graben. "Sind es die Franzosen?", fragte Peter.

"Ihr Narren", fuhr Rudolf sie an, der sich nicht von der Stelle bewegt hatte und wie ein Fels in der Brandung die Stellung hielt. "Sie tun uns nichts! Habt ihr vergessen? Waffenstillstand!"

Just in diesem Augenblick ertönte ein ohrenbetäubender Knall. Das Rattern eines Maschinengewehrs ertönte und Rudolfs Augen weiteten sich vor Entsetzen. Die blanke Panik, die unbeschreibliche Angst um das eigene Leben bemächtigten sich seiner, als er gewahrte, dass die Soldaten ihn ebenfalls bemerkt hatten und einer der drei seine Waffen genau auf ihn richtete. Die Kugeln, die ihr Ziel nur um wenige Millimeter verfehlten, sodass Rudolf bereits den Windzug dicht an seinem Ohr spüren konnte, galten ihm.

Mit einem Hechtsprung beförderte er sich schließlich selbst in den Graben zu seinen Freunden.

"Es sind die Briten", stellte er fest, den Angstschweiß auf der Stirn. Es erfolgten weitere Geschosse unmittelbar über dem Boden, was es den dreien unmöglich machte, aus ihrer Deckung hervorzugehen.

"Von wegen Waffenstillstand", echauffierte sich Peter. "Die wollen uns umbringen!"

Doch die Geschosse hörten auf. Hans griff zu seinem Gewehr, um den Angriff zu erwidern, doch Rudolf hinderte ihn daran.

"Lass es! Sie haben aufgehört! Auch sie haben vergessen, dass Waffenstillstand ist! Ihr Angriff war eine instinktive Reaktion!"

"Instinktiv? Ich bringe die um", brüllte Hans und wollte

hervorspringen, was ihm auch gelungen wäre, hätten die anderen beiden ihn nicht festgehalten.

"Beruhige dich, Hans. Er hat Recht", meinte auch Peter und die drei ließen sich wieder nieder.

Schwere Stiefel polterten über den unfruchtbaren, von Stahl und Blut übersäten Boden und näherten sich bedrohlich.

"Sie werden uns nichts tun", beruhigte Rudolf seine aufgebrachten Freunde, die voller Angst den sich nähernden Feind erwarteten.

Peter nahm ein weißes Taschentuch hervor, hob den Arm und winkte damit aufgeregt hin und her. Im Anschluss erhoben sich die drei und kletterten langsam aus ihrer Deckung hervor, das Taschentuch weiterhin schwenkend. Als sie aus dem Graben hervorgetreten waren, sahen sie sich im Abstand von etwa zehn Metern den drei britischen Soldaten gegenüber, die ebenfalls völlig allein unterwegs waren.

Wenngleich ihre Gesichtszüge aus der Entfernung nicht eindeutig zu erkennen waren, so musste ihr traumatisierter Ausdruck doch beinahe einem Blinden auffallen. Peter erkannte sich sofort selbst in den feindlichen Soldaten. Zwei von ihnen waren ungefähr in seinem Alter, der dritte ähnelte Hans.

Ob sie wie wir auch einen Mann verloren haben, fragte sich Peter.

Die Engländer klammerten sich an ihre Gewehre, doch ihre Hände zitterten, sodass sie nicht richtig zielen konnten. Rudolf, Hans und Peter hoben die Arme.

"Kann einer von uns Englisch", fragte Peter, der selbst nur über stark eingeschränkte Sprachkenntnisse verfügte. Hans zuckte die Achseln. Rudolf reagierte nicht.

Die feindlichen Soldaten setzten behutsam einen Schritt vor den anderen und kamen langsam näher.

"Germans", rief Rudolf ihnen zu. Demonstrativ wies er auf seine Pickelhaube.

"Merry Christmas", erhob Hans das Wort.

War etwa schon wieder Weihnachten, fragte sich Rudolf! Ach ja, natürlich. Peter hatte ja vorhin seiner Frau einen Weihnachtsbrief geschrieben. Wie lange dies schon her schien. An diesem Ort konnte die Zeit manchmal stehen bleiben, unerträglich lang sein. Doch manchmal zog sie regelrecht an einem vorbei wie ein Reiter mit seinem Pferd, wie ein wahnhafter Fiebertraum, der die Grenzen von Raum und Zeit auflöste und die Wahrnehmung verzerrte. Wie lange waren sie bereits an der Westfront? Gefühlte zehn Jahre, zehn einsame Weihnachtsfeste. Doch das konnte nicht sein. Dies hier musste das erste Weihnachten sein! Doch was für eine Rolle spielte das schon?

Da es ihm am nötigen Vokabular mangelte, die Briten zu fragen, ob sie sich zu ihnen gesellen wollten, bemühte sich Peter sein Anliegen mithilfe von energischen Armbewegungen und ausgefallenen Gestiken zu kommunizieren. Die Engländer schienen instinktiv zu begreifen, hielten in ihrer Skepsis jedoch weiterhin Abstand, die Waffen nach wie vor erhoben.

"Look", forderte Hans sie auf und als er sich sicher war, dass ihm die uneingeschränkte Aufmerksamkeit der Engländer gewidmet war, nahm er seine Pickelhaube vom Kopf und warf sie vor sich auf den Boden. Seine Mitstreiter taten es ihm gleich, doch die feindlichen Soldaten, die bisher noch keinen Ton von sich gegeben haben, reagierten verhalten.

"Singen?", rief Peter ihnen auf Deutsch zu, in der Hoffnung, man würde ihn verstehen.

Plötzlich erhob der Brite, der Hans ähnelte, das Wort und zu Peters großem Erstaunen sprach er auf Deutsch, wenngleich mit einem unverkennbaren Akzent:

"Eher würde ich sterben als auf Deutsch zu singen!"

"Ließe sich einrichten", schmunzelte Hans und ohne dass er sich widersetzen könnte, wanderte seine Hand automatisch in Richtung seiner Waffe und umklammerte den kalten Griff.

Rudolf stieß seinem Freund mit dem Ellenbogen in die Rippen, um ihm zu signalisieren, dass er sein Vorhaben unterlassen sollte und Hans ließ die Waffe wieder los.

Stattdessen stimmte Rudolf mit freudiger Stimme ein in England beliebtes Weihnachtslied an:

"Jingle bells, jingle bells

Jingle all the way,

Oh what fun it is to ride

In a one-horse open sleigh..."

Seine Kameraden stiegen ein und sangen so laut sie konnten, wenngleich sie den Text nicht verstanden. Je weiter sie im Lied fortschritten, desto sanfter wurden die Gesichtszüge der Briten, auch desjenigen, der soeben gesprochen hatte.

"Dashing through the snow

In a one-horse open sleigh

Through the fields we go

Laughing all the way.

Bells on bob-tail ring

Making spirits bright

What fun it is to ride and sing

A sleighing song tonight."

Ohne Vorankündigung stiegen auf einmal auch die Briten ein und alle sechs Soldaten sangen gemeinsam mit größtmöglicher Inbrunst das Weihnachtslied. Mehrstimmig ertönte es, ein Chor aus unterschiedlichen und zumeist tiefen Männerstimmen. Der individuelle Klang eines Jeden erkennbar und doch verschmolzen mit dem großen Ganzen. Durch die karge, leicht mit Schnee bedeckte, trostlose Landschaft, vom eiskalten Winde durch die Welt über Wiesen und Wälder, Städte und Dörfer getragen, schallte es immerzu und immerzu, immerfort und immerfort:

"Jingle bells, jing-jingle bells

Jingle all the way,

Oh what fun it is to ride

In a one-horse open sleigh, brruup

Jingle bells, jingle bells

Jingle all the way,

Oh what fun it is to ride

In a one-horse open sleigh."

Als sie alle geendet hatten, ließen die Briten endlich ihre Waffen sinken und alle Soldaten lachten laut auf.

Der Himmel hatte sich verfinstert und die Sonne war hinter den Bergen verschwunden. Der Wind pfiff erbarmungslos und erzeugte ein unangenehmes Gefühl.

Die sechs Soldaten hatten sich im Kreis um ein Lagerfeuer versammelt, welches Hans entzündet hatte, um der entsetzlichen Kälte entgegenzuwirken, die die Dunkelheit und einbrechende Nacht mit sich brachte.

Es stellte sich heraus, dass der Deutsch sprechende britische Soldat, ein Mann mittleren Alters mit einem Schnurrbart, Francis hieß und er die Sprache während eines mehrjährigen Aufenthaltes im Deutschen Reich erlernt hatte. Er war damals als freischaffender Schriftsteller tätig, bevor er für sein Heimatland in den Krieg ziehen musste. Seine Frau kam bei einem deutschen Angriff ums Leben, wie er, den Tränen nahe, berichtete.

Der jüngste der drei Soldaten, ein achtzehnjähriger Bursche aus Manchester, trug den Namen Ethan. Er musste seine Freundin zu Hause zurücklassen. Eine Schulbildung hatte er nie genossen und sprach dementsprechend kein Deutsch.

Der dreiundzwanzigjährige Winston, ein ehemaliger, allein lebender Jura-Student, war, wie sich herausstellte, bereits zu Beginn des Krieges am Arm verletzt worden. Eine Kugel traf ihn mitten in den Oberarm und zersplitterte. Behandelt werden konnte er nicht, noch nicht einmal verbunden wurde die Wunde.

"Show me", bat Rudolf.

"Wo hat der eigentlich Englisch gelernt?", flüsterte Hans Peter zu, woraufhin dieser nur den Kopf schüttelte.

Mit schmerzverzerrtem Gesicht krempelte der gutaussehende Winston den Ärmel seines rechten Armes hoch und legte eine entsetzliche Wunde bloß, die, wenngleich sie bereits zugewachsen war, erahnen ließ, welch schlimme Schmerzen sie bereitete.

"Poor guy", sagte Rudolf. "Wait! Wait!"

Der Soldat wühlte entschlossen in seinen Sachen und kramte schließlich eine Art Verband hervor.

Winston ließ ihn gewähren und sah zu, wie Rudolf die Wunde verband, was die Schmerzen augenblicklich linderte.

"Danke", flüsterte der Engländer und setzte ein warmes Lächeln auf. Das sich in seinen Augen spiegelnde Feuer, offenbarte ein von Tränen stammendes Glitzern in denselben.

Francis begann in einwandfreiem Deutsch zu sprechen:

"Entschuldigt bitte, dass wir vorhin auf euch geschossen haben. Wir dachten nicht an den Waffenstillstand und daran, dass Weihnachten ist. Es war eine instinktive Handlung, wir konnten uns dem nicht erwehren. Bitte vergebt uns!"

"Sei unbesorgt", versicherte ihn Peter. "Auch wir hätten wohl so gehandelt an eurer Stelle. Der Krieg ist Schuld! Ich habe das Gefühl, es hat nie etwas anderes gegeben und die Befürchtung, es wird nie etwas anderes geben. Krieg ist unsere Vergangenheit, unsere Gegenwart, unsere Zukunft."

"Nach dem Krieg wird es kein Leben mehr für uns geben", pflichtete Hans seinem Kameraden bei. "Unabhängig davon, ob wir an der Front sterben, später im Krankenhaus oder tatsächlich überleben. Egal ob tot oder lebendig, das Leben ist nach dem Krieg vorbei. Vorausgesetzt, er wird überhaupt enden. Ich nehme eher an, dass er uns alle überdauern wird."

Winston und Ethan verfolgten das Gespräch aufmerksam und obwohl sie kein Wort verstanden, schienen sie doch in gewisser Weise alle die gleiche Sprache zu sprechen und sich alle instinktiv zu verstehen. Jedenfalls war dies ihren Reaktionen zu entnehmen. Sie blickten betrübt zu Boden, der Blick starr ins Leere gerichtet. Die ausdruckslosen Augen offenbarten die Abgründe ihrer Seele. Die aufgerissenen Gräben, das wilde

Gebrüll, der Anblick von Kameraden die an der eigenen Seite fielen, Zischen von Granaten, Rattern von Gewehren, offene Wunden aus denen das Blut hinausströmte wie aus einem Springbrunnen. All dies äußerte sich in ihren Augen.

"Meistens handelt der Mensch instinktiv, seinen Gefühlen entsprechend und aus den Trieben heraus. Die Vernunft stellt hierbei nichts anderes als eine Absicherung dar, eine höhere Instanz, die sich nur meldet, sobald eine affektgesteuerte Handlung kurz vor dem Eintreten ist, welche gegen bestimmte gesetzliche oder moralische Prinzipien verstößt. Die Vernunft kann folglich mit einem Gericht verglichen werden. Sie resultiert aus Erziehung und angeborenen Verständnis, inklusive den sich aus Umfeld und Gesellschaft ergebenden Normen und universell gültigen Werten", meinte der britische Schriftsteller.

"Wer uns das hier angetan hat, verfügt über keinerlei Verstand", stellte Rudolf verbittert fest und warf noch ein am Boden liegendes Geäst ins Feuer, um selbiges nicht erlöschen zu lassen. Währenddessen klopfte er dem verletzten Winston aufmunternd und kameradschaftlich auf die Schultern.

Alle nickten zustimmend. Peter betrachtete die Briten aufmerksam und ein schrecklicher Gedanke kam in ihm auf.

Was wenn einer dieser Soldaten, mit denen er gerade friedlich vor einem Feuer saß, seinen Freund Joseph ermordet hatte? Er blickte in das verstörte und tiefstes Mitleid erregende Gesicht von Ethan. Wie konnte ein solch armer, bedauerlicher Junge zum Mörder werden? Dieser arme, bedauerliche Junge, konnte der Mörder von Joseph sein oder zumindest der Mörder irgendeines Freundes eines deutschen Soldaten.

Peter dachte an sich selbst. Ja, auch er war in den letzten Monaten vermehrt zum Mörder geworden. Er, der er nie jemals irgendjemandem Leid zufügen wollte, er, der immer schon gerne

Arzt werden wollte, um den Notleidenden dort draußen zu helfen, ja, er hatte dem Freund von jemandem das Leben genommen. Nicht nur den Freund, sondern auch den Bruder, den geliebten Sohn, womöglich den Ehemann, den Vater. Er, Peter, der junge Soldat, der Mann aus einfachem Hause, dem Kämpfer des Deutschen Reiches an der Westfront, hatte Familien zerstört, weinende Frauen, verzweifelte und Hunger leidende Kinder zurückgelassen, schreckliche Schicksale besiegelt. Er war schuldig, ob er es wahrhaben wollte oder nicht! Es zählte nicht, wer er im Innern war, was er vorhatte. Entscheidend waren nur die Taten. Der Krieg ist die einzige Wahrheit. Der Krieg lügt nicht! Und Peter musste unwillkürlich erschaudern, da sich sein Magen krampfhaft zusammenzog und eine Eiseskälte seinen Körper elektrisierte.

"Zum Glück haben wir uns noch nicht vorher erschossen. Sonst hätten wir uns ja niemals kennenlernen können", stellte Hans fest und reichte Ethan die Hand.

"Entschuldigt mich bitte einen Moment", unterbrach ihn Francis, der von dannen schritt.

"Wo willste denn hin", rief Peter ihm nach, doch der Soldat antwortete nicht und war alsbald in der Dunkelheit entschwunden, dessen Schatten ihn verschlangen.

"Your girl awaits you?", fragte Rudolf Ethan. Der Junge hatte sich im Laufe des Abends als überaus ruhig und in sich gekehrt herausgestellt. In den vergangenen Stunden hatte er kaum gesprochen. Rudolf war es unmöglich festzustellen, ob es sich hierbei um eine Folge der schrecklichen Ereignisse, die der arme Mann in solch jungen Jahren hat miterleben müssen, handelte oder ob dies eine natürliche und angeborene Eigenschaft des Gemüts und des Wesens darstellte, die ihm bereits seit Anbeginn seiner Existenz zu eigen war. Nichtsdestotrotz versuchte der Deutsche, den Engländer zu integrieren, um ihm nicht das Gefühl zu vermitteln, er sei von der Gruppe ausgeschlossen.

"I hope so", gab dieser nur stumm zurück, ohne Rudolf anzusehen. Sein Blick blieb weiter starr auf den Boden gerichtet.

"She does, believe me", munterte Rudolf den Jungen auf und klopfte auch ihm auf die Schultern. "You are a good boy! Stay strong!"

Zum ersten Mal an diesem Abend richtete Ethan den Blick nach oben, sodass er seinem Gesprächspartner direkt ins Gesicht sehen konnte.

"Danke", murmelte er unverständlich und lächelte dabei.

Eine Zeit lang war nichts mehr zu hören, abgesehen von dem Knistern des Feuers. Alle Privatgespräche waren eingestellt. Vermutlich mussten alle Beteiligten zunächst einmal verarbeiten, in welch skurriler Situation sie sich befanden.

Es ist wirklich unglaublich, dachte Peter. Gestern schossen sie sich noch gegenseitig ab, heute sitzen sie zusammen nebeneinander.

"Was gäbe ich für einen Schnaps", seufzte Hans plötzlich und unterbrach damit die Stille. An den stetigen Hunger waren sie alle mittlerweile gewöhnt. Sie waren abgehärtet. Doch auf den Alkohol war nur schwer zu verzichten, bedurfte man schließlich seiner, um das Not und Elend in diesen schwierigen Zeiten ertragen zu können.

Kurz darauf kehrte endlich Francis zurück, in der rechten Hand einen aus den Überresten von alten Kleidungsstücken (vermutlich Uniformen von gefallenen Soldaten) zusammengebastelten Fußball, in der linken Hand...eine Flasche Schnaps!

"Dich schickt der Himmel", rief Hans in seiner Freude aus.

"Wo hast du das denn her?", erkundigte sich Peter ungläubig und sprang sofort auf.

"Notfallreserve", erfolgte prompt mit einem Augenzwinkern die Antwort. "Wer will Fußball spielen?", fragte Francis freudestrahlend in die Runde.

Wenngleich die Sonne schon längst untergegangen war und das Land in Finsternis gehüllt hatte, so spendeten der Vollmond und die vielen Sterne am Firmament doch genug Licht, zumal auch das Lagerfeuer als zusätzliche Lichtquelle diente, um in der Nacht spielen zu können.

Die Soldaten hatten zwei Dreiergruppen gebildet und ließen die beiden Mannschaften gegeneinander antreten. Hans spielte zusammen mit Francis und Ethan, die andere Gruppe bildeten Rudolf, Peter und Winston.

Nachdem sie das kleine Spiel mit dem Ball, der sich als überaus widerstandsfähig und für ihre Zwecke tauglich erwies, wurde die Flasche geöffnet. Jeder trank einen großen Schluck und reichte die Flasche dann weiter. Bald darauf, war sie leer und die Stimmung rund um das Lagerfeuer heiter.

Die Soldaten tanzten um die Flammen herum und warfen gespenstische Schatten auf den Boden. Sie sangen gemeinsam, lachten über Witze, erzählten sich persönliche Geschichten aus einer besseren Zeit, bevor das Elend seinen Lauf nahm und erfreuten sich allgemein des Lebens.

Zu ganz später Stunde überfiel eine große Müdigkeit die Männer, was sie dazu veranlasste, sich niederzulassen und das wilde Feiern einzustellen. Schlaf kam jedoch nicht in Frage. Dafür war die gemeinsame Zeit viel zu kostbar. Und sie war endlich...

"Morgen früh, wenn der Tag anbricht, werden wir aufbrechen müssen", verkündete Francis. "Wir können es uns nicht erlauben, noch länger hier mit euch zu verweilen. Wir müssen uns am Stützpunkt melden. Der Krieg wird in den nächsten Tagen fortgesetzt."

"Verstehe", gab Peter zurück. "Ich bin des Kämpfens überdrüssig."

"Geht mir genauso", stimmte Rudolf zu. "Aber wir haben keine Wahl. Wir haben eine Pflicht zu erfüllen."

"Für Volk und Vaterland", ergänzte Hans mit einem nicht zu übersehenden Anflug von patriotischem Stolz.

"Was ist schon dieses Vaterland", entgegnete Peter. "Auf nichts hast du so wenig Einfluss wie auf den Ort und den Zeitpunkt deiner Geburt. Mir ist nicht einsichtig, wie ich auf etwas, das sich derart meiner Kontrolle und Verantwortung entzieht und nicht durch mein Handeln beeinflusst werden kann, stolz sein könnte. Das Vaterland teilen wir mit Millionen anderen Deutschen, Kamerad. Das ist keine Leistung!"

"Schon gut, Peter", reagierte Hans abwehrend und sah leicht beschämt zu Boden, da er erkannte, wie unangebracht seine Aussage in Anbetracht der gegenwärtigen Umstände tatsächlich war.

"Hey Francis", sprach Rudolf um das Thema zu wechseln. "Findest du England schön?"

Der Brite runzelte die Stirn als müsse er angestrengt nachdenken. Schließlich brummte er:

"Das war es jedenfalls. Es ist meine Heimat. Ob es das immer noch ist, wenn ich wiederkehre, sollte ich überhaupt wiederkehren, weiß ich nicht."

Rudolf fragte nicht weiter nach.

"Übrigens", setzte Francis erneut an, griff in seine Tasche, kramte Tabak hervor und überreichte diesen den drei deutschen Soldaten.

"Frohe Weihnachten!"

"Merry Christmas!", erwiderten die Deutschen.

Wie lange hatten sie schon nicht mehr rauchen können? Tabak war zum Luxusgut geworden. Doch in jener Nacht konnten sie davon endlich nochmal Gebrauch machen. Wie sie so die von der Pfeife hervorgerufenen Rauch beobachteten, der in Kreisen und Kringeln emporstieg und sich wie Nebel auflöste, überfiel sie eine ungeheuerliche Sehnsucht, die mit schwerer Melancholie einherging.

"Ob ich sie je wiedersehen werde?", hauchte Peter mehr zu sich selbst als zu den anderen und dachte an den Brief, der sich noch in seiner Tasche befand.

"Das wahre Wesen des Menschen offenbart sich erst in Extremsituationen", meinte Francis ebenfalls mehr zu sich selbst sprechend.

"Du weißt wirklich sehr viel", staunte Rudolf. "Woher hast du all das Wissen?"

"Mit Wissen wird man geboren. Man erlernt es nicht. Das ist nur Bildung. Diese beiden Bereiche dürfen nicht verwechselt werden."

"Bildung ist nutzlos, wenn man so endet wie wir", meldete sich Hans zu Wort. "Alles sinnlos, alles vergeblich. Jetzt hausen wir hier wie die Tiere. Und dafür haben wir die Schulbank gedrückt?"

"Ich verstehe deinen Unmut", tröstete ihn Francis. "Manchmal weiß ich selbst nicht, ob ich das hier überleben will."

"Francis", meinte Peter plötzlich. "Sollte ich einen von deinen Freunden getötet haben, so tut mir dies schrecklich leid. Ich möchte, dass du das weißt."

Dieser nickte nur verständnisvoll. "Weißt du, Peter. Sollte ich dich töten, so tut mir dies ebenfalls schrecklich leid."

Wie er dies vernommen, musste Peter zunächst einmal schlucken. Die restliche Nacht beteiligte er sich nicht mehr an dem Gespräch.

Die Stunden vergingen wie Minuten. Die Sonne bahnte sich ihren Weg durch die Dunkelheit, schwarze Wolken verschwanden, die Sterne verließen den Horizont und wichen warmem Sonnenlicht. Der Schnee begann zu schmelzen und alles war in wunderschönes Morgenrot getaucht.

Entgegen ihrer ursprünglichen Absicht, waren die Soldaten doch noch eingeschlafen, wenn auch nur für maximal zwei Stunden. Das Tageslicht hatte sie alle mehr oder minder gleichzeitig erwachen lassen.

Peter schlug die Augen auf, da er aus einem bösen Traum erwachte, rollte sich instinktiv zur Seite und sah sich panisch um. Als er seine alten und neuen Kameraden um sich herum erblickte, beruhigte er sich jedoch augenblicklich wieder. Die Erinnerungen kamen zurück. In der Nähe dieser Männer fühlte er sich wohl und geborgen, auch wenn ihm völlig bewusst war, dass sie sich in dieser Konstellation wohl nie wieder begegnen würden. Dies war traurige Gewissheit! Ereignisse wiederholen sich nicht. Die Zeit ist dem stetigen und unaufhaltsamen Wandel unterworfen und vor allem der Krieg manipulierte die Zeit aufs Äußerste. Nichts würde wieder so werden wie es war.

Francis half seinen beiden Kameraden auf die Beine, unterhielt sich kurz auf Englisch mit ihnen und im Anschluss widmeten sie sich den Deutschen.

"Wie angekündigt, ist nun die Zeit gekommen. Hiermit müssen wir leider Lebe wohl sagen!"

"Werden wir uns je wiedersehen?", fragte Peter mit Tränen in den Augen, obwohl er die Antwort schon kannte.

"Glaub mir, es ist besser, wenn es nicht geschehen wird. Behalten wir uns alle in positiver Erinnerung. Ein späteres Wiedersehen würde diesen Eindruck nur zunichte machen. Dann hat der Krieg uns noch weiter zerstört, noch stärker zerrissen und wir würden einander nie wieder als Freunde begegnen, sondern nur als Engländer und Deutsche, die sich bekämpfen müssen."

"Wir gehen auseinander als Freunde!", versprach Rudolf. Seine sonst so harten Gesichtszüge nahmen ganz sanfte, beinahe weiblich anmutende Züge an.

"Nein, nein." Francis schüttelte den Kopf. "Wir gehen auseinander als Feinde. Der Krieg hat erst begonnen. Schon morgen werden wir uns als erbitterte Rivalen auf dem Schlachtfeld gegenüberstehen. Wir werden uns bekämpfen, hassen, verletzen, verfluchen und womöglich gar töten. Doch das ändert nichts daran, dass wir die schönsten Momente unseres Lebens miteinander verbracht haben und das verbindet uns in diesen Zeiten."

Rudolf nahm Winston in den Arm. Sein Blick fiel unwillkürlich auf den Verband.

"Danke, Kamerad", flüsterte der Brite mit schwacher Stimme.

"Thank you, mate", hauchte der Deutsche ebenso schwach

zurück.

Francis wurde im Gegensatz zu allen anderen nicht in den Arm genommen. Man beließ es bei einem diskreten Händedruck als Zeichen des Respekts und der gegenseitigen Wertschätzung. Der Brite verzog keine Miene. Sein Schnurrbart und die kantigen Gesichtszüge verliehen seinem Antlitz einen düsteren Ernst, der jedoch auf große Weisheit schließen ließ.

"Glück auf, Kameraden", brummte er zum Abschied und salutierte.

"Good luck", erfolgte die Antwort seitens der Deutschen und Peter, Hans und Rudolf salutierten wie es sich für echte Soldaten gehörte. Winston und Ethan taten es ihnen gleich.

Was, wenn ich einen von ihnen töten werde, fuhr es Hans durch den Kopf. Er ahnte instinktiv, dass seine Freunde das gleiche dachten. Daraufhin musste er sich zunächst einmal eine Pfeife anzünden. Nun, er würde seinen neuen Kameraden und neuen Feinden einen ehrenhaften Tod gewähren. Das ist Krieg!

Noch lange blickten sie den davonschreitenden Soldaten hinterher, selbst als diese nicht mehr zu sehen waren, da sie bereits am Horizont mit der aufgehenden Sonne verschmolzen waren. Das ist Ewigkeit! Krieg ist Ewigkeit!

Alltägliches

„Das Durchschnittliche gibt der Welt ihren Bestand, das Außergewöhnliche ihren Wert.“

Oscar Wilde

12 Abstrakte Vorstellungen

Im Zimmer war es recht dunkel. Die einzige Lichtquelle stellte eine bereits etwas in die Jahre gekommene Lampe dar. Doch es genügte, um zu lesen. Dafür war es hell genug.

Hans hatte es sich im Wohnzimmer in seinem Lieblingssessel bequem gemacht. Er verbrachte auch diesen Nachmittag, diesen überaus trüben Tag (es regnete draußen, absolut scheußliches Wetter) mit der Beschäftigung, der er immer nachging. Der ausgiebigen Lektüre eines seiner Lieblingswerke. Als überaus romantischer Mensch hatte er eine besondere Vorliebe für Liebesgeschichten. Im klassischen Stil sollten sie gehalten sein. Keine übertriebenen und überladenen Melodramen. Schnörkellos und das Herz ansprechend. Das musste es sein! Waren diese Voraussetzungen erfüllt, las er alles, was er in die Finger bekam. Von Goethe, Schiller und Shakespeare war alles dabei. Hans liebte die Bücher, genauso wie er die Liebe an sich liebte. Er pflegte beim Lesen stets einen Bleistift zur Hand zu haben, um damit seine Lieblingspassagen und schönsten Zitate zu unterstreichen, sodass er sie beim späteren Durchblättern schneller wiederfinden konnte. Die allerschönsten schrieb er gar auf Zettel, die er in ihrem gemeinsamen Schlafzimmer aufzuhängen gedachte.

"Was liest du da eigentlich?", fragte Maria, seine Frau. Sie saß ihm gegenüber, in ihrem Lieblingssessel und strickte. Eine Beschäftigung, der sie überaus gerne nachging.

"Mmmhh", machte Hans nur, ohne von dem Buch in seinen Händen aufzusehen, nervös am Ende des Bleistifts kauend.

"Ich habe dich gefragt, was du eigentlich die ganze Zeit liest."

"Immer unterschiedlich", gab er zurück.

Mit dieser Antwort gab Maria sich nicht zufrieden. "Und was liest du jetzt gerade? `Immer unterschiedlich´? Ist das der Titel des Buches?"

"Nein, was redest du für einen Schwachsinn", sagte er, jetzt sichtlich gereizt. "Ich lese Shakespeare! Von dem wirst du doch wohl gehört haben!"

"Ich verstehe nichts von Literatur."

"Ich bitte dich!"

"Doch von Shakespeare habe sogar ich schon gehört."

"Willst du dafür einen Orden haben?"

"Du bist zynisch!"

Darauf entgegnete Hans nichts mehr. Er bevorzugte es, sich wieder in seine Lektüre zu vertiefen. Die stellte wenigstens keine dummen Fragen. Aus den Augenwinkeln nahm er jedoch wahr, dass seine Frau den roten Pullover, an dem sie arbeitete, beiseite gelegt hatte. Nun sah sie ihn aufmerksam an. Er versuchte sich nicht daran zu stören, doch es gelang ihm nicht, seine Konzentration aufrecht zu halten. Schließlich musste er sich doch zu Wort melden: "Du machst mich nervös!"

"Irgendwo muss ich hingucken", meinte sie und verzog dabei keine Miene.

"Dann guck bitte woanders hin. Schau doch lieber aus dem Fenster, nicht mir ins Gesicht."

"Du bist doch das Fenster. Das Fenster zu meiner Seele."

Jetzt sah Hans zum ersten Mal von seinem Buch auf. "Werd nicht sentimental", bat er.

Maria kam seiner Bitte nach, entgegnete nichts mehr und ließ ihren Blick in Richtung Fenster schweifen. Der Regen schien gar nicht nachzulassen. Die Welt dort draußen war in Dunkelheit gehüllt.

Hans dagegen war bald darauf wieder in seiner Lektüre vertieft. Endlich hatte er den Faden wiedergefunden.

Draußen blitzte und donnerte es. Das Wohnzimmer wurde immer wieder von dem kurzen Aufleuchten erhellt, das ebenso schnell wieder verschwand, wie es gekommen war.

Der Bleistift kam zum Einsatz. Er kratzte über das Papier. Hans hatte eine Textstelle gefunden, die ihm sehr imponierte.

Er schwärmte: "Ist das nicht schön? `Denn, wie sich selbst, so quält auch dich mein Herz.´ Ist das nicht schön?"

"Umwerfend", antwortete Maria mit nicht zu überhörender Ironie in der Stimme. Hans, dem dieser sarkastische Unterton natürlich nicht entgangen war, missfiel diese Äußerung seiner Frau sehr.

"Das ist große Kunst! Darüber macht man keine Witze!"

"Ich habe dir doch gesagt, dass ich von Literatur nichts verstehe!"

"Warum erlaubst du dir dann ein Urteil darüber? Bist du etwa ein Kritiker? Wer bist du eigentlich, dass du es wagst, dich über Shakespeare lustig zu machen?"

"Ich bin ja nur deine Frau."

Hans sah erneut auf und blickte in das verärgerte Gesicht seiner Frau. Er hielt kurz inne, als müsse er die eben erhaltene Information zunächst noch verarbeiten. "Stimmt", meinte er nur tonlos und las weiter. Maria starrte aus dem Fenster.

Draußen tobte ein wilder Orkan, Blätter flogen durch die Luft, das Heulen des Windes stimmte einen ganz melancholisch. Ja, ganz melancholisch.

Maria seufzte. "Was liest du da überhaupt?"

"Ist das dein Ernst? Das habe ich dir doch schon gesagt!"

"Shakespeare. Doch Shakespeare hat viel geschrieben. Ich meinte welches seiner Werke du gerade liest."

"`Romeo und Julia´."

"Du hast es also gerne romantisch?"

"Das weißt du doch. Wir sind doch schon seit 50 Jahren verheiratet!"

Sie nickte nur stumm. Es war wohl besser, ihren Mann nicht noch mehr zu reizen. Er machte ihr mehr als deutlich, dass er nicht an einer Konversation, einem verbalen Austausch von Gedankengut interessiert war. Dafür konnte sie ihn nach 50 Jahren der Ehe gut genug. Und bald waren es auch schon 51. Sehr bald schon.

Lange sagte keiner der beiden ein Wort, bis Hans aufgeregte Stimme die gespenstische Stille brach.

"Das gefällt mir! Ist das nicht schön? `Ach dass die Liebe, die so lieblich scheint, es doch so grausam und tyrannisch meint´."

Er blätterte weiter, seine Augen funkelten. "Oder das hier", meinte er wenige Minuten und nach einigem Blättern später. "`Der Narben lacht, wer Wunden nie gefühlt´. Ist das nicht schön?"

Hans schmunzelte, vermutlich über seine eigene kindliche Freude. Maria saß in ihrem Lieblingssessel. Teilnahmslos. Desinteressiert.

Er fuhr unbeirrt fort: "Wusstest du, dass Shakespeare im Jahre 1582 die 26-jährige Anne Hathaway heiratete, die bald darauf zwei Töchter und einen Sohn zur Welt brachte. `Romeo und Julia´, sein bestes Werk in meinen Augen, entstand vermutlich 1595 oder 96. Wusstest du das schon?"

"Nein, das wusste ich nicht", gab Maria schließlich zu, was Hans nur mit einem Unverständnis ausdrückenden Kopfschütteln zur Kenntnis nahm.

"Was ich jedoch weiß, ist, dass morgen unser Hochzeitstag ist, Mr. Shakespeare."

Hans sah von seinem Buch auf. Das Funkeln in seinen Augen war erloschen. Maria blickte in ein vollkommen ausdrucksloses Gesicht.

"Welcher Tag ist denn morgen? Das Datum, meine ich", fragte er schließlich.

"Der 3. Oktober. Unser Hochzeitstag."

"Gut, dass du mich daran erinnerst."

"Gut, dass du mich daran erinnerst", wiederholte Maria fassungslos, entschied jedoch nichts mehr zu sagen. Hans war bald darauf wieder in seine Lektüre versunken. Draußen regnete und tobte es.

Nach einiger Zeit, die Maria wie eine Ewigkeit vorkam, stand Hans plötzlich auf. Erwartungsvoll sah sie ihn an und richtete sich in ihrem Lieblingssessel auf. Als er jedoch wortlos und ohne sie eines Blickes zu würdigen an ihr vorbeiging, sackte sie wieder zusammen, ließ enttäuscht den Kopf hängen und atmete tief durch.

Bald darauf kam Hans wieder. Er war in der Küche gewesen. In der rechten Hand hielt er eine bereits angefangene und schon fast aufgebrauchte Flasche Rotwein, in der linken ein Glas. Nur ein Glas. Nicht etwa zwei. Nur ein Glas.

Genüsslich nahm er Platz, schenkte sich den letzten Rest ein und trank das Glas mit einem Schluck leer. "Shakespeare und Rotwein. Was gibt es besseres", sagte er, mehr zu sich als zu seiner Frau.

"Du hättest mir auch was abgeben können", stellte diese entrüstet fest.

"Dann hättest du was sagen sollen", meinte er nur.

"Woher hätte ich denn wissen sollen, dass du in die Küche gehst, um den Rotwein zu holen? Kann ich etwa Gedanken lesen?"

"Jetzt bin ich aber enttäuscht von dir", sagte Hans. "Ich pflege bei einem guten Buch stets meinen Wein zu mir zu nehmen. Das mache ich doch immer so. Bekommst du eigentlich gar nichts mit? Du denkst immer nur an deine Strickerei. Immer beschäftigst du dich nur damit!"

Er wies auf den fast fertigen roten Pullover, der neben Maria auf der Kommode lag.

"Weißt du wofür der ist", begann sie, jetzt gar mit Tränen in den Augen und brüchiger Stimme. "Den wollte ich dir morgen schenken. Zum Hochzeitstag!"

"Jetzt werd nicht sentimental." Hans lehnte sich wieder in seinen Lieblingssessel zurück und nahm das Buch zur Hand.

Auf einmal erhob sich Maria und bäumte sich vor ihm auf. "Jetzt reicht es mir! Du legst das scheiß Buch weg und hörst mir verdammt nochmal zu", schrie sie ihren Mann an. Vollkommen überrascht von diesem Gefühlsausbruch, fiel Hans das Buch aus der Hand und mit vor Entsetzen geweiteten Augen blickte er seine Frau an. Draußen blitzte und tobte es.

"Ich bin verdammt deprimiert", klagte Maria, mit den Tränen kämpfend. Ihre Worte überschlugen sich fast. "Ich fühle mich schon gar nicht mehr richtig lebendig. In meinem Inneren befindet sich ein großes Nichts, eine absolute Leere. Jeden Morgen stehe ich auf und weiß nicht, wie ich den Tag überstehen soll. Ich fühle mich antriebslos, sehe keinen Sinn mehr in meinem Leben. Ich blicke wie als Außenstehender auf mich selbst. Ich sehe wie mein Leben mir in Windeseile davonläuft. Ich lebe gar nicht mehr. Von mir ist nur noch die Idee vorhanden, die Idee einer Maria Laurenz. Der Mensch Maria Laurenz ist nicht mehr lebendig. Mein Körper ist eine seelenlose Hülle. Das einzige, was von mir noch übrig ist, ist eine abstrakte Vorstellung. Und dich interessiert es einfach nicht. Dir ist einfach alles egal, du Unmensch! Du widerliches Etwas!"

Maria brach endgültig in hysterisches Schreien und Heulen aus. Sie stampfte auf den Boden, schlug wie wild um sich und jammerte über ihr doch so elendes Leben.

Hans wartete bis sie sich beruhigt hatte, was recht lange dauerte. Dann sagte er: "Vielleicht solltest du einen Therapeuten aufsuchen." Dann nahm er wieder das Buch zur Hand und suchte verzweifelt die Stelle, an der er stehen geblieben war. "Na klasse. Ganz toll", beschwerte er sich. "Jetzt weiß ich wegen dir nicht mehr, wo ich stehen geblieben war. Ich hoffe du bist jetzt zufrieden. Du...Unmensch."

Maria lief hochrot an vor Wut und ballte die Fäuste, sodass die Knöchel weiß wurden. Gerade als sie diese ihrem sogenannten Ehemann, mit dem sie unfassbare 50 (fast 51) Jahre verheiratet war, mit voller Wucht ins Gesicht schlagen wollte, wurde sie in ihrem Vorhaben von dem Klingeln an der Tür unterbrochen. Verwundert hielt sie inne und fragte sich, wer ihnen wohl einen Besuch abstatten würde, denn oft empfingen sie nicht Besucher.

Zudem stellte sie fest, dass sich das Wetter mittlerweile beruhigt hatte. Zwar regnete es nach wie vor, jedoch hatte das Blitzen und Donnern aufgehört und auch der Orkan war spurlos verschwunden. Nur die draußen herumliegenden Trümmer erinnerten noch daran, dass er vor kurzem noch gewütet hatte. Da sie den Besucher, wer auch immer es war, nicht so lange im Regen stehen lassen wollte, eilte sie schnell zur Tür. Ihren Mann hatte sie bereits vergessen. Dieser schien von all dem nichts mitbekommen zu haben, denn er war schon wieder in seine Lektüre vertieft.

"`Um Hass gehts hier, doch mehr um Liebe noch. Zänkische Liebe, Liebe voller Hass, du alles aus dem nichts zu erst erschaffen. Oh schwere Leichtigkeit, oh ärmste Tendelei. Entstelltes Chaos, scheinbar wohlgeformt´", murmelte Hans.

Maria öffnete die Tür, um nachzusehen, wer dort draußen sehnsüchtig wartete. Es war ihr Sohn.

13 Auswege und Temperaturunterschiede

Leise war es geworden in meinem Haus, nachdem Hannah ausgezogen und mich allein zurückgelassen hatte. Zuweilen sehne ich mich in meinen nostalgischen Träumen danach, noch ein einziges Mal all jene Geräusche zu vernehmen, die mich früher so störten, wie das Klirren von Besteck, welches gewaschen wird oder das Rumpeln und Poltern des in die Jahre gekommenen Staubsaugers. Die Abneigung gegenüber diesen Wahrnehmungen, hatte mir damals zumindest stets das Gefühl verliehen, noch etwas zu fühlen, noch lebendig und von anderen Menschen umgeben zu sein. Alleine lebt es sich nicht gut. Da ist der Staubsauger das kleinere Übel.

Ich habe mich in eine rote Wolldecke mit schwarzen Streifen gehüllt, da mich friert. Wohl eine Begleiterscheinung des Alters. Alt werden ist nicht schön. Ich huste. Es schmerzt im Hals. Ein Schauer durchzieht meine Glieder und verkrampft meine Muskeln. Es tut weh.

Auf dem Tisch vor mir liegt eine alte Ausgabe von "Men´s Health" (das Abonnement habe ich nie gekündigt) und eine gelbe, bereits hässlich vergilbte Tasse mit Tee. Ich streckte den Arm aus, um nach der Tasse zu greifen und spüre dabei, wie meine Gelenke ächzen und laut aufheulen. Ich führe die Tasse behutsam zu meinem Mund und genehmige mir einen Schluck gegen die Halsschmerzen.

Ich denke an Hannah wie sie damals ihr rotes Kleid trug. Damals, als die Welt noch in Ordnung war. Als sie noch nichts wusste, von meiner Diagnose. Doch es ist immer das gleiche. Die Illusion und der trügerische Schein erhalten Beziehungen aufrecht. Wenn man erfährt, wer ein Mensch wirklich ist, will plötzlich niemand mehr etwas mit einem zu tun haben. Der Mensch erträgt die Wahrheit wohl nicht.

Wenig später lese ich in meinem Tagebuch, welches ich führe, seit ich denken kann. Jeden Tag habe ich verewigt. Ich lese gelegentlich darin, um meiner mangelhaften Erinnerung auf die Sprünge zu helfen. Somit erfahre ich leider jedoch oftmals Informationen, die ich wohl aus Gründen des Selbstschutzes vergessen hatte und die besser auch weiterhin im Verborgenen geblieben wären. Doch es nützt nichts. Es macht die Vergangenheit schließlich nicht ungeschehen, wenn ich sie verdränge. Sie hatte trotzdem erheblichen Einfluss auf meine Entwicklung und mich zu dem gemacht, der ich bin, ganz gleich, ob ich mich nun erinnere oder nicht.

Beim Zurückblättern erfahre ich, dass meine Krankheit vor zwei Jahren ausgebrochen war, die Diagnose erhielt ich an einem stürmischen Tag im März. Daraufhin verbrachte ich viele Abende im "Eisernen Ritter", um für Ablenkung zu sorgen. Sehr gut erinnere ich mich noch daran, wie ich eines späten Abends müde und vom Schnaps erhitzt nach Hause kam und einen Zettel von Hannah vorfand, auf dem geschrieben stand: "Ich muss irgendwohin, wo es wärmer ist."

Ich habe sie nie wieder gesehen.

Aus meinen Aufzeichnungen geht zudem hervor, dass Hannah das rote Kleid, welches ich sie in meinen Erinnerungen tragen sehe, in Barcelona erworben hatte. Dies war unsere letzte gemeinsame Reise, bevor ich krank wurde und sie mich verlassen hatte.

Barcelona, denke ich. Welch wunderschöne Stadt! Eine Stadt voll Leben, sanftmütiger Grazie und gleichzeitig Ausdruck des spanischen Temperaments. Ich erinnere mich an die breiten

Straßen und Gehwege, die Palmen, die die Wege schmückten. Vor meinem inneren Auge erkenne ich die charmant altmodische Architektur, die blühende Kultur, die die Stadt zu bieten hat, die Wärme, die herzlichen und wunderschönen Menschen. Ich fühle in meinem Herzen den katalanischen Stolz, die Würde dieser unvergleichlichen Stadt, die einheimischen Spezialitäten. Ich kann die Düfte förmlich wieder riechen, höre die Menschen zu mir sprechen, nehme die bunten Farben wahr, all das, was ich damals gierig wie ein Schwamm in mich aufgesogen hatte.

Ich schwelge in Erinnerungen, schließe die Augen und döse ein wenig dabei. Als mir das Buch aus den Händen fällt und laut auf dem Boden aufschlägt, komme ich wieder zu mir. Deprimiert gelange ich zurück in die Realität und muss schmerzlich feststellen, wie sehr mein erwünschtes Traumleben von meinem realen Alltag divergiert.

Wieder keimen in mir die düstersten Fantasien auf, ein Zustand, an den ich mittlerweile gewohnt bin. Ich habe noch einen Strick aus dem Baumarkt übrig, fällt mir ein und ich verspüre das Bedürfnis, von diesem Gebrauch zu machen. Doch zunächst nehme ich noch ein letztes Mal mein Tagebuch in die Hand und blättere weiter.

Bald darauf stoße ich auf einen Eintrag vom heiligen Abend des Vorjahres, das Fest, welches ich alleine verbringen musste. Der Anblick des Datums allein, löst schreckliche Erinnerungen in mir aus, denn ich unternahm an jenem Tag einen Selbstmordversuch, da ich die Einsamkeit nicht mehr ertragen konnte. Dieser scheiterte jedoch. Ich traue mich kaum zu lesen, doch ich werde von der Neugierde übermannt und führe mir schließlich dennoch die von mir verfassten Zeilen zu Gemüte:

"Der Grund, kein Suizid zu begehen, ist die dem Menschen eigene Annahme, dass eigene Potential könne auch wieder bessere Zeiten herbeiführen. Zudem ist es das Gefühl der

Einzigartigkeit der eigenen Persönlichkeit und die Angst davor, etwas derart Besonderes zu verschwenden, etwas, dass es in dieser Form nie gab und nie wieder geben wird."

Ich weine. Der Eintrag geht mir in meiner gegenwärtigen Verfassung sehr nahe. Der Strick löst sich vor meinem inneren Auge auf und weicht einer anderen Vorstellung, nämlich wie wohltuend sich warme Sonnenstrahlen auf meiner geschundenen Haut anfühlen. Ich weiß, was zu tun ist. Die dunklen Wolken, die mein Gemüt bedeckt hatten, wurden von einem hellen Strahl klaren und wärmenden Sonnenlichts durchdrungen. Bevor ich meine Sachen packe, schreibe ich noch ein letztes Mal in mein Tagebuch, welches ich allein zurücklasse.

"Auch mir ist es hier zu kalt. Aber in Barcelona ist es warm!"

14 Das Geschenk

Gut erinnere ich mich noch. Genau ein Jahr ist´s mittlerweile her, im tiefsten Winter war´s.

Die Mutter hatte das Haus verlassen, eine kleine Reise angetreten, wie sie jedenfalls sagte. Es war der Tag, ein Samstag, vor ihrem Geburtstag. Ich wusste nicht, wo genau sie war, um ehrlich zu sein interessierte es mich auch nicht. Die Mutter konnte schließlich handeln wie ihr beliebt, ich hatte damit nichts zu tun. Außerdem war ich recht froh darüber, dass sie nicht im Haus war, da ich noch kein Geschenk für ihren großen Tag hatte. Es sollte etwas schön schlichtes sein, denn sie mochte keinen Schnick Schnack. Etwas kleines mit Substanz war ihr stets willkommener als Plunder, für den man keinerlei Verwendung hatte und den man bei der nächstbesten Gelegenheit ohnehin weiterverschenkte. Allzu teuer durfte es ohnehin nicht sein. Schließlich war ich arm. Womöglich lag dies daran, dass ich einer Tätigkeit nachging, die zwar für den Fortbestand unserer Gesellschaft von essentieller Wichtigkeit ist, jedoch im Verhältnis betrachtet nicht angemessen gewürdigt wird. Sei´s drum. Ich brauchte schleunigst ein Geschenk für die Mutter! Und es musste etwas Persönliches sein, etwas mit Tiefgang und doch im bezahlbaren Rahmen. Keine leichte Aufgabe, zumal ich unter Zeitdruck stand. Doch die Herausforderung nahm ich an.

Als die Mutter an jenem verschneiten Wintertag nicht zugegen war, begab ich mich mit meinen Ersparnissen in die Stadt. Ich schlenderte die vereisten Straßen hinab, mich durch den Schnee kämpfend, einen dicken Wintermantel und eine Wollmütze tragend, um mich vor der stechenden Kälte zu schützen. Der

Wind peitschte mir schmerzhaft ins Gesicht und hinterließ ein unangenehmes Prickeln auf meiner Haut. Es war einer der Tage, an dem man sich am liebsten in den eigenen vier Wänden aufhielt, in einer Decke gehüllt vor dem Kaminfeuer sitzend ein gutes Buch liest und das Haus nicht verlässt. Doch ich hatte natürlich keine Wahl. Ich brauchte ein Geschenk für den großen Tag der Mutter. Unbedingt!

Ich fragte mich, was sie wohl gerade tat. Der einsetzende Schneesturm muss sie überrascht haben. Ob es der Mutter gut ging? Ich hoffte es!

Was könnte ihr nur gefallen, fragte ich mich, als ich die Innenstadt erreicht hatte und die verschiedenen Schaufenster betrachtete. Alles teurer Schnick Schnack, alles ohne Substanz. Alles nicht zu gebrauchen, nichts dabei für die Mutter zum Geschenk für den großen Tag, für ihren morgigen Geburtstag.

Jeder schenkt seiner Mutter Blumen, dachte ich. Was ist an jenen Rosen und Tulpen in diesem Laden schon besonders? Nicht individuell, alles nur Massenware.

Wer braucht schon diese albernen Ketten und Ohrringe, wie sie in diesem Schaufenster ausgestellt sind. Alles nur oberflächlicher Glanz, nichts mit Substanz. Alles nur teuer und nicht zu gebrauchen.

Ich schlenderte weiter, die Augen offenhaltend.

Wie friedlich alles aussieht, dachte ich. Das Weiß des Schnee übte eine beruhigende Wirkung auf mich aus. Ich sah Kinder, wie sie die Straße hinunterliefen und sich gegenseitig mit Schneebällen bewarfen und sich offensichtlich sehr daran erfreuten. Der Spaß ging so lange weiter, bis sie von ihren wütenden Eltern eingeholt wurden, die sie an den Armen packten und schleunigst wegzogen.

Komisch dass es immer alle so eilig haben, dachte ich. All diese gehetzten Zeitgenossen, denen jedweder Sinn für Humor und Spaß abhanden gekommen ist, machten den Eindruck, als wollten sie ihr Leben in Rekordzeit hinter sich bringen.

Ich ließ mich dagegen nicht hetzen. Zwar drängte die Zeit, denn ich brauchte ja möglichst schnell ein Geschenk für den großen Tag der Mutter, doch gute Entscheidungen trifft man, so lautete meine feste Überzeugung, nur in der Ausgeglichenheit des seelischen Zustandes.

Mir begegneten Männer in Anzügen, Frauen in vornehmen Kleidern. Und das trotz der vorherrschenden Eiseskälte.

Menschliche Eitelkeit, dachte ich. Lieber frieren und sich den Tod holen, anstatt sich einfach nur der Jahreszeit angemessen zu kleiden. Die Stadt war schon ein komischer Ort!

Überall blitzte und blinkte es. Der helle Schnee spiegelte sich im Schmuck den die Frauen trugen. Ketten, Uhren und Armbänder glänzten. Männer starten auf ihre Handys, empfingen Anrufe und verdrehten dabei genervt die Augen. Und dabei achtete jeder nur auf sich. Nein, die Mutter, hatte nie ein Handy besessen, nie derart viel Schmuck getragen. All dem äußerlichen Wohlstand zum Trotz sahen die Menschen nicht glücklich aus. Ganz im Gegenteil! Ihre Augen waren leer. Ich sah nichts in ihnen. Mein Selbst spiegelte sich nicht in ihnen wider. Die Mundwinkel blieben ausdruckslos. Mir wurde ganz unbehaglich bei diesem Anblick. Der eiskalte Wind peitschte mir ins Gesicht, meine Augen tränten und ich senkte den Blick in Richtung Boden.

Es war mir unmöglich festzustellen, wie lange ich mich bereits in der Stadt aufhielt. Ich wurde einfach nicht fündig. Nirgends ein vielversprechendes Geschäft, nirgends etwas von wahrem Wert.

Stattdessen fragte ich mich, was dazu führen konnte, dass die Menschen derartige Unzufriedenheit ausstrahlten. Unternehmer, Menschen aus den oberen Schichten, denen es materiell an nichts mangelte, was sie nur allzu gerne auch zeigten. Doch ich konnte mich mit solchen Gedanken nicht befassen. In der Schule hatte man mir immer gesagt, dass ich zum Philosophieren nicht tauge. Ich verwarf also meine tiefgründigen Überlegungen und konzentrierte mich wieder auf das Wesentliche, auf das, worauf es ankam, nämlich der Mutter an diesem kalten Wintertag in dieser eingeschneiten Stadt, ein Geschenk für ihren großen Tag zu kaufen.

Markenkleidung hier, technische Begleiter und Hilfsmittel dort, teurer Schnick Schnack überall. Soweit das Auge reichte, sah ich nur Herzlosigkeit, doch nichts von wahrem Wert.

Ich resignierte in meiner Verzweiflung. Es konnte doch nicht sein, dass es hier nichts gab für jemanden wie die Mutter.

Gerade als ich im Begriff war, umzudrehen und den Heimweg anzutreten, da die Kälte zunehmend an meinen Kräften zehrte und ich mich nach der Idylle des heimischen Gemachs zu sehnen begann, fiel mein Auge doch noch auf einen recht vielversprechenden, kleinen, völlig unscheinbaren Laden. Er befand sich in einer kleinen Seitengasse.

Wie ich von weitem feststellen konnte, bot dieser Laden auf Wunsch die Herstellung bestimmter Schilder aus Holz an, die man selbst mit einem Spruch seiner Wahl beschriften lassen konnte.

Endlich mal keine Massenwahre, sondern was Individuelles, dachte ich und die Hoffnung doch noch fündig zu werden, kehrte zurück.

Ich bewegte mich in Richtung des Ladens, dessen Name "Zauberwald" lautete, was ich dem vor dem Eingang angebrachten Schild entnahm.

Je mehr ich mich näherte, gewahrte ich, dass vor dem Eingang eine Gestalt auf dem Boden kauerte. Während ich darüber nachdachte, welcher Spruch wohl am besten zu der Mutter passte, fiel mir bei genauerer Betrachtung auf, dass es sich bei der Gestalt um einen Mann handelte. Einem Bettler um genau zu sein. Sein ungepflegtes Erscheinungsbild und die verwaschenen, teils zerrissenen Kleider ließen zumindest unmissverständlich darauf schließen.

Mir entgegen kam eine überaus gut aussehende und vornehm gekleidete, blonde Frau, mit einem Kind am Arm. Weder den "Zauberwald" noch den Obdachlosen, der vorsichtig seinen dürren Arm ausstreckte und dabei die Hand offenhielt, würdigte sie eines Blickes. Ihr starrer Blick war einzig nach vorne gerichtet.

Mir entging jedoch nicht, dass das Kind sich neugierig nach dem Mann umsah und den kleinen Kopf in dessen Richtung streckte. Es fragte die Mutter etwas, das ich aus der Ferne nicht verstand. Ich hörte nur die gezischte Antwort der Frau.

"Komm, wir müssen schnell weiter!"

Die Mutter zog ihr Kind regelrecht hinter sich her. Als sie bemerkte, wie ich sie beobachtet hatte, warf sie mir nur einen finsteren Blick zu, der mich zutiefst erschaudern ließ, weil in ihm alles an menschenmöglicher Kälte und Herzlosigkeit lag und schritt dann mit ihrem Kind schleunigst von dannen.

Ich setzte meinen Weg unbeirrt fort und näherte mich langsam dem Bettler, der meine Aufmerksamkeit beanspruchte.

Als ich vor ihm stand, realisierte ich, dass er überdies blind war, da er die Augen geschlossen hielt. Aufrichtiges Mitleid regte sich in mir und bemächtigte sich meines Herzens, welches ergreifend zu schmerzen begann.

"Guter Mann", sprach ich ihn an.

Beinahe erschrocken hob der Bettler schlagartig seinen Kopf, die blassen, leblosen Augen auf mich gerichtet.

"Wer ist da", fragte er stotternd, vermutlich vor Kälte. Die Lippen des Mannes waren blau angelaufen, dem Gesicht jedwede Farbe gewichen.

"Ein Freund", gab ich zurück.

"Freund? Einen solchen habe ich nicht". Ein tiefer Seufzer entfuhr dem Mann, in dem all sein Leid sich äußerte.

"Ich bin ein Freund", meinte ich nur, mich wiederholend.

"Sie versuchen doch nicht etwa, mir Hoffnung zu geben. Die habe ich lange verloren."

Ermutigend sagte ich zur Antwort: "Das sollten Sie nicht! Was wäre das Leben schon ohne Hoffnung? Ich verstehe Ihre missliche Lage, doch wo Leben ist, ist auch Hoffnung!"

Ein zynisches Lachen seitens des Bettlers erfolgte.

"Hoffnung ist etwas Entsetzliches! Sie ist wie ein Gift, das einen schleichend umbringt. Hoffnung verhindert, dass wir den Tatsachen ins Auge blicken. Hoffnung hindert uns daran, zu akzeptieren, was nun mal nicht geändert werden kann. Hoffnung ist verzweifeltes Klammern an dem, was einem geblieben ist. Hoffnung schmerzt, denn sie führt unweigerlich zur Enttäuschung, zur Resignation. Hoffnung ist wie ein Gift, das einem den Verstand raubt, die Sinne vernebelt und das Leben unerträglich macht. Und dennoch ist Hoffnung etwas Urmenschliches, das uns allen zu eigen ist. Oh, wie viel besser wäre das Leben nur ohne Hoffnung. Wie kann man in einer solchen Welt überhaupt noch Hoffnung haben?"

"Wenn dem so ist, haben Sie früher einmal Hoffnung gehabt, Hoffnung, dass sich alles wieder zum Besseren wenden wird, doch Sie sind entsetzlich enttäuscht worden."

"Wie wir alle", stimmte der Bettler zu.

"Wie wir alle", wiederholte ich nachdenklich.

"Es gibt keine höhere Gerechtigkeit auf der Welt", fuhr er fort. "Die einzige wirklich gerechte Instanz ist der Tod. Er ereilt jeden ungeachtet seiner zahllosen Privilegien."

"Sehr pessimistische Weltanschauung", sagte ich.

"Was erwarten Sie? Das Leben hat mich so gemacht. Sind wir nicht alle Opfer der Umstände?"

"Wahr, wahr. Auch ich nehme an, dass wir Menschen von Natur aus gleich sind, doch erst die äußeren Einflüsse unsere Persönlichkeit, mit allem was dazu gehört, formen."

"Sehen Sie. Warum sollte ich also noch hoffen? Ich bin des Hoffens müde, verstehen Sie doch."

Vor dem Mann auf dem Boden befand sich eine kleine Schüssel, die jedoch vollkommen leer war.

"Dieses Leben ist nun mal mein Los. Ich kann nichts daran ändern", endete der Blinde seine Ausführungen, ließ den Kopf senken und sackte weiter in sich zusammen.

Ich sah in Richtung des Ladens und las, was auf dem Schild stand, das ebenfalls dort angebracht war. "Wo Wunder geschehen".

Ohne weiter zu überlegen, ließ ich mein Herz entscheiden und handelte intuitiv. Die größte Freiheit ist nämlich die, welche man verspürt, wenn man keine andere Wahl hat!

Ich nahm meinen Geldbeutel hervor und leerte dessen Inhalt vollständig vor dem Bettler. Scheine fielen heraus, Münzen klirrten und klapperten in der Schüssel. Von diesem Geräusch aus den düsteren Träumen gerissen, sah der Bettler auf einmal wieder hoffnungsvoll zu mir auf. Seine Kinnlade klappte herunter und obwohl er nichts sehen konnte, so war ich mir doch sicher, dass er wusste, dass ich ihm soeben all mein Geld geschenkt hatte.

"Kein Mensch sollte ohne Hoffnung leben", erklärte ich mit einem Lächeln. Auch der Bettler lächelte mich an und in diesem Augenblick wurde mein Inneres mit herrlicher Wärme erfüllt, die mich vollkommen vergessen ließ, dass es ein kalter, dunkler Wintertag war.

"Haben Sie einen Vorschlag, was ich der Mutter zum Geburtstag schenken kann, jetzt, wo ich kein Geld mehr habe, ihr etwas zu kaufen?", fragte ich den Mann um Rat.

"Wie wäre es, wenn Sie ihr sagen, dass Sie einem armen Mann die Hoffnung zurückgeschenkt haben?", schlug dieser freudestrahlend vor.

"Sehr gut", stimmte ich ihm zu. "So wird´s gemacht!"

Mit diesen Worten machte ich mich auf den Heimweg, zufrieden und ausgeglichen, da ich in diesen wohl wichtigsten Minuten meines Lebens verstanden hatte, worauf es wirklich ankommt.

Ich sah die Mutter niemals wieder. Später erfuhr ich, dass sie auf ihrer Reise von einem ungeheuerlichen Schneesturm überrascht wurde und sie die Kontrolle über ihr Fahrzeug verloren hatte. Offenbar starb sie nicht direkt. Es hätte für sie noch Hoffnung auf Rettung gegeben, wenn man nicht den Notarzt viel zu spät gerufen hätte. Im Krankenhaus war dann nichts mehr für sie zu machen.

Niemals werde ich die elenden Stunden des Wartens, des hoffnungsvollen Bangens vergessen, die Reue, die sich meiner bemächtigte. Die Reue, mich nicht von ihr verabschiedet zu haben. Die Angst, sie für immer zu verlieren, sie nie wiederzusehen, was sich unglücklicherweise bestätigte. Es waren die Momente, in denen ich lernte, wie machtlos man als Mensch doch ist, wie abhängig wir alle von dem Schicksal sind und wie wenig Einfluss wir letztendlich entgegen unseren arroganten Vorstellungen, wirklich auf den Lauf der Dinge haben. Ich begriff, wie schnell das Leben vorbei sein kann, wie ungerecht die Welt doch ist. Gleichzeitig war ich paradoxerweise voller Optimismus und Hoffnung auf eine bessere Welt. Ich kann zwar das Schicksal nicht aufhalten, dachte ich. Doch ich kann den Menschen Hoffnung verleihen und das ist doch auch etwas!

Heute stehe ich hier, am Grab der Mutter. Das Ereignis ist nun genau ein Jahr her. Heute ist ihr Geburtstag. Anstatt den gängigen Massenwahren habe ich mich für ein Geschenk mit Tiefgang und Substanz entschieden.

"Ich habe etwas für dich, Mama", sagte ich und nehme aus meiner Tasche ein aus Holz geschnitztes und mit grüner Farbe bestrichenes Schild heraus.

"Ich hoffe es gefällt dir. Alles Gute zum Geburtstag, Mama!"

Ich lege das Geschenk auf das Grab. Die Inschrift des Schildes lautet: "Wie die Mutter, so der Sohn".

Hinter den großen Wolken scheint die Sonne hervor. Unbeirrt bahnt sie sich ihren Weg, bis sie die Schleier am Himmel endgültig verdrängt und die ganze Landschaft mit Licht flutet und in Wärme taucht.

Eine Taube fliegt umher und landet schließlich kurz auf dem Grabstein, bevor sie sich wieder erhebt und in Richtung Sonne fliegt.

Ich sehe ihr nach und richte meinen Blick empor. Der Schnee beginnt zu schmelzen und die Natur beginnt zu blühen, ungewöhnlich früh für diese Jahreszeit, doch sehr zu meiner Freude.

Lächelnd blicke ich gen Himmel. Dabei denke ich an den Bettler.

"Ich schenke den Menschen Hoffnung, Mama!"

15 Der Lagerist

Stinkender Dampf zog als eine Schwade schwarzen, mit dem Blick nicht zu durchdringenden Nebels aus dem mächtigen Kessel hervor. In sich überhastenden Stößen fauchte weiterer Qualm aus den zahlreichen Rohren. Lampen leuchteten in schmerzhaft grellen Farben, Sirenen heulten und ließen das Trommelfell brutal erbeben.

Ernst Mainhard stand, in seine blaue, von Fett und Farbe befleckten Arbeitshose, in den schweren schwarzen Stiefeln, in dem kurzärmeligem, vollkommen durchschwitztem Oberteil, welches seine haarigen Arme entblößte und in den gelben Schutzhelm auf dem Kopfe gekleidet, an einem Fließband und war damit beschäftigt, Kisten ineinander zu stapeln. Währenddessen sog er unfreiwillig die Dämpfe ein, musste das laute Heulen und Schreien der Maschinen ertragen und nahm im Augenwinkel gelegentliche, von den Schweißern hervorgerufene Lichtblitze wahr.

Am Fließband war er an diesem Tag alleine eingeteilt. Abgesehen von ihm, befanden sich nur drei Schweißer in der Halle, deren Namen er ohnehin nicht kannte. Die Produktion ging unaufhörlich weiter. Das Fließband war endlos. Immer weiter zog es sich und wenn ein Ende zu erwarten war, ging es wieder von vorne los. Mainhard sah unendlich viele Kisten hintereinander auf sich zukommen, unendlich viel Material, das es zu verpacken galt. Alles sah gleich aus. Wirklich alles.

Immer die gleiche Handbewegung, immer die selbe Reaktion. Kiste vom Fließband nehmen, auf den Wagen abstellen, die nächste Kiste vom Fließband nehmen, auf den Wagen abstellen, die Kisten stapeln, den neuen Wagen voll beladen. Immer so weiter. Und ein Ende nicht in Sicht!

Hin und wieder genehmigte sich Mainhard einen Blick auf die große Wanduhr. Sie schien immer die gleiche Zeit anzuzeigen, die Zeiger wollten sich nicht bewegen, als seien sie festgefroren, als stünde die Zeit still. Der Sekundenzeiger wurde zum Stundenzeiger. Mainhard begann, wie jeden Tag, bereits von Anfang an die Minuten zu zählen. Früher hatte er es bevorzugt, die Stunden zu zählen, doch dieses Unterfangen stellte sich für ihn als zu demotivierend heraus, was er in seiner zehnjährigen Erfahrung als Lagerist für sich festgestellt hatte.

Einen Vorteil hatte die Arbeit jedenfalls! Er hatte stets viel Zeit zum Nachdenken. Sehr, sehr viel Zeit. All seine Sorgen und Probleme konnte Mainhard mit zu der Arbeit nehmen, dann musste er sich wenigstens in seiner knappen und somit enorm kostbaren Freizeit nicht mit ihnen beschäftigen. An diesem verhassten Ort hatte er zumindest die Möglichkeit, sich über alles, was ihn belastete, Gedanken zu machen und nach Lösungen zu suchen.

Er hätte Künstler bleiben und sich mit Gelegenheitsarbeiten über Wasser halten sollen. Alles wäre besser, als den ganzen Tag am Fließband zu stehen, jeden einzelnen schmerzenden Nerv im Rücken wie den Stich einer Stecknadel zu spüren, sich die Lunge mit Feinstaub zu verpesten, die Kraft des Körpers und des Geistes verkommen zu lassen und emotional immer weiter abzustumpfen und zu verblöden. Er hatte einen Pakt mit dem Teufel geschlossen und jetzt war er in der Hölle. Kein Entrinnen. Jeden Tag aufs Neue die Qual, die Folter ertragen.

Wäre er alleine, hätte er sofort die Kündigung eingereicht. Aber es galt Frau und Kind zu versorgen. Aus diesem Grund ließ Meinhard die Demütigung, die Entwürdigung über sich ergehen, duldete den unverschämten Ton seines Arbeitgebers, ließ sich nirgends etwas anmerken. Manchmal ging es im Leben eben darum, einen Schein aufrecht zu erhalten, glücklicher zu wirken als man eigentlich ist, sich stärker und sicherer zu präsentieren als man eigentlich ist. Aus Gründen des Selbstschutzes, oder aber auch, um zu manipulieren...

"Mainhard! Die Kisten sofort in das Lager! Aber schnell!", bellte sein Chef von der oberen Plattform aus, gegen den unerträglichen Lärm ankämpfend. Mainhard blieb ausdruckslos, leistete der Anordnung jedoch ohne Widerrede Folge.

"Danach dürfen Sie gehen", rief der Arbeitgeber ihm nach.

Mainhard hatte erneut Überstunden gemacht. Es war die einzige Möglichkeit, um an genug Geld für seine kleine Familie zu kommen.

In besonders schweren Momenten rief sich der Lagerist das Bild des Gesichts seiner fünfjährigen Tochter, Selina vor Augen. Dies verlieh ihm die notwendige Kraft, deren er zum Durchhalten bedurfte. Bald würde er sie wiedersehen, bald hatte das Elend ein Ende. Zumindest für diesen Tag!

Selina lag bereits im Bett als Mainhard nach Hause zurückkehrte. Dies hielt ihn jedoch nicht davor ab, ihr Kinderzimmer aufzusuchen, sich neben ihr Bett niederzulassen und dem schlafenden Engel einen Kuss auf die Wange zu geben.

Im Wohnzimmer ließ sich der Lagerist erschöpft auf dem Sofa nieder und widmete sich seiner aktuellen Lektüre: Gerhart Hauptmanns "Bahnwärter Thiel".

Hätte er doch auch nur so schreiben, sich so ausdrücken können. Zu vielem wäre es dann nicht gekommen, vieles hätte er verhindern können. Das Leben war ungerecht zu ihm.

Schlagartig wurde die Tür aufgerissen und kurz darauf hart ins Schloss fallen lassen. Mainhard erschrak und sah auf. Seine

Frau, Elisabeth, betrat den Raum.

Sie warf ihm einen abfälligen Blick zu, welchen zu verbergen sie sich nicht die geringste Mühe machte.

"Du bist da", stellte sie mürrisch fest und schlich an ihm vorbei.

"So spät noch draußen gewesen?", gab Mainhard ebenso mürrisch zurück und musterte seine Frau genauer. Er stellte fest, dass sie ein überaus knappes Kleid trug, eines der besten, welches sie besaß, wenngleich die rote Farbe bereits verwaschen war.

"So scheint es wohl", meinte Elisabeth nur und verschwand in der Küche.

"In dem Kleid?", hakte Mainhard weiter nach. "Elisabeth, es ist Winter!"

"Was geht dich das an?"

"Schon gut."

Der Schein musste schließlich gewahrt werden, Mainhard gab nach. Im Grunde wusste er genau, was dies zu bedeuten hatte und Elisabeth wusste auch genau, dass er es wusste. Doch auch sie verstand sich gut darin, den Schein aufrecht zu erhalten.

"Ich könnte nochmal ein neues Kleid gebrauchen. Das hier ist schon ganz verwaschen", ertönte es aus der Küche. Mainhard konnte seine Frau nicht sehen. Sein Magen drehte sich um, im Herzen spürte er einen schmerzhaften Stich. Er konnte sich nur zu gut denken, wofür sie eines neuen Kleides bedurfte. Die Arbeit am Fließband mochte seinen Einfallsreichtum geschwächt haben, doch sein Verstand war nach wie vor funktionstüchtig.

Leise seufzend griff er in die Tasche und nahm seinen leichten

Geldbeutel hervor. Auf den Tisch legte er ein paar bunte Scheine.

"Es ist nicht viel aber mehr kann ich momentan nicht aufbringen. Nimm es!"

Mit diesen Worten erhob er sich und suchte das Schlafzimmer auf.

"Wenn es nicht reicht, musst du eben mehr Überstunden machen", rief Elisabeth ihm nach.

Später als die beiden gemeinsam im Bett lagen, wanderte Mainhards Hand unter die Decke und tastete sich vorsichtig an Elisabeths Brüste heran. Diese schlug ihn daraufhin, drehte sich von ihm weg und zischte zwischen den Zähnen wie eine Schlange:

"Fass mich nicht an!"

"Was ist los, mein Liebling?"

"Deine Hände sind grob! Fasst doch sonst auch nur hölzerne Kisten an!"

"Ja, aber jetzt möchte ich etwas Weiches berühren! Etwas, das mir mehr bedeutet als all diese verdammten Kisten!"

Mainhards Hand arbeitete sich weiter vor und er unternahm einen weiteren Versuch, sich seiner Frau zu nähern, doch diese blockte erneut ab.

"Ich sagte, du sollst mich in Ruhe lassen!"

Der Lagerist zog seine Hand endgültig zurück und rutschte ein Stück zur Seite.

"Elisabeth, wird es nicht noch einmal Zeit? Ich meine, es ist lange her, als wir das letzte Mal..."

"Wir haben eine Tochter", unterbrach Elisabeth ihn.

"Schon gut. Schlaf schön!"

Darauf erfolgte keine weitere Antwort.

Die Hitze war unerträglich. Keine Kühlanlage, kein Fenster, keine frische Luft, keine Pause, keine Abwechslung. Mainhard stand wieder am Fließband. Er konnte kaum atmen. Seine Lunge protestierte. Er musste husten. Ständig husten. Die Kisten nahmen darauf keine Rücksicht. Unaufhörlich stürmten sie beängstigend auf ihn zu. Die Sirenen schrien ihn an. Er war wieder alleine am Fließband. Nur er und die Monster von Kisten, die gigantischen Maschinen, die ihm ins Gesicht peitschende Hitze. Die Luft, so dünn, so stickig, so von giftigen Dämpfen, von industriellen Abgasen, von heimtückischen Dünsten erfüllt, das er es nicht länger zu ertragen vermochte.

Der Schweiß rann ihm von der Stirn in Strömen herab. Seine Kleidung klebte an seinem Körper, als wäre er in Wasser gesprungen. Der ohrenbetäubende Lärm bereitete ihm Schwindel, ekelhafter Gestank drang ihm in die Nase und betäubte seine Sinne.

"Beeilung, Beeilung, Mainhard! Diese Kisten müssen noch heute verschickt werden! Sonst verlieren wir den Auftrag und glauben Sie mir, dies würde ich Sie spüren lassen!"

Von oben brüllte der Chef. Mainhard hatte kaum Notiz von ihm genommen, seine Worte konnte er aufgrund der enormen Geräuschkulisse ohnehin nicht vernehmen. Das einzige, was er noch realisierte war, dass sich vor seinen Augen alles drehte, bevor eine ungeheuerliche Schwärze seinen Verstand umhüllte und den Blick trübte.

Mainhard versuchte sich noch, an einer Kiste festzuhalten, was ihm jedoch nicht mehr gelang. Er taumelte.

"Mainhard, was machen Sie denn da! Hören Sie auf damit! Sie müssen fertig werden! Mainhard! Mainhard?"

Der Lagerist erwachte im Büro seines Arbeitgebers, nachdem dieser ihm einen Eimer Wasser über den Kopf geschüttet hat.

"Wachen Sie auf!"

Langsam kam er wieder zu sich. Die Schatten und undeutlichen Umrisse vor seinen Augen nahmen wieder konkrete Konturen und Strukturen an. Er gewahrte den Chef, wie er sich über ihn beugte, ihn dabei grimmig anblickend und den leeren Eimer in der Hand haltend.

"Um Gottes Willen", stammelte Mainhard. "Ich bin ohnmächtig geworden!"

"Wissen Sie, woran das liegt, Mainhard? Soll ich Ihnen das sagen?", fauchte der Chef und in seinen Augen blitzte das Feuer.

"Sie sind das Arbeiten nicht gewohnt! Sie sind zu schwach, haben keine Ausdauer! Sie müssen mehr arbeiten, Mainhard! Dann passiert Ihnen so etwas nicht wieder! Sie sind ein faules Schwein, wissen Sie das? Ja, das sind Sie, ein faules, untätiges Stück Scheiße!"

Der Chef verpasste Mainhard einen Schlag.

"Sofort aufstehen! Zurück an die Arbeit! Sie müssen noch heute fertig werden, oder ich ziehe Ihnen das vom Gehalt ab!"

In der Nacht nach weiteren Überstunden trottete Mainhard ausgelaugt nach Hause. Vollkommen übermüdet schleppte er sich die Straße hinunter. Der Kopf dröhnte als befände sich ein kleiner Gnom unterhalb seiner Stirn und hämmere mit einem Amboss unaufhörlich gegen die Innenseite seines Kopfes. Der Zusammenbruch auf der Arbeit hatte Spuren hinterlassen. Eigentlich musste er sich ausruhen, doch wer gab ihm schon die Gelegenheit dazu?

Kurz bevor er seine kleine Unterkunft erreichte, gewahrte er voller Entsetzen, dass ein fremder Mann aus seinem Haus herauskam. Mainhard erhöhte sein Schritttempo und fing den Unbekannten, einen breit gebauten Mann mit braunen Augen und braunem Schnurrbart, ihm selbst körperlich weit überlegen, ab.

"Stehenbleiben", brüllte Mainhard ihn an. Der Mann warf Mainhard einen abfälligen Blick zu.

"Wer sind Sie denn?", brummte er wie ein Bär.

"Was haben Sie in meinem Haus gemacht?"

"Ihr Haus?". Der Mann lachte, nun offenbar wissend, wer ihm gegenüberstand. "Lassen Sie mich eines sagen: Selina ist ein sehr liebes Mädchen!"

"Lassen Sie meine Tochter aus dem Spiel!"

"Sollen wir dann über Ihre Frau sprechen?"

"Wie können Sie es wagen?!"

Mainhard holte mit der Faust aus, doch sein Gegenüber reagierte schneller, wehrte den Schlag ab und ließ seinerseits heftige Schläge folgen. Seine Fäuste prasselten in Mainhards Gesicht und Magengrube, ließen ihn sich vor Schmerzen winden und aufschreien.

"Versager", brüllte der Unbekannte ihn an. "Kann nicht einmal für seine Familie sorgen!"

Mit diesen Worten entschwand er in der Dunkelheit und beachtete Mainhard keines weiteren Blickes.

Der Lagerist dagegen träumte von roten Kleidern, seiner imaginären Tochter, von Sex mit seiner Frau und wurde erst durch die Worte seines Chef aus seinen Gedanken gerissen.

"Nicht träumen, Mainhard! Die Wahrheit liegt vor Ihren Augen!"

Somit machte sich der Lagerist wieder an die Arbeit und hob die nächste Kiste vom Fließband, sie auf dem Wagen zu stapeln.

16 Die Großstadt

Als Therapeut hatte man es nun wirklich nicht einfach. Jeden Tag sich mit schwer Depressiven, Paranoiden, Sexsüchtigen und anderen Gestörten auseinanderzusetzen und dann auch noch von allen Seiten mit der Erwartung konfrontiert werden, man könne diesen anonymen und gesichtslosen Spinnern tatsächlich helfen, stellte eine wahrhaftig überfordernde Aufgabe dar. Wenn man dann selbst zu allem Überfluss noch von seiner Frau betrogen und verlassen wird und alle denken, man könne sich als Therapeut ja selbst heilen, bedürfe keiner Hilfe und müsse nun endlich seinen Mann stehen, versteht man wirklich, was es bedeutet, eine sinnlose Existenz zu sein.

All diese Erfahrungen musste er zu seinem Leidwesen machen. Wie der Mensch doch ohne seine Zustimmung in diese Gesellschaft, dieses Leben, diese Welt geworfen wird und dann sehen muss, wie er klar kommt. Schade, dass es nicht so etwas wie einen "Reset-Knopf" wie im Videospiel gibt. Sicher, der Notschalter ist immer zu betätigen, doch das ist nicht dasselbe. Es soll schließlich kein endgültiges "Game-Over" sein, sondern ein Neustart. Einfach die Zeit zurückspulen, um längst verstrichene Chancen doch noch zu ergreifen oder vielleicht seine eigene Geburt verhindern. Welch ein Dilemma das ganze Leben doch ist. Unzufrieden sind alle, doch sterben will auch keiner. "Super Mario" ist wirklich zu beneiden.

In seinen tiefschwarzen Mantel gehüllt, die Hände in den Taschen vergraben, schlenderte er die breite, schier endlose Allee entlang, die an den Seiten mit üppigen Bäumen bestückt war.

Zuhause war niemand. Die Frau war ausgezogen, die Tochter, für die er das alleinige Sorgerecht erhalten hatte, befand sich auf der Arbeit, um ihr Taschengeld aufzubessern.

Er konnte es nicht mehr aushalten. Die gähnende Langeweile, die triste Einsamkeit, machten ihm sehr zu schaffen. Als er begann, an seinem Schreibtisch sitzend, die Anzahl der Fliesen in seinem Arbeitszimmer zu zählen, realisierte er, dass er den unliebsamen Ort verlassen musste, um nach Abwechslung zu suchen.

Abwechslung gab es in der Stadt wenigstens genug. Immerhin das hatte sie zu bieten.

Wie im Fiebertraum zogen die Gestalten nur so an ihm vorbei. Er gewahrte verschwommene Umrisse, undeutliche Figuren, bunte Nebel. Explizit erkennen, konnte er nichts. Vielmehr erahnen. Mit Menschen glaubte er sich schließlich auszukennen.

Endlich wieder Mann sein, dachte er sich und setzte seinen Weg unbeirrt fort, hatte er doch nun endlich ein konkretes Ziel vor Augen.

Eigentlich musste er sich als Fachmann doch selbst therapieren können, dachte er. Eigentlich hatte man ihm unmissverständlich davon abgeraten. Doch hatte er eine Wahl? Wer kümmerte sich schon um so jemanden wie ihn? Ein arbeitsunfähiger Therapeut ist nutzlos. Man wird seine Praxis künftig bis in alle Ewigkeit meiden, sollte er sie jemals wieder öffnen. Denn sobald die Ursache seiner Auszeit bekannt wurde, wäre er ein Nichts. Vorausgesetzt es würde sich überhaupt noch jemand an ihn erinnern.

Die Schatten rasten in Windeseile an ihm vorbei. Ein unendlicher Menschenstrom, schien sich ihm zu widersetzen. Es galt sich, durch die Menge zu kämpfen, tapfer zu sein, durchzuhalten, so wie er es auch sonst immer getan hatte.

Ein depressiver Therapeut, welch eine Lachnummer! Wer würde

sich schon für so jemanden interessieren?

Zeit ist das, was sicherstellt, dass das Schmerzhafte, das Unbegreifliche zur Normalität wird, dachte er. Doch wer konnte sich einen solchen Zustand schon als Normalität wünschen? Er sicherlich nicht! Doch welche Wahl hatte er schon? Erstmal Gras drüber wachsen lassen, dachte er. Das wird schon wieder!

Der Beruf des Therapeuten war schon höchst eigenartig. Jetzt, da er nicht mehr selbst involviert war, fiel es ihm erheblich leichter, rational darüber zu reflektieren und die für ihn schlüssigen Schlussfolgerungen herauszufiltern.

Wenn du glücklich bist, interessiert es dich nicht, wie unglücklich andere sind. Aber wenn du unglücklich bist, interessiert es dich sehr wohl, wie glücklich andere sind!

Unwillkürlich musste er den Kopf senken, um dem Anblick geisterhafter, womöglich glücklicher Gesichter zu entgehen.

Ob man es ihm ansah? Die Depression? Wie sah ein Mann aus, der hintergangen und verlassen wurde? Ist es einem Therapeuten ins Gesicht geschrieben, wenn er seinen Job aufgeben musste?

Er spürte zahllose, unendliche Blicke, die sich wie Messerstiche in seine Haut bohrten und plötzlich kam es ihm vor, als ob alle ihn nackt sehen konnten.

Vor Scham bog er in eine kleine, dunkle Seitengasse ab, um der Hektik und dem Verkehr auf der Hauptstraße zu entgehen.

In dieser Gasse wurde er einer Vergewaltigung ansichtig, doch um das Schreien der Frau schien sich niemand so recht zu scheren. Man war es schlichtweg gewöhnt. Er spazierte an dem Täter, der sich grausam an seinem Opfer verging, vorbei, ohne in irgendeiner Weise einzugreifen. Er hatte schließlich besseres zu tun. Bilder, Töne und Reize ließen ihn mittlerweile ohnehin kalt. Alles nichts Neues! Jeden Tag das gleiche!

Nichtsdestotrotz spürte er, wie die Erregung in ihm anstieg. Wie sie von den Haarspitzen bis zu den Zehenspitzen in Lichtgeschwindigkeit rauf und runter lief und seinen gesamten Körper unter Strom setzte, als würde eine tollwütige Feldmaus unter seiner Hose und seinem Mantel nach Belieben herumflitzen. Wenigstens war er gleich da.

Abwechslung, Abwechslung, Abwechslung. Dessen bedurfte er jetzt. Schnell. Sofort. Jetzt. Die Möglichkeit hatte er hier, nur hier.

Kurz darauf fand er sich vor einem nicht kleinen Gebäudekomplex wieder. In der Ferne waren Kaminöffnungen zu sehen, die teuflische Rauchschwaden hervorbrachten, welche den Himmel in triste Dunkelheit hüllten. Durchbrochen ward das finstre Nichts nur durch LED-Lichter, blinkende, in allen Farben des Regenbogens aufleuchtenden Farben, die sein Gesicht bestrahlten und es, wie in einem LSD-Traum, unnatürlich verzerrten und schrecklich entstellten.

Er zahlte und trat ein. Seine Wünsche tat er kund. Blond sollte sie sein, idealerweise blauäugig und, bevorzugt, minderjährig! Hier störte es ohnehin niemanden. Hier war dies an der Tagesordnung. Keiner kannte ihn, keiner würde ihn je wiedersehen. Vielleicht war er ja gar morgen schon tot. Davor sich wenigstens noch einmal wie ein Mann fühlen! Ja, das war sein Ziel. Wenigstens dieses bisschen Glück und Würde musste man ihm gewähren!

Und er hatte Glück! Hier wimmelte es ohnehin von minderjährigen Gymnasiastinnen, die ihr mageres Taschengeld aufzubessern gedachten. Auch für ihn war eine bereit. Und er für sie.

Man geleitete ihn zu dem vorgesehenen Zimmer. Er bedankte

sich recht artig, der Schein der Freundlichkeit, der Schein des Interesses musste schließlich aufrecht erhalten werden. Er fühlte in seiner Tasche. Die Kondome waren noch da, wo sie sein sollten. Wunderbar, alles war vorbereitet!

Gierig leckte er sich die Lippen und spürte dabei, wie das Blut in seinen Adern in Wallung geriet und das Herz höher schlagen ließ. Ein Moment der Vorfreude und Erwartung, den er bereits lange Zeit nicht mehr gefühlt hatte. Wonne erfüllte sein Inneres. Instinktiv öffnete er kurz vor dem Eintreten den Knopf und griff sich mit der linken Hand in die Hose. Dann stieß er mit der Rechten die Tür gewaltsam auf, riss sich die Hose gänzlich auf, betrachtete das sich auf dem schmalen Bett befindende Objekt der Begierde und wusste nicht wie ihm geschah. Einige Augenblicke der grenzenlosen Reue und endlosen Scham später, realisierte er mit weit aufgerissenen Augen, dass das knapp bekleidete, junge, blonde Mädchen, das ihm ebenfalls völlig entgeistert entgegenstarrte, seine eigene Tochter war.

17 Die Überraschung

"I want to break free."

Queen

Ronja hatte sich wieder einmal in ihrem Zimmer eingeschlossen. Sie war schon ein melancholisches Kind. Vor allem für ihre magere vierzehn Jahre. Oftmals reagierte sie einfach zu emotional. Wieso musste sie nur immer gleich heulend davonrennen, wenn der betrunkene Vater sie mal wieder etwas zu laut anbrüllte. Ein Mann müsse so etwas aushalten, meinte dieser. Warum er dann nicht Christoph anschreie, gab Ronja kleinlaut zurück. Ihr Bruder sei schließlich der Mann und nicht sie. Den Vater brachte diese vorlaute Äußerung erst recht auf die Palme und Ronja suchte schnell das weite.

Zum Glück ist er zu besoffen, um die Treppe hinaufzueilen, deswegen lässt er mich hier oben in Ruhe, und morgen wird er sich ohnehin an nichts mehr erinnern, dachte Ronja, als sie den Kopf in ihrem Kopfkissen vergrub und versuchte bei klarem Verstand zu bleiben.

Sie stellte sich den Vater bildhaft vor ihrem inneren Auge vor, wie er vor ihr stand, gekleidet in seine verwaschenen Jeans, den alten Pullover, nach Schweiß, Nikotin und Alkohol stinkend, das fettige, schwarze Haar an den Seiten herabhängend, die kleinen, schwarzen Augen, die sie immer an die einer Ratte erinnerten, zusammengekniffen, so wie er es immer tat, wenn er die Beherrschung verlor.

Vor ihrem geistigen Auge, sprang er wild vor ihr auf und ab, machte Bewegungen wie ein unter Strom gesetzter Gorilla und sprang herum wie das Rumpelstilzchen höchstpersönlich.

Ronja wünschte sich, der Vater würde, wenn er einen seiner unkontrollierten Anfälle habe, einen Herzinfarkt erleiden. Ja, das hätte er wahrlich verdient! Sofort setzten im Herzen des gutmütigen Mädchens die heftigsten Schuldgefühle ein. Wie konnte sie so etwas auch nur denken?

Moral, das ist, wenn man gute Gedanken hat. So pflegte es jedenfalls die Mutter zu erklären. Dem Vater einen Herzinfarkt zu wünschen, konnte wohl kaum als guter Gedanke gelten, was auch immer das sein mochte. Jedenfalls nicht, dem Vater einen Herzinfarkt zu wünschen, da war sich Ronja sicher. Immerhin hatte sie diesem Mann ihr Leben zu verdanken. Andererseits war sie auch nicht freiwillig hier, das musste auch bedacht werden. Sie hatte schließlich niemals irgendjemanden darum gebeten, ihr das Leben zu schenken. Nun, vielleicht hatte sie dies doch, aber sie erinnerte sich nicht daran. Der Vater pflegte immer zu sagen, an was man sich nicht erinnere, das sei niemals eingetreten.

Ronjas Schuldgefühle wurden immer schlimmer. Hatte sie jetzt etwa auch noch den lieben Gott in Frage gestellt? Der Allmächtige, der ihr das Leben schenkte? War es also vielleicht doch nicht der Vater, sondern Gott? Doch sie durfte den Vater nicht in Frage stellen, das war eine Sünde, pflegte die Mutter immer zu sagen! Doch würde sie, wenn sie den Vater nicht in Frage stellt, somit automatisch Gott in Frage stellen und andersherum genauso? Im Zweifelsfall hatten die Eltern immer Recht, also durfte sie den Vater nicht in Frage stellen. Obwohl die Mutter immer zu sagen pflegte, Gott sei immer im Recht.

Jedenfalls betete Ronja zu Gott, dass er ihr vergebe, ihn in Frage gestellt zu haben...und dass der Vater sie angeschrien habe. Es musste schließlich ihre Schuld sein. Außerdem entschuldigte sie sich bei Gott, den Vater in Frage gestellt zu haben. Oder war es nicht etwa doch der Vater, zu der sie betete?

Am nächsten Morgen stand Ronja in der Früh auf. Es war ein Sonntag, der heiligste Tag der Woche. Sie hatte die Messe aufzusuchen. Die Mutter blieb selbiger aufgrund ihrer Migräne, die sie mittlerweile schon seit einer ganzen Woche begleitete, fern. Der Vater wollte ausschlafen. Christoph zog es vor, mit dem Fahrrad davonzufahren und sich mit Freunden zu treffen.

Ein anständiges Mädchen, wohnt ganz alleine der heiligen Messe bei! Sie muss gute Eltern haben, die sie gut erzogen haben. Ein gutes Mädchen. Hoffentlich kann sie auch noch gut kochen, dann wäre der Vater im Himmel ganz sicher besonders stolz. Nein, noch nicht ganz. Dafür müsse sie sich auch von Jungen und anderen Taugenichtsen fern halten. Sie müsse nur für die Familie da sein, Vater und Mutter ehren, dann, ja dann, wäre sie wirklich ein guter Mensch. Ein guter Mensch!

"Ronja, die Moral! Die Moral, Ronja", brummte der Vater am Küchentisch. Die Messe war vorbei, Ronja war wieder zuhause. Der Vater war erst vor wenigen Minuten aufgestanden. Bevor sie das Mittagsessen zubereitet hatte, kümmerte sich Ronja um den Haushalt. Sie putzte die Fenster, machte die Betten, kehrte den Staub vom Boden auf und pflegte die kranke Mutter.

"Jawohl, Vater!", gab Ronja zurück.

"Ronja ich bin sehr enttäuscht von dir. Du gibst mir einfach zu oft Widerworte. So kann das nicht weitergehen. Keine Moral hat das Mädchen, keine Moral. Wo soll das nur hinführen, Ronja? Ronja, ohne die Tugend ist der Mensch nur ein Tier unter vielen. Verstehst du das?"

"Jawohl, Vater!"

"Ronja, du hast schlechte Gedanken! Ich weiß es! Sag mir, was ist es woran du denkst? Sind es die Jungen? Oder die Kunst? Ronja, du liest doch nicht etwa schon wieder diesen abscheulichen Homer? Oder Kant? Nein, Ronja, das hat mit Moral nichts zu tun!"

"Nein, Vater. Ich lese nur in der Bibel."

Ronja dachte tatsächlich an einen Jungen. Aber nicht an einen bestimmten. An irgendeinen. An einen Prinzen, der Rotkäppchen aus dem Haus der Hexe befreit. Oder war es Rapunzel? Oder Hänsel und Gretel? Lasset die Kindlein zu mir kommen, würde Jesus jetzt sagen.

"Gutes Mädchen, gutes Mädchen", meinte der Vater zur Abwechslung einmal anerkennend. "Sie hat doch Moral! Ronja, du hast doch Moral!"

"Ronjaaaaa", ertönte eine schrille Stimme aus dem Schlafzimmer. Es war die Mutter. "Bring mir bitte einen neuen Tee. Dieser hier ist kalt! Du hast ihn zu lange stehen lassen!"

"Sofort Mutter", rief Ronja zurück. "Ich esse noch schnell fertig!"

Der Vater warf ihr einen eiskalten Blick zu.

"Oh du unmoralisches Mädchen! Wie kannst du nur deine arme, arme Mutter so lange warten lassen! Wie kannst du nur so kalt sein? Du ziehst die bloße Triebbefriedigung, den sinnlichen Genuss, einem Akt der Mitmenschlichkeit vor! Wie kannst du nur? Nein, du hast keine Moral!"

Ronja erhob sich. "Verzeih mir, gütiger Vater! Ich werde mein Versäumnis augenblicklich nachholen!"

Mit diesen Worten setzte sie einen neuen Tee auf und brachte ihn kurz darauf der Mutter, die ihn sehnsüchtig erwartete.

"Sie hat doch einen Jungen", murmelte der Vater unverständlich vor sich hin und hinterfragte seine Erziehung.

All die Jahre habe ich es immer gut gemeint mit dem Kind. All die Jahre habe ich so viel Arbeit in unsere Beziehung investiert. Keinen Wunsch habe ich ihr unerfüllt gelassen. Oh, womit hat das Mädchen einen solch guten Vater nur verdient? Gewiss liegt es nicht an mir. Das Kind ist schlichtweg von Grund auf verdorben. Frauen sind nun mal die schlechteren Männer wie ich immer zu sagen pflege. Nein, die Frauen haben keine Moral. Vor allem wenn sie noch so jung sind und von Jungen bewundert werden. Schande, Schande, Schande. Möge der Herr ihr die Sünden vergeben.

"Warum bist du eigentlich immer so melancholisch?", fragte Christoph seine Schwester, als er am Abend von seiner Fahrradtour zurückkehrte.

"Ronja, das Leben ist schön! Weißt du, ein Mensch mit Moral, der ist niemals melancholisch! Ein guter Mensch erfreut sich des Lebens und ist stets frohen Mutes. Nur die tiefsinnigen Gemüter haben etwas zu verbergen, haben schwer gesündigt. Sag mir Ronja, wie hast du gesündigt?"

Ronja saß aufrecht und kerzengerade in ihrem Stuhl und nähte neue Socken für den Vater. Pechschwarze. Christoph hatte es sich auf dem Sofa gemütlich gemacht und spielte Nintendo. Die Eltern hatten einen Ausflug gemacht. Der Mutter Migräne hatte sich gen Nachmittag unerwarteterweise schlagartig verbessert und den Ausflug doch noch möglich gemacht.

"Ich weiß nicht, was du meinst", antwortete Ronja mit schwacher Stimme. Sie schluckte. Sie hatte einen Kloß im Hals. Der

Aufregung wegen, unterlief ihr bei ihrer Arbeit ein Fehler und sie musste nochmal von vorne anfangen. Sie fluchte leise, bereute es jedoch umgehend, da ihr nicht entging, dass ihr Bruder es mitbekommen hatte.

"Nicht fluchen!", fuhr er sie an. "Mädchen dürfen das nicht, hat Vater gesagt!"

"Entschuldige!"

"Weiche nicht länger meiner Frage aus! Warum bist du so unmoralisch, Ronja?"

"Ich verstehe nichts von Moral, Christoph."

"Moral! Moral! Immer die Moral! Fang nicht wieder damit an, Ronja! Du gehst mir ziemlich auf die Nerven mit deiner Besessenheit von der Moral! Schon Kant hat gesagt, dass die Moral dem Menschen höchst schädlich und seiner Natur im höchsten Grade zuwider ist! Ronja, du bist ungebildet! Ronja, du musst Kant lesen! Lies die *Kritik der praktischen Vernunft*, dann wirst vielleicht auch du endlich moralisch!"

"Jawohl."

Eine ganze Weile verging, ohne dass einer der beiden ein Wort sagte. Sie waren zu sehr in ihre Tätigkeiten vertieft, als dass sie vom jeweils anderen überhaupt Notiz nahmen.

Schließlich unterbrach Christophs obszönes Fluchen die Stille. Er hatte das Spiel verloren und redete sich wahrlich in Rage. Ronja verhielt sich ruhig.

"Du blöde Kuh", fuhr er sie plötzlich an. "Rede endlich mit mir! Warum hast du nur kein Mitleid mit mir! Das werde ich den Eltern erzählen! Du unmoralisches Stück Scheiße!"

Ronja konnte die Tränen nicht länger zurückhalten. Es brach

alles aus ihr aus. Verzweifelt ließ sie das Nähzeug liegen und stürmte schlagartig die Treppe hinauf, in Richtung ihres Zimmers.

"Wer rennt, hat ein schlechtes Gewissen!", schrie ihr Christoph wutentbrannt hinterher. "Wer ein schlechtes Gewissen hat, der hat keine Moral, so pflegt Mutter immer zu sagen. Also renn nur, du Heulsuse! Wer melancholisch ist, hat keine Moral!"

Währenddessen hatte Ronja sich unter ihrer Decke versteckt und flennte ungehemmt. Als sie sich einige Minuten später wieder einigermaßen beruhigt und für ihr Befinden angemessen gebetet hatte, nahm sie aus der Schublade ihren kleinen MP3-Player hervor.

Der Vater hatte ihr eigentlich jedweden Besitz von elektronischen Geräten verboten. Diese würden den Geist verderben und die Seele verunreinigen, vor allem die eines kleinen Mädchens, so pflegte er immer zu sagen. Aus diesem Grund hielt sie den MP3-Player gut versteckt, was ihr bisher auch immer erfolgreich gelungen war, vor allem in Anbetracht der Tatsache, dass der Vater regelmäßig in ihren Sachen herumwühlte und alles durchsuchte. Angeblich nur zu ihrem Schutz, Schutz vor sich selbst und den unmoralischen Wünschen eines Mädchens. Das Gerät hatte sie sich im Übrigen nicht selbst gekauft, sie bekam schließlich kein Taschengeld, ganz im Gegensatz zu Christoph. Es war ein Geschenk von Tim, der Junge aus der siebten Klasse, der in sie verliebt war und in den sie auch verliebt war, bis der Vater davon erfuhr und sie zur Strafe eine ganze Woche lang einsperrte und verbot, diesen Jungen jemals wiederzusehen. Nun war es nur noch der kleine MP3-Player, der übrig geblieben war. Die einzige noch lebende Erinnerung an Tim...

Ronja schaltete die Musik an. Aus den Kopfhörern erklang die kräftige Stimme von Freddie Mercury: "I want to break free, I want to break free, I want to break free from your lies, You´re so self satisfied I don´t need you, I´ve got to break free, God knows, God knows I want to break free."

Und was tat Ronja? Wie es sich für ein mit Sünden aufgeladenes, schwaches und unmoralisches Mädchen gehört, heulte sie sich in den Schlaf. Heulsuse!

Die Eltern waren am nächsten Tag immer noch nicht zurück. Sie hatten anscheinend irgendwo übernachtet, ohne Bescheid zu sagen. Christoph war in der Schule. Ronja musste zuhause bleiben und sich um den Haushalt kümmern. Das war eine Abmachung mit ihren Eltern. Mädchen brauchen schließlich keine Bildung. Sie müssen nur funktionieren! Ronja bemühte sich krampfhaft und angestrengt ihr Reinheitsgelübde zu halten und keine schlechten Gedanken zu haben. Was nur, wenn den Eltern etwas zugestoßen war. Was, wenn sie alle beide tot wären? Oh, wie schön, das wäre! Nein, sie durfte den Gedanken nicht weiterführen! Es war strengstens untersagt! Wie konnte sie nur? Unmoralisches Mädchen, unmoralisches Mädchen, unmoralisches Mädchen! Kant wäre stolz auf sie!

Ronja bereitete das Essen zu. Sicherheitshalber kochte sie direkt für vier Personen, für den Fall, dass die Eltern, wider Erwarten, doch noch rechtzeitig zurückkämen. Während sie alles schön ordentlich vorbereitete, wie es sich für ein anständiges Mädchen gehörte, polterte plötzlich jemand die Tür hinein. Schwere Schuhe stampften über den Flur. Ronja erschrak. Sie erkannte die Schritte des Vaters.

Wenige Augenblicke später kamen der Vater und die Mutter um

die Ecke. Der Vater hatte einen großen Pizzakarton unter dem Arm.

"Ronjaaaa", säuselte die Mutter. "Schau mal, wir haben eine Überraschung für uns! Eine große Pizza für uns alle! Haben wir von unserem Ausflug mitgebracht, damit du nicht kochen brauchst. Du warst ja immer schön brav in der Messe gewesen!"

"Mutter, ich...", stammelte Ronja und verwies auf das Essen, welches sie soeben fertig zubereitet hatte. "Das ist sehr lieb von euch. Ihr seid so gute Eltern. Jedoch habe ich schon gekocht!"

Die Mutter blieb regungslos stehen, die Miene des Vaters verfinsterte sich plötzlich zusehends.

"Wie kannst du es wagen", fuhr er sie grob an. "Deine Mutter und ich, wir wollten dir eine Überraschung bereiten! Nur dir, extra für dich! Und was machst du? Du kochst einfach! Und das obwohl wir zur Feier des Tages, als große Überraschung eine Pizza mitgebracht haben. Oh, du unmoralisches Mädchen!"

Die Mutter brach in Tränen aus. "Womit habe ich nur dieses Kind verdient? Oh lieber Gott, sag mir, womit habe ich dieses Kind verdient!"

Der Vater nahm seine Frau tröstend in den Arm.

"Sieh nur, was du angerichtet hast! Deine arme Mutter! Sie ist ohnehin so schwer krank! Hat angeschlagene Nerven! Und du machst alles nur noch schlimmer!"

Ronja versuchte sich zu rechtfertigen. Sie war vollkommen erschrocken, vollkommen erbleicht und in ihren Augen bildeten sich Tränen. *Melancholische Menschen sind unmoralisch!*

"Aber Vater, ihr habt ja gar nicht angerufen. Woher hätte ich denn wissen sollen, dass ihr..."

"Du schreckliches Kind, schweig still", unterbrach sie der Vater mit heftig bebender Stimme. Wie ein unter Strom gesetzter Gorilla wirbelte er herum, auf und ab, wie das Rumpelstilzchen höchstpersönlich, der Kopf blutrot angelaufen, die violetten Adern an der Stirn heftig pulsierend und hervorstechend.

"Wie kannst du uns das antun? Deine Respektlosigkeit erreicht neue Ebenen!"

Er ließ die Pizza fallen.

"Sieh nur, was du angerichtet hast! Wozu nur all die mühseligen Jahre Erziehung? Nichts zahlst du uns zurück! Du, Ronja, bist wahrlich eine Strafe Gottes! Womit haben deine Mutter und ich das nur verdient. Du hast unsere Erziehung, unsere Arbeit niemals angemessen zu würdigen gewusst, du undankbares Kind. Dabei haben wir es stets gut mit dir gemeint! Doch das ist jetzt vorbei! Strafe muss sein! Zunächst einmal beseitigst du hier diese Unordnung!"

Er wies auf die Pizza, die in ihre Einzelteile verstreut auf dem Boden lag.

"Sofort!"

In Ronjas Kopf meldete sich eine Stimme zu Wort. Sie sprach die Worte reflexartig und ohne nachzudenken aus.

"Nein!"

"Wie bitte? Habe ich das richtig verstanden? Sag es erneut!"

Ronja nahm all ihren Mut zusammen, doch fühlte, dass sie das richtige tat.

"Nein!"

Die Worte sprach sie laut und deutlich mit bestimmter Stimme aus und sie fühlte sich dabei...großartig! So großartig wie wahrscheinlich noch nie zuvor in ihrem Leben. Zum ersten Mal überhaupt, spürte sie, richtig gehandelt zu haben. Dies war vermutlich die erste wahrlich moralische Tat in ihrem gesamten Leben!

Der Vater lief noch roter an als zuvor, sein aufgeregter Herzschlag war beinahe zu hören.

Aus Leibeskräften schrie er, warf Ronja die übelsten Beleidigungen an den Kopf. Die Mutter hörte nicht auf zu weinen.

Auf einmal hielt der Vater inne, völlig außer Atem. Ronja hatte nicht angefangen zu weinen. Sie wusste schließlich nicht wofür, sah keinen Grund dazu. Stattdessen nahm sie die verbalen Angriffe mit stoischer Gelassenheit hin.

Der Vater griff sich plötzlich an die Brust und stöhnte laut auf.

"Alles deine Schuld", waren seine letzten Worte. Dann fiel er tot zu Boden. Er hatte einen Herzinfarkt.

Die Mutter kniete nieder und weinte.

"Ach mein guter Mann, ach mein guter Mann. Was soll ich nur machen ohne dich? Was soll ich nur mit dem unmoralischen Kind tun?"

Ronja meinte nur: "Wenn du auch noch tot bist, sage ich Tim, dass ich ihn liebe!"

Die Mutter erbleichte. Ihre Augen weiteten sich vor Entsetzen. Dann brach auch sie zusammen und blieb regungslos liegen.

Ronja riss sich die Schürze vom Leib, lachte auf vor Freude und stürmte hinaus. Hinaus in die Freiheit. Keiner hat sie je wiedergesehen. Ich schwöre!

18 "Ich komme dann später nochmal"

Die alten Knochen knirschen und ächzen und die Gelenke klagen bei jeder Bewegung. Die Leichtigkeit von einst ist lange dahin. Das Leben geht den Bach hinunter, alsbald man einmal ein gewisses Alter erreicht hat. Auch Johannes, einem fünfundachtzigjährigen Witwer, ergeht es so.

Soll der Tod doch kommen und mich holen, denkt er. *In meinem Alter hat man sowieso nichts mehr zu verlieren. Mal abgesehen vom Leben, aber daran hänge ich ohnehin nicht mehr.*
Nein, die Zeiten in denen Johannes sich des Lebens erfreute, gehören der Vergangenheit an. Alsbald man einmal ein gewisses Alter erreicht hat, beginnt das Leben einem, anstatt Dinge zu schenken, Dinge wegzunehmen, manchmal gar einstige Geschenke zurückzunehmen und einem zu entreißen. Daran ist Johannes gewöhnt.

So ist das Leben, denkt er, sentimental wie er ist und wird ganz melancholisch darüber.
So ein alter Sack wie ich, denkt er. *Ist noch so melancholisch wie ein Teenager, der seinen ersten Liebeskummer überwinden muss.*
"Alles kommt wieder", hatte seine Frau, Inge, früher immer gesagt. "Das Leben ist wie ein Rad, ein ewiger Kreislauf. Am Ende ist man immer wieder dort, wo man angefangen hat. Alles kommt wieder!"

Also kommt auch die jugendliche Melancholie am Ende des Lebens wieder, so schlussfolgert Johannes. Daraus schließt er wiederum, dass sein eigenes Ende naht, da die Schwermut nun schon so drückend auf ihm lastet.

Aus Staub entstehen wir, zu Staub werden wir, denkt er und kommt sich dabei vor wie ein frommer Pfarrer, der Beerdigungen von irgendwelchen Dorftrotteln beiwohnen muss und dabei ganz melancholisch wird, wollte er doch eigentlich Papst werden und dafür sogar von den Frauen die Finger gelassen hat, was er jetzt ebenfalls bereut, da er schon alt und faltig ist und die hübschen Mädchen nicht einmal mehr Notiz von ihm nehmen.
Dieser absurde Gedankengang endet damit, dass Johannes plötzlich Mitleid mit jedem Pfarrer empfindet, dem er jemals begegnet ist, vor allem der von Inges Beerdigung, da dieser besonders frustriert aussah. Armer Teufel!
"Nur geboren, um zu sterben", seufzt Johannes leise vor sich hin. "Wofür dann überhaupt hier?"
Nein, so kann es nicht weitergehen! Er darf nicht völlig in Selbstmitleid versinken! Der Therapeut hat immer vehement davon abgeraten. Es sei irgendwie schädlich für das Immunsystem. Wie auch immer. Johannes hatte ohnehin nie wirklich zugehört. Er konnte die dauerhaft grinsende Visage dieses Affen von Therapeuten nie leiden. Der hatte es ja auch einfach! War jung, verdiente gutes Geld und hatte eine hübsche Frau. Was will man noch mehr? Nein, so jemanden konnte Johannes nicht ernstnehmen!
Aber in Bezug auf das schädliche Selbstmitleid muss er ihm freilich, ausnahmsweise zustimmen.
Sei glücklich, Johannes. Sei glücklich, du gebrechlicher, alter Sack. Du wirst eh bald verrecken!, denkt er und redet sich ein, er sei glücklich, jedoch mit eher mäßigem Erfolg. Schwachsinnige Therapie!

Vielleicht sollte er doch lieber bei einem kalten Bier Fußball gucken. Hat früher zur Abwechslung schließlich auch immer funktioniert.
Als Johannes den Fernseher einschaltet und sich das Spiel ansieht, kommt ihm erneut ein Gedanke: *Erstaunlich, dass*

einige Menschen ihren Lebenssinn darin sehen, wie ein Besessener einer Kugel hinterherzurennen. Interessant, interessant!
Doch wahrscheinlich findet man alles gut, wenn man jung und reich ist und findet seinen Lebenssinn sogar darin, zu diskutieren, ob der Ball nun im Aus war, oder nicht. Er, Johannes, erinnert sich nicht mehr daran, wie es früher war, früher, als er noch jung war. Es war schlichtweg zu lange her. Die Zeit rennt! Die Zeit, die Zeit, die Zeit. Welch subjektive Erscheinung sie doch ist! Ewig für den Jungen, zu kurz für den Alten. Quälend, wenn man wartet, flüchtig, wenn man glücklich ist, entsetzlich, wenn sie, ohne Vorankündigung, plötzlich weg ist. Die Zeit, die Zeit, die Zeit.
Ich spüre, wie meine abläuft, denkt Johannes und schaltet, von Neid erfüllt, den Fernseher wieder aus. Auch das Bier, von dem er nur einen Schluck getrunken hat, schiebt er beiseite. Die obligatorische Zigarette bleibt unangezündet.
Verkürzt meine Zeit nur, denkt Johannes und sein Magen zieht sich krampfhaft zusammen, beim Gedanken daran, wie viele Jahre seines Lebens er im Laufe seines Daseins wohl schon verraucht, versoffen und verfernsehgeschaut hat.
"Über schlimme Dinge darf man gar nicht erst nachdenken", hatte Inge immer gesagt. Doch machte es sie ungeschehen, wenn man sie ignorierte und so tat, als ob alles gut wäre? Wohl kaum! Dann doch lieber die Wahrheit erfahren und melancholisch sein. Was soll´s? Wir müssen eh alle sterben!
Warum hängen wir nur alle so an unserem Leben und lassen keinerlei Möglichkeit, selbiges künstlich in die Länge zu ziehen, ungenutzt?
Johannes erklärt sich dies mit dem Selbsterhaltungstrieb, der jedem Menschen zu eigen ist. Jedenfalls unter normalen Umständen. Doch kann die Antwort auf alles wirklich rational begreifbar gemacht werden? Anstatt, dass man einfach sein Leben genießt und es ohne Rücksicht auf Verluste auskostet!

Freilich, auch das ist unserem armen Johannes nicht gelungen. Er hätte mehr wagen müssen, mehr ausprobieren, mehr handeln!
Und da ist es wieder, das gute, altbewährte Selbstmitleid! Johannes lässt es über sich ergehen, teils aus Gewohnheit und der damit einhergehenden Bequemlichkeit, teils aus Resignation, weil er sich damit abgefunden hat, in Reue und voller Bedauern zu sterben.
Ich werde jetzt in Reue und voller Bedauern sterben, denkt Johannes und erhebt sich langsam von seinem Sessel, nicht ohne entsetzliche Schmerzen im Kreuz zu verspüren und nicht ohne das laute Aufschreien seiner schwachen Gelenke zu vernehmen.
Auf seine Krücke gestützt, humpelt der altersschwache Mann in Richtung seines Schlafgemachs, um sich ins Bett zu legen und dort den Tod zu erwarten.
Doch kaum betritt er das Zimmer, so wird er gewahr, dass es sich jemand auf seinem Bett gemütlich gemacht hat. Eine nicht zu identifizierende Gestalt, welche in einen schwarzen Kapuzenumhang gehüllt ist und neben dem Bett eine Sense liegen hat. Johannes, obgleich er nicht ganz unerstaunt ist, macht sich doch nichts aus diesem überraschenden Gast. Nein, aus dem Alter des Staunens ist er raus. Diese Zeit hat er überwunden.
"Was machst du hier?", fragt Johannes nur kurz angebunden und schließt mühsam die Tür hinter sich. Vielmehr als über den unangekündigten Besucher wundert er sich eher darüber, dass er heute seine Pillen noch nicht geschluckt hat, was ihm erst in diesem Moment einfällt.
Ich werde halt eben alt, denkt er. *Da ist man nun mal vergesslicher als früher, als man noch jung war.*
Früher, früher, früher. Wie schön das gewesen sein muss! Wie schön!
"Soll das ein Witz sein", entgegnet die unbekannte Gestalt, die

sich jetzt im Bett aufrichtet. "Du hast doch gewollt, dass ich komme. Du warst es, der mich herbeigewünscht hat! Jetzt bin ich da! Jetzt setz dich gefälligst auch mit mir auseinander! Mensch, wie undankbar ihr alle seid!"
Johannes versteht plötzlich. "Dann musst du der Tod sein, richtig", erkundigt er sich vorsichtig.
"Verzeihung, wo sind meine Manieren geblieben", poltert die Gestalt auf einmal, erhebt sich schlagartig und reicht Johannes seine eiskalte Hand.
"Gestatten, Gevatter Tod!"
"Gestatten, Johannes!"
"Aber das weiß ich doch, mein alter Freund. Komm, wir setzen uns."
Johannes nimmt direkt neben dem Tod auf der Bettkante Platz. Seine müden Beine erfreuen sich der sofort einsetzenden Entspannung. Kurz überlegt er, ob er dem Tod etwas zu trinken anbieten solle oder zumindest eine Zigarette, da er irgendwie das Gefühl hatte, dass dieser gerne rauche. Letztendlich lässt er es dann doch sein und fragt nicht.
"Komisch", meint er stattdessen, als er sein Gegenüber eine Zeit lang schweigend beobachtet hatte. "Du siehst genauso aus, wie ich es mir vorgestellt habe. Gesichtslos, mit schwarzem Umhang und da hinten liegt deine Sense."
Der Tod lacht über diese Aussage, wie ein Erwachsener über eine scheinbar dumme Feststellung eines Kleinkindes lachen würde.
"Aber natürlich, Johannes! Was hast du denn gedacht? Ich sehe für jeden Menschen genau so aus, wie er sich mich vorstellt. Und doch ist meine Gestalt wandelbar. Immer gleich und doch anders, du verstehst?"
"Nein."
Der Tod richtet seinen gesichtslosen Schädel direkt in Johannes Richtung und fährt fort: "Manchen Menschen erscheine ich als Waage. Andere nehmen mich als Sensemann wahr, so wie du.

Für manch anderen bin ich sogar Gott oder zuweilen gar ein Rabe oder eine Taube. Kommt ganz darauf an. Ich bin, was immer der Mensch in mir sieht, welche Vorstellung er von mir hat oder welche Funktion ich für ihn übernehme. Verstehst du mich jetzt besser?"
Johannes nickt und spürt dabei, wie seine Halswirbel schmerzhaft aneinanderreiben.
"Tod, darf ich dir eine Frage stellen?", sagt Johannes.
"Nur zu. Ich gehöre für den Augenblick nur dir!", erfolgt prompt die Antwort.
Johannes kratzt sich fragend am Kopf, überlegend, ob er die Frage wirklich stellen sollte. Könnte er mit der Antwort, wie auch immer diese ausfiele, leben? Egal! Er hatte ohnehin nichts zu verlieren, jetzt, wo er buchstäblich dem Tod ins Auge blickt. Auch wenn der Tod kein Auge besitzt, er hat schließlich kein Gesicht, aber sei´s drum.
"Wie geht es Inge, meiner Frau? Wo ist sie gerade?"
Der Tod neigt seinen Kopf zur Seite, wie Erwachsene es tun, wenn sie ihre Kinder belehren. Mit ernster Stimme beginnt er: "Also wirklich, Johannes. Denkst du etwa, ich bin allwissend? Jeden Tag besuche ich so viele Menschen. Du glaubst doch nicht, dass ich mir jedes Einzelschicksal in Erinnerung behalte. Das käme ja einer regelrechten Überforderung gleich. Hältst du mich etwa für einen Spießer?"
"Nein, nein", rudert Johannes zurück, der feststellt, dass er ins Fettnäpfchen getreten ist.
Der Tod fährt fort: "Wie auch immer du von mir denkst, Johannes, eines musst du wissen: Ich bin nicht voreingenommen! Ich bin fair und behandle alle Menschen gleich."
"Fair? Fair?", stößt Johannes empört hervor und muss sich zusammenreißen, nicht in einen Hustenanfall auszubrechen. "Kleine Kinder zu stehlen und alte Frauen und Männer so lange leiden zu lassen, das empfindest du als fair? Ich glaube

bezüglich der Weltanschauung liegen wir meilenweit auseinander!"
Der Tod setzt dem entgegen: "Menschen nicht unterschiedlich zu behandeln, die Reichen nicht zu bevorzugen, die Armen nicht zu benachteiligen, keinen Unterschied zwischen Mann und Frau, alt und jung vorzunehmen, Minderheiten und Angehörigen aller Nationen gleichermaßen zur Verfügung zu stehen und auch Dumme und Kluge gleichermaßen zu ereilen, hältst du das für gerecht?"
"Natürlich, aber", setzt Johannes zur Rechtfertigung an, wird jedoch unterbrochen.
"Na also. Überdenke vor diesem Hintergrund bitte deine Kritik!"
Johannes muss schlucken. Dieser Schlag ist hart zu verarbeiten. Resigniert stimmt er zu und sieht beschämt zu Boden, doch der Tod klopft ihm aufmunternd auf die Schultern, bis Johannes das Kreuz schmerzt.
"Mach dir keine Sorgen, alter Freund. Ich nehme das nicht persönlich. Weißt du, die Menschen brauchen immer eine Zeit lang, um mich kennenzulernen, um mich richtig zu verstehen. Ich bin nun mal nicht leicht im Umgang. Aber du bist auf einem guten Weg!"
"Sag mir Tod", beginnt Johannes, doch wird erneut unterbrochen.
"Nein, nein, keine weiteren Fragen. Alles, was du wissen musst, ist bereits in dir. Sinn und höhere Wahrheit findet der Einzelne nur für sich!"
"Bist du der Sinn", stellt Johannes entgegen der Anordnung doch noch seine Frage.
Der Tod lacht nur: "Ihr Menschen neigt dazu, mich überzubewerten. Nimm mich nicht zu ernst. So wichtig bin ich nämlich nicht!"
"Verstehe", murmelt Johannes vor sich hin. Vielleicht hatte er sich den Tod zuvor doch anders vorgestellt.
"Eigentlich bist du ziemlich nett", sagt Johannes.

"Ich bin nicht da, um gemocht oder gehasst zu werden", antwortet der Tod. "Ich bin einfach nur da! Außerdem interessiert es mich nicht, was ihr über mich denkt!"
Johannes stellt fest, wie überlegen ausgerechnet der Tod und niemand Geringeres hinsichtlich Lebensgestaltung ist. Tatsächlich hört er diesem ungewöhnlichen Gesprächspartner besser zu, als er jemals einem Therapeuten zugehört hat.
"Was starrst du mich so melancholisch an?", fährt der Tod ihn an.
"Ach, es ist so", seufzt Johannes. "Als intelligenter Mensch hat man es so schwierig in dieser Welt. Man nimmt eigenes und fremdes Leid viel intensiver wahr, als dass es für das eigene Wohlbefinden förderlich wäre. Man schafft es nicht einfach grundlos glücklich zu sein, wie all die anderen und sich an den simplen Dingen zu erfreuen."
Ihm kommt der Tod mittlerweile wie eine Art Vater vor, wie der Vater, den er sein ganzes Leben vermisst hat, wie der Vater, den er niemals kennengelernt hat.
Weise wie es nur eine solche Autoritätsperson sagen kann, spricht der Tod, indem er Johannes aufs Neue auf die Schulter klopft: "Mein lieber Freund, du nimmst nicht nur mich viel zu ernst, sondern auch dich selbst. Wie kannst du nur in Anbetracht deiner Unwissenheit beispielsweise in Bezug auf meine Wenigkeit, dich selbst als intelligent bezeichnen? Was weißt du schon, Johannes? Du verstehst nichts vom Leben und der Ewigkeit! Nichts! Deine Überheblichkeit ist völlig Fehl am Platz!"
Johannes kommen die Tränen, die sich schon länger in ihm aufgestaut haben und er weint leise.
"Wie?", ergreift der Tod erneut das Wort. "Du hast mich herbeigewünscht und jetzt wo ich da bin, bist du traurig darüber?"
"Wirst du mich mitnehmen?", fragt Johannes mit schwacher Stimme. "Eigentlich will ich noch gar nicht sterben."
Der Tod erhebt sich und greift zur Sense. "Geh zurück ins

Wohnzimmer und schaue das Spiel zu Ende! Ist es das, was du willst?"
Johannes denkt einen Moment nach. "Ja, das brauche ich. Danach bin ich bereit."
Der Tod klopft ihm wieder auf die Schultern. "Na siehst du, mein Freund! Jetzt, wo du mich kennst, weißt du, dass du nichts zu befürchten hast."
Der Tod tritt ein paar Schritte zurück und er verschwindet zurück in das Nichts, aus dem er gekommen ist. Nur noch seine klare, deutliche Stimme ist zu vernehmen:
"Ich komme dann später nochmal!"
"Beim nächsten Mal bitte als hübsche Frau", ruft Johannes zurück, doch erhält keine Antwort mehr. Es herrscht völlige Stille. Am besten nackt, denkt Johannes und stellt sich den Tod bildhaft als nackte Frau vor. Über diesen Gedanken muss er so heftig lachen, dass er völlig rot anläuft und das Gelächter in einem Hustenanfall endet. Doch er fühlt sich großartig, wie ein alberner Teenager. Johannes ist endlich wieder jung! Johannes weiß endlich wieder, wie es ist, wie es sich anfühlt, schön und jung zu sein! Im Anschluss geht er langsam zurück ins Wohnzimmer, schaut sich die letzten Minuten des Spiels an, während er sein Bier fertig trinkt und genüsslich eine Zigarette raucht. Daraufhin lässt er sich in seinen gemütlichen Sessel entspannt zurücksinken und erwartet seinen guten alten Freund.

19 Karussell

Mein Neffe liebt den Jahrmarkt in M. Das habe ich früher auch. Liegt wohl in der Natur des Kindes. Für mich ist das heutzutage nichts mehr. Die Karussells sind mir zu schnell. Ich hasse es, wenn sich alles so schnell dreht. Mir wird dann immer schwindelig.

Ich sage dem Jungen, er soll an meiner Hand gehen, sodass wir zusammen bleiben. Ich habe Angst, ihn zu verlieren in der Menschenmenge. Aber er hört nicht auf mich und rennt vorne weg. Nur wenn er Geld für ein Karussell oder ein Eis benötigt, kommt er zu mir zurück. Ich gebe ihm, was er braucht.

Die Flut an Menschen, die mir wie eine gigantische Welle entgegenströmt, ist mir sehr zuwider. Man kann sich kaum bewegen, ohne nicht mit irgendjemandem zusammen zu stoßen, der einem daraufhin einen vorwurfsvollen Blick zuwirft. Als ob es meine Schuld wäre. Er oder sie hätte sich schließlich genauso entschuldigen können, dennoch bin es immer ich, der um Verzeihung bittet.

Meinen Neffen scheint das weniger zu stören. Geschickt wie ein kleines Äffchen schlängelt er sich durch die Menschenmenge, stößt Personen beiseite, die ihn kaum wahrnehmen.

Ich soll mit ihm aufs Riesenrad gehen. Ich lehne ab und warte stattdessen unten. Alleine. Höhenangst hatte ich schon immer gehabt. Mühsam erkenne ich, wie der Junge mir von ganz oben zuwinkt. Ich setze ein gezwungenes Lächeln auf, dass er aus dieser Entfernung zweifellos nicht erkennen kann und winke ihm zurück. Dann muss ich jedoch den Blick senken, denn die Sonne blendet mich zu stark und meine Augen schmerzen.

Die Menschen um mich herum, nehme ich kaum wahr. Ich stehe still und regungslos wie eine Skulptur Rodins auf dem Marktplatz. Die Menschen huschen als Schatten an mir vorbei. Ich erkenne keine Details, nichts Genaues, nur kurz existierende Schleier, grau und schwarz, die sofort wieder in ihr ursprüngliches Nicht-Sein übergehen. Es kommt mir so vor, als sei ich das einzig unbewegte Objekt in diesem endlosen Augenblick, während alles um mich herum rast, beschleunigt, hetzt. Ich spüre die Unruhe, den Stress. Das ist die einzige Wirkung, die die Schatten, die Schleier, auf mich ausüben.

Der Junge kommt zu mir zurück. Die Fahrt ist vorbei. Es wundert mich, wie schnell er mich in der Menschenmenge findet. Womöglich, weil ich als einziger nicht verschwimme und noch klare Konturen aufweise.

Es kommt mir vor, als würden die Schatten mich verfolgen, die Schleier mich umzingeln. Alles dreht sich. Und doch lächle ich meinen Neffen an und gebe zumindest vor, ihm zuzuhören, wenn er mir von der Fahrt mit dem Riesenrad berichtet. In Gedanken bin ich nur bei den Schatten.

Mein Neffe hat Durst. Ich kaufe ihm eine Cola. Er schüttelt die Flasche, obwohl ich ihm sage, er soll es unterlassen. Die Cola sprudelt, tausende kleine Bläschen schäumen auf und zerplatzen. Die Flasche brodelt wie ein Vulkan, der im Begriff ist, zu explodieren.

Auch ich bekomme Durst, unterdrücke das Bedürfnis jedoch, da mein Neffe in ein Karussell steigt. Mir ist nach einem wärmenden Glühwein. Schließlich ist es schon spät im Jahr und die Sonne ist von Schatten und Schleiern bedeckt. Es wird langsam kalt. Langsam immer mehr.

Der Junge hatte zuvor versucht, mich zu überreden, mit ihm eine Runde zu fahren. Ich meinte daraufhin, dass es zu teuer wäre und solche Karussells nicht mehr für Menschen in meinem Alter geeignet seien. Dabei habe ich erst heute neues Gehalt überwiesen bekommen und der Junge wies mich voller Unverständnis darauf hin, dass mit dem Karussell auch viele Erwachsene fuhren, womit er Recht hatte. Ich willigte trotzdem nicht ein. Das störte den Jungen letztendlich aber kaum.

Von draußen, außerhalb der Plattform, beobachte ich, wie er wild im Kreis geschleudert wird und dabei lacht und sich freut als hätte seine Geliebte gerade seinen Heiratsantrag angenommen. Ich bemühe mich, das Gesicht des Kindes im Blick zu behalten aber aufgrund der Schnelligkeit des Karussells, verliere ich ihn oftmals aus den Augen. Das einzige, was ich ständig wahrnehme, sind die grellen Lichtblitze, die von unzähligen Lichterketten stammen, die bunten Farben, insbesondere rot und gelb, die sich mit den Schatten und Schleiern verbinden und einen albtraumhaften Anblick bieten. Mein Kopf dröhnt von der lauten Musik, den tausenden Stimmen in allen Tonlagen und nur denkbaren Oktaven, die tief und hoch aufeinanderprasseln und wie eine Naturkatastrophe wirken.

Das Karussell wird schneller und schneller und das Lachen der Fahrgäste dringt tief in mir ein und bohrt sich in mein Gedächtnis. Schließlich halte ich es nicht länger aus und verlasse die Plattform. Alles drehte sich.

Direkt neben dem Karussell befindet sich ein Stand mit Glühwein. Ich taumele unbeholfen an die Theke und warte, bis die Bedienung erscheint. Kurz schließe ich meine Augen und massiere mir die Schläfen, denn mein Kopf schmerzt ungeheuerlich, als würde ein fester Stiefel von innen meine Augäpfel zerdrücken und währenddessen ein Hammer gegen meine Schädeldecke schlagen. Schließlich erscheint die Bedienung. Automatisch bestelle ich, ohne aufzusehen einen Glühwein, erhalte jedoch die Antwort, dass alles weg ist. Schlagartig sehe ich auf, doch nicht wegen der Mitteilung an sich, sondern wegen der angenehmen Frauenstimme, die mir die Nachricht übermittelte. Ich erkenne die Stimme sofort. Ihr Klang regt alte Erinnerungen in mir an, erweckt längst vergangene Assoziationen und legt tief liegende Gefühle frei, die in meinem Innern nach all den vielen Jahren nach wie vor vorhanden sind. Wie eine Blume, die unter einer dichten Schneefläche verborgen ist und mithilfe einer Schaufel befreit wird.

Du bist es Manuela, sage ich erstaunt und blicke in ein mir bekanntes Gesicht. Meine alte Jugendliebe steht in voller Pracht vor mir. Der Zahn der Zeit scheint kaum an ihr genagt zu haben, mit mir nicht vergleichbar. Wie damals ertrinke ich wieder im Ozean ihrer azurblauen Augen. Ihr schwarzes Haar hat nichts von seinem Glanz verloren, die feinen, engelsgleichen Gesichtszüge sind so makellos und perfekt proportioniert wie früher. Sie sieht noch genauso aus wie damals, als wir Kinder waren, als wir jung und somit leicht zufriedenzustellen waren. Anspruchslos und einfach nur glücklich, ohne jedwede Bedingungen. Leicht zu unterhalten und abzulenken mit Oberflächlichkeiten, die kleinen Dinge des Lebens genießend. Oh wie wünsche ich mir diese Zeit zurück.

Mir entfährt ein Seufzer, den ich nicht unterdrücken kann. Manuela! Sie nimmt ihn wahr und wirft mir einen abwertenden Blick zu. Ihre Stirn legt sich in Falten, der schöne, rote Mund, der mein Blut in Wallungen geraten lässt, verzieht sich vor Ekel. Doch meine Lippen brennen vor Verlangen, diesen Mund ein einziges Mal zu berühren. Oh, nur ein einziges Mal!

Hätte ich mich nur damals intensiver um sie bemüht. Doch ein anderer war mir zuvorgekommen. Ein Schatten ist immer schneller, als man selbst, einem immer einen Schritt voraus. Ich hasste sie und mich selbst dafür, dass sie, jemand, der nicht das Geringste von mir hielt, einen derart großen Platz in meinem Leben einnahm. Sie strafte mich damals schon immer mit

Ignoranz und Abscheu. Oh wie sehr wünsche ich mir die Erfüllung meines Verlangens, das Löschen des Durstes! Oh wie sehr liebe ich, hasse ich, bereue ich!

Ich fürchte, ich kenne Sie nicht, sagt sie zu nur zu mir. In ihrer Mimik spiegelt sich Verachtung wider und ich werde aufs Neue mit der Sinnlosigkeit meiner Existenz konfrontiert. Mein Kopf schmerzt als sie sich von mir abwendet, mir den Rücken kehrt und sich hastig von mir entfernt.

Aus den Augenwinkeln nehme ich wahr, dass das Karussell immer noch fährt. Meinen unbeschwerten Neffen sehe ich jedoch nicht mehr. Ich habe ihn wohl auch verloren. Jetzt weiß ich selber auch nicht mehr, wer ich bin...

20 Perspektiven

Zumindest musste er sich jetzt nicht mehr um die Dinge sorgen, die ihn sonst so sehr plagten. Jetzt hatte er immerhin ein wirklich schwerwiegendes Problem, das seine Ängste rechtfertigte, alles andere in den Schatten stellte und wirklich begründeten Anlass zur Sorge gab.

Keiner durfte davon erfahren. Seine Strafe würde ungeheuerlich schwerwiegend ausfallen. Den Rest seines Lebens würde er nichts anderes mehr sehen als Tag ein, Tag aus dieselben vier grauen Wände einer Zelle, sollte er auffallen, sollte sie ihn verraten. Das waren wirklich große Sorgen!

Dementsprechend ängstlich und verunsichert näherte er sich dem Keller. Seine zitternde Hand steckte den Schlüssel behutsam in das Loch. Er durfte sich seine Angst unter keinen Umständen anmerken lassen. Nach außen hin musste er Stärke und Selbstvertrauen ausstrahlen, so wie es sich für einen Mann gehörte! Alles andere war ein Zeichen für Schwäche und konnte er sich nicht erlauben, erst recht nicht unter diesen Umständen.

Während er den Schlüssel langsam umdrehte und das daraus resultierende Rascheln und Knirschen in seine Ohren drang, machte er sich auf alles gefasst. Wie in Zeitlupe öffnete er die schwere Tür und wartete regelrecht darauf, dass sie ihm aus der Dunkelheit entgegengesprungen kam, sich auf wie ein ausgehungerter Tiger auf ihn stürzte und wie ein lange eingesperrter Hund in die Freiheit entlief.

Er ging in seine Kampfstellung über, einem möglichen Angriff gewappnet, doch es geschah nichts. Von der Decke herab hing eine einzige Glühbirne, die schwach leuchtete und den Raum in ein milchiges, beinahe nebliges Licht hüllte. In letzter Zeit hatte sie immer wieder versucht, zu entkommen, hatte ihn attackiert, gebissen, geschlagen, getreten, doch es war ihm stets gelungen, sich durchzusetzen. Diesmal gewahrte er zu seiner großen Verwunderung, dass sie seelenruhig in der hintersten Ecke des Raumes saß, den Rücken gegen die Wand gelehnt und die Beine aufgestellt.

Er schloss die Tür hinter sich und stieg die wenigen Stufen hinab, die ihn direkt in das Herz des Raumes führten. Ob sie gerade schlief? Nein, denn als er sich ihr näherte, stellte er fest, dass ihre Augen geöffnet waren. Das schwache Licht, das von der Decke herabstrahlte, spiegelte sich in ihren wilden, leidenschaftlichen Augen wider und ließ diese funkeln.

"Hallo Süße", begrüßte er die junge Frau und betrachtete sie von oben herab. Sie blickte zu ihm herauf und nickte. In dieser Position erschien sie ihm so schwach, so unterwürfig und ihm unterlegen, insbesondere in Anbetracht ihrer Verletzungen. Blutige Schrammen durchzogen ihr ansonsten reines, ungetrübtes Gesicht und hinterließen rote Spüren auf ihrer wachsfarbenen Haut. Das knappe weiße Kleid, welches er ihr zum Anziehen zur Verfügung gestellt hatte, entblößte große Teile ihrer, ebenfalls von Wunden und Blutergüssen geprägten Haut.

Ihre zwar mittlerweile etwas fettig und verklebt gewordenen schwarzen Haare hatten von ihrer ursprünglichen Schönheit nichts eingebüßt, obwohl sie derart zerzaust waren, dass eine gewisse Regelmäßigkeit und Form in der Frisur nicht mehr zu erkennen war. Sein Blick fiel auf ihren Mund, auf die blutroten Lippen, auf das verschmierte Make-Up.

Ihr gesamter Anblick hinterließ einen unvorstellbar erregenden Eindruck auf ihn. Unwillkürlich leckte er sich die Lippen, bei dem Gedanken an dem, was er weiter mit ihr vorhatte.

"Sehr gehorsam heute", lobte er sie. "Du hast wohl endlich eingesehen, dass du mir gehörst und es für dich kein Entkommen gibt! Hier wird ganz sicher niemand jemals nach dir suchen!"

Sein Herz überschlug sich, zum Teil aufgrund der Erregung, aber auch vor Angst. Was, wenn er doch auffiele? Was, wenn das Mädchen verrückt würde? Natürlich ließ er es darauf ankommen, doch dass er ihr mit seinem Handeln Unrecht tat, wusste er nur zu gut. Es war ihm vollkommen bewusst und es schmerzte ihn sehr. Doch lassen konnte er es nicht. Einen Moment lang hatte er die Kontrolle verloren. Dies war nicht mehr rückgängig zu machen. Jetzt konnte er sie nicht mehr frei lassen. Dafür war zu viel geschehen, dafür war es zu spät. Es wäre gleichbedeutend mit seinem eigenen Untergang. Aus Gründen des Selbstschutzes konnte er sich dies nicht erlauben!

"Ich bin zu müde", sagte sie.

"Sieh mich an", befahl er. Sie tat es.

"Wie wunderschön du bist, Julia!"

Er beugte sich zu ihr hinunter und ließ seine langen Finger über ihre warmen Wangen gleiten. Ein elektrischer Impuls schoss plötzlich durch seinen Körper und durchdrang jedes einzelne Glied, sodass sich die Haare aufstellten und ein eiskalter Schauer sich seiner bemächtigte. Unwillkürlich musste er stöhnen.

"Du erinnerst mich an meine große Jugendliebe!"

"Die, die bei dem Autounfall gestorben ist?"

"Ja, genau an die. Ich liebte sie über alles, wenngleich wir niemals ein einziges Wort miteinander gewechselt haben. Vermutlich musste sie nicht einmal von meiner Existenz. Kein

Tag vergeht, an dem ich es nicht bereue, sie niemals angesprochen zu haben."

"Die Geschichte hast du mir gestern schon erzählt."

"Ich langweile dich wohl."

"Keineswegs. Ich verstehe deine Trauer."

Seine Augen weiteten sich vor Erstaunen.

"Was hast du gesagt? Du verstehst mich?"

"Ja."

Damit hatte er nicht gerechnet. So schlecht wie er sie behandelte. Wie konnte sie da überhaupt noch Mitleid mit ihm empfinden oder Verständnis für sein Handeln aufbringen? Dies erschien ihm unerklärlich! So sehr diese Offenbarung auch sein Herz erwärmte, erfreute er sich ihrer dennoch nicht, da sie seine glühende Erregung abklingen ließ.

"Ich will aber kein Verständnis von dir!", fuhr er sie an und öffnete den Gürtel seiner Hose. "An dich stelle ich ganz andere Erwartungen, meine Kleine!"

Sie warf ihm einen unterwürfigen Blick zu und lächelte schief, was seine Erregung wieder steigerte.

"Das weiß ich doch", sagte sie. "Ich kenne dich dafür mittlerweile zu gut!"

Er ließ die Hose herunter und knöpfte auch sein Hemd auf. Er erwartete Gegenwehr, dass sie nach ihm treten, ihn von sich wegstoßen oder um Hilfe schreien würde, doch sie tat nichts dergleichen. Dass sie sich das letzte Mal wehrte, war in der Tat schon eine Zeit lang her, doch seine grundsätzliche Verunsicherung wurde er nicht los.

Gewisse Prozesse hatten sich mittlerweile regelrecht automatisiert. Sie war gerade dabei, sich ihren Rock selbstständig auszuziehen, doch er hinderte sie daran.

"Ich will es selbst machen", erklärte er und verständnisvoll ließ sie ihn gewähren. Ihm gefiel der Gedanke nicht, dass sie sich freiwillig auf ihn einließ. Die Vorstellung davon, ihrem Willen zuwiderzuhandeln und sie, nötigenfalls mit Gewalt, zu überwinden, erregte ihn viel mehr. Also riss er ihr die Kleidung vom Leib und stürzte sich wie ein wildes Tier auf sie. Sie ließ ihn gewähren.

"Was ist los?", erkundigte er sich, beinahe besorgt. "Warum wehrst du dich nicht? Ich will, dass du schreist, dass du mich schlägst und mir den Tod wünschst, so wie früher immer! Du hast dich so verändert! Bist du etwa krank geworden?"

"Mach nur, mach nur", gab sie gleichgültig zurück. "Ich beginne, es zu genießen."

"Nein, das kann doch nicht wahr sein! Aber so gefällt es mir doch gar nicht!"

Er wurde wütend, schlug sie. Seine Berührungen wurden grober, härter. Aggressiv verging er sich an ihr, doch ihrem Verhalten nach zu urteilen, schien sie es tatsächlich zu genießen.

Als der Akt beendet und sie beide sich wieder angekleidet hatten, stellte er resigniert fest.

"Früher war es schöner mit dir."

"Darf ich zur Toilette?"

"Wie bitte?"

"Du hast mich verstanden."

"Die Türen sind verschlossen, die Fenster verriegelt und die

Telefonverbindung unterbrochen! Verschwende keinen Gedanken an Flucht!"

"Ich will nicht fliehen, ich muss nur zur Toilette!"

"Meinetwegen, du darfst."

"Ich danke dir!"

Sie erhob sich elegant, küsste ihn und schlich wie ein Schatten davon. Tatsächlich kehrte sie wenige Minuten später gehorsam und freudestrahlend zurück.

"Du bist so gut zu mir", meinte sie und streichelte ihn sanft und liebevoll.

"Wie bitte?" Er konnte es nicht fassen.

"Du hast mich verstanden!"

"Irgendwie verhältst du dich merkwürdig. Sag mir, was stimmt nicht mit dir?"

"Mit mir ist alles in Ordnung, jedoch mit dir nicht so wie mir scheint."

Ungläubig schüttelte er den Kopf. Sie war entweder eine verdammt gute Schauspielerin, die eine neue Strategie, um ihm zu entkommen, ausprobierte, oder sie meinte all dies wirklich so. Er ging selbstverständlich vom ersten Fall aus und entschied, sie darauf anzusprechen.

"Hör mir gut zu, Schätzchen. Netter Trick aber so entkommst du mir nicht. Es gibt kein Entkommen für dich! Glaub nicht, dass ich darauf reinfalle!"

Sie lächelte. "Das habe ich eingesehen und weißt du was? Ich will auch gar nicht mehr weg. Hier geht es mir schließlich gut! Ab und zu bekomme ich von dir etwas zu essen, ich darf zur Toilette gehen, ich darf viel Zeit mit dir verbringen. Eigentlich mangelt es mir an nichts, da all meine menschlichen Grundbedürfnisse gestillt sind. Nahrung, soziale Kontakte und Sex. Was will ich noch mehr? Im Grunde genommen könnte es mir gar nicht besser gehen!"

Unfähig diese Worte einzuordnen, blieb ihm nichts anderes übrig, als zu lachen. Die Ironie erschien ihm derart aufgesetzt und lächerlich, dass er gar eine versteckte Kamera vermutete. Zu seiner Sicherheit trug dieses seltsame Verhalten seines Opfers mitnichten bei. Im Gegenteil, es verunsicherte ihn nur noch mehr. Hatte denn niemand Erbarmen mit ihm? Wie sehr sollte er denn noch unter seinen Selbstzweifeln und zahlreichen Komplexen leiden? Wann hatte sie ihn endlich genug gequält?

"Nimm doch mal Rücksicht auf mich!", flehte er sie an. "Ich habe es doch so schwer! Du bist schließlich die erste Person, mit der ich jemals intim geworden bin. Mein erster sexueller Kontakt! Bringe doch etwas mehr Verständnis für mich auf!"

"Alles was du hast, hat irgendwann dich", gab sie augenzwinkernd zurück.

Plötzlich strahlte sie, dieses zutiefst geschändete und misshandelte Wesen, dieses verstümmelte Etwas, eine ungeheuerliche Stärke aus, als würde ein göttliches Licht in ihr brennen und ihr engelhafte Flügel verleihen.

Zumindest musste sie sich jetzt nicht mehr um die Dinge sorgen, die sie sonst so sehr plagten. Jetzt hatte sie immerhin ein wirklich schwerwiegendes Problem, das ihre Ängste rechtfertigte, alles andere in den Schatten stellte und wirklich begründeten Anlass zur Sorge gab.

Keiner durfte davon erfahren. Niemand sollte sie stören in ihrer lieblichen Zweisamkeit. Sie genoss die Zeit mit ihm. Doch die würden das nicht verstehen. Die würden ihn für den Rest seines Lebens wegsperren. Und sie würden die wahrscheinlich für den Rest ihres Lebens einer entsetzlichen Therapie zur Verarbeitung dieser Ereignisse aussetzen. Welch eine Zumutung! Nein, daran hatte sie kein Interesse!

Erneut befanden sie sich im Akt. Sie stöhnte vor Erregung und bat ihn, noch härter, noch grober vorzugehen. Er hasste es, wenn sie das sagte. Er hasste es, wenn sie ihm Vorschriften machte, da er derjenige sein wollte, der Forderungen erteilte. Um seine Gefühle nicht zu verletzen, äußerte sie sich daher nicht mehr und ließ ihn einfach gewähren. Schließlich wollte auch sie, dass er Spaß daran hatte, dass er genauso glücklich war, wie sie.

"Wir müssen reden", sagte sie mit ernstem Ton, als er am darauffolgenden Tag wieder zu ihr in den Keller kam, um ihr Essen zu bringen.

Er nahm ihr gegenüber auf dem Boden Platz. Die Lampe erhellte sein Gesicht, der Rest seines Körpers befand sich im Dunklen.

Seine braunen Augen ließen ihr Herz schmelzen. Die langen, bereits leicht ergrauten Haare, die er in einem Pferdeschwanz hinter dem Kopf zusammengebunden hatte, verliehen seinem Äußeren etwas Leidenschaftliches und Wildes. Das liebte sie an ihm! Auch der Anblick seines durchtrainierten, stahlharten Körpers, den sie mittlerweile unzählige Male in Aktion gesehen und zu spüren bekommen hatte, erregte sie.

Nur noch schwach waren die Erinnerung an jene Zeiten, in denen sie dieses Gesicht zutiefst verabscheute, in denen es ihr größte Angst bereitete, in denen sie es verletzte und sich nichts sehnlicher wünschte, als es niemals wieder zu sehen. Diese

Zeiten gehörten lange der Vergangenheit an. Sie war schlichtweg dumm und naiv gewesen. Jetzt, als gereifte Frau wusste sie es besser. Einem großen Irrtum war sie zum Opfer gefallen, nämlich, dass dieser Mann ihr Schaden zufügen würde. Doch dem war nicht so, wie sie mittlerweile für sich erkannt hatte. Immerhin ließ er sie zur Toilette gehen und sorgte ansonsten dafür, dass all ihre menschlichen Grundbedürfnisse gestillt wurden. Mehr konnte sie von einem Mann, vom Leben generell nicht erwarten. Es war ihr zwar unmöglich mit Bestimmtheit festzustellen, wie viel Zeit sie mittlerweile schon mit ihm verbracht hatte, wie lange sie bereits bei ihm, an diesem Ort war, doch es war ohne Zweifel die beste Zeit ihres Lebens! Was hatte sie schon zuvor gehabt? Die Männer hatten sie betrogen, hintergangen, im Stich gelassen, wenn sie auf Hilfe angewiesen war. All ihre Beziehungen waren bereits gescheitert, noch bevor sie angefangen hatten. Doch jetzt hatte sie endlich einen Mann gefunden, der nicht so war, wie die anderen, der sich aufrichtig für sie interessierte, der sich um sie kümmerte, der ihr die Aufmerksamkeit entgegenbrachte, die ihr Zeit ihres Lebens niemals zuteil wurde. Ein Mann, der alles für sie tat, sie sogar bei sich wohnen ließ und jeden Tag besuchte. Der sie mit Essen und gutem Sex verwöhnte! Was konnte ein Mann schon mehr leisten? Andere Frauen würden sie für eine solche Beziehung definitiv beneiden, wenn sie davon wüssten. Zwar waren die Umstände zugegebenermaßen etwas ungewöhnlich, doch sie störte das nicht mehr. Undankbar war sie gewesen, dies lange Zeit nicht zu schätzen, diesen Mann zu schlagen, zu beißen, zu treten, nächtelang erbittert zu weinen, um Hilfe zu schreien und gegen die schwere Tür zu hämmern. Doch jetzt zeigte sie sich dankbar! Sie war so glücklich, wie noch nie zuvor in ihrem Leben, denn endlich hatte sie das Gefühl, wahrscheinlich ebenfalls zum ersten Mal überhaupt, wahrhaft zu leben. Ja, sie spürte das Leben in all seinen Facetten, sog es ein, nahm es intensiv wahr. Emotional hatte sie mit ihm alles durchgemacht. Er hatte Gefühle in ihr ausgelöst, von denen sie nicht einmal wusste, dass diese überhaupt existierten und selbst wenn sie davon in der Theorie wusste, spürte sie nun, was sich tatsächlich hinter diesen abstrakten Begriffen verbarg, denn es bestand ein gewaltiger Unterschied darin, nur zu wissen und es tatsächlich zu fühlen, zu erfahren, zu leben. Unbeschreibliche Angst, grenzenloser Hass trafen auf aufkeimende Zuneigung, ewige Dankbarkeit und wahre Liebe. Somit stellte sich ein emotionales Konstrukt ein, das intensiver nicht sein könnte und sie mit ihm wohl bis zu ihrem Tod, aufs Innigste untrennbar verband. Hierin lag ihre Dankbarkeit, ihre Liebe zu ihm begründet. Und sie wollte nicht, dass diese Zeit jemals endete.

"Was möchtest du mir mitteilen", fragte er sie und sah sie erwartungsvoll an.

"Wie soll ich es nur sagen? Also, mir fehlen die Worte."

"Sprich! Ohne Umwege, einfach wie es kommt!"

"Du hast es so gewollt! Na gut, ich sage es direkt. Ich habe noch nie so etwas für einen Mann empfunden, wie für dich! Ich liebe dich!"

Er schüttelte nur den Kopf.

"Ich will dich, verstehst du denn nicht? Es ist doch das, was du auch willst!"

"Du bist wirklich komisch, weißt du das? Wirklich komisch?"

"Ich kann doch meine Gefühle nicht steuern! Ich kann doch nichts dafür!"

"Ich verstehe."

"Was hast du gesagt?"

"Du hast mich verstanden!"

Ihre Augen weiteten sich vor Freude. Sie fiel ihm um den Hals, küsste ihn leidenschaftlich.

"Du zeigst so viel Verständnis! Du bist so ein gutherziger, sensibler Mann! Dafür liebe ich dich!"

"Wenn du meinst", gab er nur zurück und rollte mit den Augen. Er ließ sie gewähren.

"Was ist los mit dir?", erkundigte sie sich, hielt einen Moment inne und schlug ihn.

"Sonst magst du diese Art von Berührungen doch so sehr", fuhr sie fort und ließ ihre langen Finger unter sein Hemd gleiten. Sie betastete seinen behaarten Oberkörper, stimulierte ihn.

Da er keine Reaktion zeigte, schlug sie ihn erneut.

"Bist du krank oder so? Komm endlich wieder zu dir! Sonst liebst du den Kontakt mit mir doch auch. Du verhältst dich so komisch! Was ist nur los mit dir?"

"Mir gefällt es nicht!", sagte er verbittert. Seine Miene verfinsterte sich aber er ließ sie dennoch gewähren. Mittlerweile hatte sie sowohl ihn als auch sie selbst entkleidet.

"Was gefällt dir nicht, Schatz?"

"Dass dir es gefällt!"

"Sei nicht albern. Ich weiß genau, dass dir sehr an meinem Wohlbefinden gelegen ist. Ansonsten würdest du dich doch nicht so gut um mich kümmern!"

"Ich will nicht, dass du es tust! Lass es bitte sein! Ich mag es nicht!" Sie schenkte seinem verzweifelten Flehen keine Aufmerksamkeit. Sie genoss es, die Kontrolle zu haben. Sie liebte ihre Überlegenheit. Unterwürfig wie er war, verging sie sich an ihm, kostete sein Leiden völlig schonungslos aus und stöhnte vor Erregung. Sie lag auf ihm, was ihn zu schockieren schien. In seiner Paralyse war er nicht imstande, sich zu regen, geschweige denn in irgendeiner Form zur Wehr zu setzen. Sie bewegte sich immer heftiger auf ihm auf und ab, schloss die Augen um den Moment höchster Erregung noch intensiver wahrzunehmen. Ihr Stöhnen vermischte sich mit seinen verzweifelten Schreien.

Unterbrochen wurde der Akt dadurch, dass von außen jemand plötzlich mit aller Kraft die Tür eingetreten hatte. Überrascht hielten sie inne und gewahrten voller Schrecken, dass sich ein halbes Dutzend Polizisten in dem kleinen Kellerraum wiederfanden. Diese waren einem anonymen Hinweis nachgegangen und konnten schließlich ihren Aufenthaltsort feststellen.

"Hände hoch! Nicht bewegen!", bellten sie quasi im Chor und richteten ihre Waffen auf ihn.

Er lag immer noch unter ihr und winselte leise. Sein Schicksal war besiegelt! Und das ihre auch.

"Sie haben uns", heulte sie leise vor sich hin, bevor sie einen leidenden Schrei der Enttäuschung von sich gab! Ihr war wirklich nichts vergönnt! Am allerwenigsten guten Sex!

21 Seelen am Firmament

"Blicke oft zu den Sternen empor, als wandelst du mit ihnen. Solche Gedanken reinigen die Seele von dem Schmutz des Erdenlebens."

Marc Aurel

Dunkelheit. Jedenfalls im Zimmer. Draußen war es recht hell. Das lag an den Sternen, die in jener wolkenlosen, ungetrübten Nacht den Firmament erhellten. Lisa saß am Fenster und beobachtete fasziniert den Himmel. Das Schimmern der Sterne spiegelte sich in ihren Augen. Jeden Abend blickte sie voller Sehnsucht nach vergangenen Zeiten und fernen Welten, gekleidet in ihr mit Sternen übersätes Nachthemd, in den Himmel. Jeden Abend. Dort, so dachte sie, finde sie Antworten auf all ihre Fragen. Nur dort könne ihr verzweifeltes Flehen erhört werden. Nur dort könne sie noch sie selbst sein. Also flüchtete sie sich in die Welt des Übernatürlichen, der Welt der Sterne, um dem irdischen Elende zu entfliehen.

Um sich gänzlich diesen herrlichen Träumereien hinzugeben, hörte Lisa auf ihrem CD-Player die Mondscheinsonate Ludwig van Beethovens. *Heißt es nicht, alle Antworten stünden in den Sternen?*, fragte sie sich. Ihr Blick fiel auf das Bild ihrer vergangenes Jahr verstorbenen Großmutter, das sich auf der Fensterbank befand. Lisa nahm es zur Hand und wie sie es betrachtete, stiegen ihr Tränen in die Augen. Wie sehr sie ihre Großmutter wirklich vermisste, wurde ihr stets bewusst, wenn sie unter dem nächtlichen Sternhimmel saß. Jener Stern dort, dieser besonders schön leuchtende, der sofort alle Aufmerksamkeit auf sich zog, erinnerte sie immer an ihre Großmutter. Dieses Licht des Himmels strahlte die gleiche Wärme und grenzenlose Güte aus, wie die unscheinbare alte Frau es getan. *Ob Oma gar dieser Stern ist?*, fragte sich Lisa. Schließlich war sie auch im irdischen Leben wahrlich ein Stern von derart schöner Ausstrahlung. Dass sie diesen Stern erst bemerkt hatte, als ihre Großmutter die vergängliche Welt verlassen hatte, bestätigte sie in dieser Annahme. *Ob alle Menschen zu Sternen werden, wenn sie sterben?*, fragte sich Lisa. Sie legte das Bild beiseite und widmete sich wieder gänzlich den kleinen funkelnden Sonnen dort draußen, in weiter Ferne, in einer anderen Zeit, in den endlosen Weiten des Universums. Just in diesem Augenblick fühlte sie sich auf einmal mit allem verbunden. Sie fühlte sich, als würde sie schweben, in Richtung der Sterne fliegen, mit den Händen nach dem schönsten von ihnen greifen, ihn auf ihr pochendes, von Liebe erfülltes Herz legen und nimmermehr loslassen. Und als sie sich in dieser parallel existierenden Welt verlor, bemächtigte sich das Gefühl, dass sie selbst ein Teil von alledem war, ihrer. Zwar nur wie alles andere in der materiellen Welt, wahrlich ein Staubkorn in der Unendlichkeit des Kosmos aber dennoch zum Sein dazugehörend. Denn jene himmlische Kraft der Sterne wohnte auch ihr inne, sowie jedem anderen Lebewesen ebenfalls. Also stellte Lisa ihrer Großmutter, das Haupt gen Himmel gerichtet, die Frage, die sie am meisten beschäftigte: "Werden Mama und Papa wieder zusammenkommen?"

Sie schloss die Augen und ging in sich, hörte auf das leise Flüstern ihres Herzens, das immer die Antwort zu wissen schien. Genau wie die Sterne. Beethoven schwieg.

In diesem Moment betrat Lisas Mutter das Zimmer ihrer Tochter, natürlich ohne vorher anzuklopfen, wovon Lisa sich jedoch nicht in ihrer Konzentration stören ließ.

"Hast du immer noch nicht aufgeräumt, Lisa", stellte die Mutter mit Blick auf die leeren auf dem Boden verstreuten Flaschen fest. Lisa drehte sich langsam um und sah ihre Mutter an. Diese trug ein grünes Kleid. Eine gefühlte Ewigkeit sahen sich die beiden wortlos an, schienen jedoch auf einer tieferen Ebene zu kommunizieren und sich gegenseitig zu verstehen. Denn wo das Herz und die Sterne sprachen, bedurfte es keinerlei Worte. Auch in den Augen der Mutter glitzerten Tränen, in denen sich das Licht der Sterne spiegelte. Schließlich nahm sie Lisa in den Arm. Währenddessen sagte sie mit Blick aus dem Fenster, das Haupt gen Himmel gerichtet: "Für mich bist du der Stern, der dort oben am schönsten leuchtet und alle Aufmerksamkeit auf sich zieht."

22 Vater und Sohn

Wie jeden Abend saßen wir alle zusammen in unserem Wohnzimmer. "Wir", das sind meine Mutter, mein Vater und ich. Natürlich ist auch der Hund, Mars, nicht zu vergessen. Doch wüsste man nichts von der Anwesenheit eines Tieres, so würde er nicht weiter auffallen. In Frieden und Einklang mit sich und anderen lag er zumeist auf dem Teppichboden unter einer grünen Wolldecke versteckt. Sein Dasein äußerte sich nur durch die gelegentlichen Hebungen und Senkungen der Decke, die rhythmisch erfolgten und auf das tiefe Atmen des treuen Tieres schließen ließen.

Meine Mutter, eine alte, von Krankheiten gepeinigte Frau, die ich zutiefst bemitleidete, saß mir gegenüber in ihrem alten, von Motten und ähnlichem Ungeziefer bereits zerfressenen Sofa, ebenfalls in eine dicke Wolldecke eingehüllt, um sich vor der Kälte zu schützen. Auch im Sommer. Die Zeit vertrieb sie sich, indem sie strickte, wobei sie sich aufgrund ihrer Leiden und Gebrechen von Zeit zu Zeit dazu genötigt fühlte, die Arbeit zu unterbrechen und für einige Augenblicke die brennenden Augen zu schließen.

Manchmal legten wir eine Schallplatte auf, so auch an diesem Abend und lauschten andächtig der Stimme von Elvis Presley.

Der Vater saß am anderen Ende unseres kleinen, wenngleich gemütlich eingerichteten Wohnzimmers, von wo aus er zwar uns beide mühelos beobachten konnte, wir, um ihn zu sehen, jedoch den Kopf drehen mussten. Den starren Blick hatte er auf ein

Foto gerichtet, das an der gegenüberliegenden Wandseite hing. Das Schwarz-Weiß-Foto zeigte ihn, noch wesentlich jünger, mit ernster Miene, uniformiert und ein kleines Kind, kaum älter als zwei Jahre, im Arm haltend. An ihn angelehnt stand meine Mutter, einen vollkommen ausdruckslosen Gesichtsausdruck aufgesetzt. Die restliche Wand war entweder mit Fotos eines wild herumtollenden Kindes und ein paar bunt bemalten Tellern verziert, die wir aufgehangen hatten.

Hinter dem Sessel des Vaters prangte das Herzstück unseres Wohnzimmers. Vor einem Jahr hatten wir das Gemälde auf einem Jahrmarkt erstanden. Wenngleich es sich hierbei zweifellos um eine Fälschung handelt, war das Ölgemälde, "Alter Mann in Sorge" von Vincent van Gogh, anno 1890, unser ganzer Stolz. Insbesondere ich liebte das Bild, da es aus mir unerklärlichen Gründen eine schier ungeheuerliche Faszination auf mich ausübte, wenngleich es mein Herz stets mit einem Anflug von Schwermut und Melancholie erfüllte.

An diesem Abend blätterte ich gelangweilt in einem Buche. Der Vater hatte es mir einmal von einem seiner zahlreichen Abenteuer mitgebracht, es interessierte mich jedoch nicht wirklich. Der Titel war mir überdies entfallen. Da der Einband ohnehin derart beschädigt war, dass der Name des Buches kaum noch entziffert werden konnte, belastete ich mich nicht weiter mit dieser Frage. Womit sich das Werk thematisch auseinandersetzte, vermochte ich ebenfalls nicht festzustellen. Ich las die Worte, doch sie hatten keine Bedeutung für mich. Ich verstand sie nicht. Mir mangelte es an Konzentration, mich mit dieser schwermütigen Kost auf einer intellektuellen Ebene auseinanderzusetzen. Warum ich es trotzdem las? Nun, um ehrlich zu sein, ist mir dies selbst ein Rätsel. Für gewöhnlich pflegte ich Bücher wie Lebewesen zu behandeln, da sie nichts anderes für mich darstellten. Aus diesem Grund gab ich jedem

Buch die Möglichkeit, sich zu beweisen, indem ich es konsequenterweise bis zu Ende las, ganz gleich wie sehr es mich auch langweilte und enttäuschte. Vielleicht las ich jenes Buch auch nur, um vorzugeben, beschäftigt zu sein.

Um den Vater nicht zu enttäuschen, tat ich, als verfolgte ich die Worte mit äußerster Neugierde. Ich nickte hin und wieder oder stieß ein lautes "Aha" hervor.

"Gefällt es dir?", fragte meine Mutter daraufhin. Mit ihrer rechten Hand massierte sie ihre linke, die sie krumm hielt und vor Schmerz kaum noch bewegen konnte.

"Oh ja", meinte ich anschließend, mich bemühend, möglichst fasziniert zu wirken. "Sehr erkenntnisreich, sehr erkenntnisreich!"

Sowohl meine Mutter als auch ich warfen infolgedessen einen verstohlenen Blick in Richtung Vater. Dieser schien uns, völlig in Gedanken vertieft, die braunen, melancholischen Augen ausdruckslos in die meinen blickend, kaum wahrgenommen zu haben.

"Hörst du Vater", rief ich ihm halblaut zu. "Ich liebe dieses Buch! Nie zuvor habe ich etwas derartiges gelesen! Es ist so voller Leben, voller Hoffnung und Liebe, dass ich vermeine, es spräche wirklich zu mir und nehme jeden Augenblick hier in diesem Wohnzimmer eine körperliche Gestalt an. Hörst du Vater? Dieses Buch ist die Erkenntnis selbst! Ein wesentlicher Teil der göttlichen Offenbarung! Oh, ich danke dir, ich danke dir für dieses Buch, Vater!"

Für einen kurzen Augenblick, gewahrte ich ein ungewöhnliches Glänzen in des Vaters Augen, das so schnell wieder erlosch, wie es gekommen war. Seine Mundwinkel blieben indes dagegen starr, leblos, tot.

"Sehr gut, Sohn! Ich möchte, dass du viel liest, sehr schlau wirst und viel lernst. Du wirst einmal ein großer Mann!"

"Wie du", gab ich lächelnd zurück, um den Vater aufzumuntern, erreichte mit meinen Worten jedoch wider Erwarten das Gegenteil. Der Vater zuckte unwillkürlich zusammen, lief zu Boden blickend rot an und brachte kein Wort mehr hervor. Erst jetzt fiel mir auf, wie schwach und monoton seine Stimme zuvor geklungen hatte, als er sprach.

Wir drei verfielen wieder in das übliche Schweigen, ich widmete mich wieder äußerst halbherzig der verhassten Lektüre, die Mutter unternahm einen weiteren Versuch, zu stricken, den sie allerdings aufgrund der Schwäche ihrer Hände, alsbald aufgab.

Zu hören war nur noch Elvis. *"You ain´t nothin´ but a hound dog, cryin´ all the time."*

Schließlich vermochte ich die erdrückende Langeweile dieses mystischen Buches, dessen Inhalt ich nicht mit meiner Ratio zu erfassen in der Lage war, nicht länger zu ertragen. Ich legte das Buch beiseite. Auf der Suche nach Ablenkung ließ ich den ungeduldigen Blick im Wohnzimmer umherschweifen. Kurze Zeit zog mich erneut van Gogh in seinen Bann, doch an jenem Abend war mir der Anblick des abgebildeten, auf seinem Stuhl verzweifelt zusammengekauerten Mannes derart unerträglich, dass ich den Blick alsbald wieder abwandte.

Stattdessen widmete ich mich der Fotografie, welche seit jeher die Aufmerksamkeit des Vaters für sich beanspruchte. Um ehrlich zu sein, wäre es mir ohne die entsprechende Kenntnis kaum möglich gewesen, den Mann auf dem Bild als den Vater zu identifizieren. Ein junger, strammer Bursche, in der Blüte seines Lebens stehend, hoch gewachsen, das Haupt stolz erhoben, die feinen Gesichtszüge makellos, glattrasiert. Nicht zu vergleichen mit dem Mann, der eine gekrümmte Haltung einzunehmen pflegte, dessen Augen jedweder Freude und Energie beraubt waren, der Falten auf der blassen Stirn aufwies und einen ungepflegten Mehrtagebart trug. Einzig die finsteren Gesichtszüge des Mannes auf dem Bild verdeutlichten eindeutig, dass es sich hierbei um ein jüngeres Abbild des Vaters handelte und ließen jedweden, wenngleich auf den ersten Blick berechtigten Zweifel bereits im Kern ersticken.

Just in diesem Augenblick fragte ich mich, ob auch mir diese düsteren Gesichtszüge zu eigen waren, verwarf den Gedanken jedoch schnell wieder.

Ein lauter, tiefer Seufzer, der nur einer von unerträglichem Ballast gepeinigten Seele entspringen konnte und einem unbarmherzig kalten Windstoß, wie er nur an einem verregneten, melancholischen Herbsttag erfolgen konnte, glich, brachte mich zurück in die Realität.

Meiner Mutter war diese Unmutsbekundung seitens des Vaters offensichtlich zuwider, was ihrer Reaktion zu entnehmen war. Sie warf dem Vater einen bösen Blick zu. Ich sah den Vater dagegen vielmehr besorgt an, wusste jedoch nicht, was ich sagen sollte. Mitleidig sah ich am Körper des Leidenden herab und bemerkte zahlreiche Narben an Hals und Armen.

Draußen hatte sich der Himmel, der späten Stunde entsprechend, zunehmend verdunkelt. Schwere, schwarze Wolken hingen erdrückend von oben herab und tauchten die Landschaft in endlose Dunkelheit, die kein menschliches Auge zu durchdringen vermochte. Sterne waren, sehr zu meinem Unmut, nicht zu sehen. Kein einziger Stern weit und breit. Nicht einmal das schwächste Flackern, das verzweifeltste Aufblitzen. Nichts!

Erst jetzt gewahrte ich, dass die Musik aufgehört hatte, zu spielen. Wie lange dies schon der Fall war, konnte ich nicht mit

Bestimmtheit feststellen. Doch wen interessierte das schon?

Mars war plötzlich aus seinem ruhigen Schlaf erwacht. Er hatte sich der Decke entledigt und knurrte leise, was sehr ungewöhnlich für diesen altersschwachen und sonst so gelassenen Hund war. Die Unruhe war dem Tier regelrecht anzusehen. Auf dieses ungewöhnliche Verhalten des Hundes reagierte ich mit Verwunderung und Unverständnis, meine Mutter und der Vater störten sich jedoch nicht weiter daran.

In meinem tranceähnlichen Zustand, versunken in düsteren Fantasien und melancholischen Träumen, gewahrte ich zunächst gar nicht, wie der Vater das Zimmer verlassen hatte.

Ich bemerkte ihn erst wieder, als er wenige Minuten später auf einmal im Türrahmen stand, in seine alte Uniform gekleidet. Ich konnte mich nicht entsinnen, dass er jene jemals in meiner Gegenwart getragen hatte, mit Ausnahme der Szene, in der das an der Wand hängende Bild entstand.

Verwundert blickte ich in das von Furcht zutiefst entstellte, ausgemergelte Gesicht des Vaters, dessen Hautfarbe eine unnatürliche Blässe angenommen hatte.

"Ich gehe Holz hacken", sagte er in Richtung meiner Mutter. Diese nickte nur kurz, den Mann keines Blickes würdigend.

"Um die Uhrzeit?", fuhr ich dazwischen. Wahrlich, eigentlich war es viel zu spät dafür!

"Sohn", sagte der Vater mit leiser aber dennoch fester Stimme und beugte sich zu mir hinab, seine großen Hände auf meine Schulter legend. Mit einer starken Stimme, die auf große Entschlossenheit schließen ließ, eine Entschlossenheit, von der ich meinte, dass sie ihm abhanden gekommen wäre, sprach er: "Lies das Buch bitte fertig!"

"Ich verspreche es", flüsterte ich mit nunmehr meinerseits schwachen Stimme zurück und zum ersten Mal seit langem sah ich, wie ein unverkennbares, wenngleich schwaches Lächeln das Gesicht des Vaters zierte. Tränen benetzten meine Augen, da ich wusste, dass ich dieses Versprechen niemals einhalten würde. Aufmunternd klopfte der Vater mir auf die Schultern.

"Bleib stark, Sohn!"

Mit diesen Worten verabschiedete er sich und verließ uns. Ich salutierte zum Abschied, so wie er es mir früher immer gezeigt hatte und er tat es mir gleich.

Wenig später stellte ich mit einem Blick aus dem Fenster fest, dass der Vater in den nahe gelegenen Wald ging. Eine Axt hatte er aber nicht dabei. Meine Mutter begann bei diesem Anblick leise zu weinen und hielt sich die geschundenen Hände vor das Gesicht. Ich sprang auf, eilte zum Fenster und beobachtete von dort aus, wie der Vater langsam zwischen den Bäumen und der Dunkelheit entschwand und der Schlund des Waldes ihn verschlang. Der Vater kehrte nie zurück.

23 Vom Schiffsbrüchigen, der sich weigerte, Meerwasser zu trinken

Für unsinkbar hatte man es gehalten, nicht einmal Gott selbst sei in der Lage, es zu versenken. Dass dem offensichtlich nicht so war, ist überflüssig zu erwähnen. Vor meinem geistigen Auge sehe ich noch die Bilder des Untergangs und wie sich alle Passagiere in ihrer Verzweiflung noch zu retten versuchten, natürlich mitsamt ihres Hab und Guts. Wahrscheinlich stellte dies den wahren Grund dar, warum sie sich eben nicht zu retten in der Lage waren. Wie arrogant die Menschen doch seit jeher waren, glaubten doch tatsächlich noch ihren Besitz in Sicherheit bringen zu müssen, anstatt sich selbst. Allein schon die Annahme etwas vom Menschen geschaffenes könnte die Ewigkeit überdauern und wäre nicht der materiellen Vergänglichkeit unterworfen, zeugte von ihrer unsäglichen Unwissenheit.

Dergleichen unternahm ich nicht. Wer über keinerlei materiellen Besitz verfügt, der braucht sich auch keine Gedanken um die Erhaltung desselben zu machen. Aus diesem Grund lebe ich noch. Seit vielen Tagen, ich habe mittlerweile aufgehört zu zählen, treibe ich nun schon auf diesem Holzbrett, das gerade so breit genug ist, dass ein ausgewachsener Mensch darauf Platz findet, in den scheinbar endlosen Weiten des Ozeans umher. Von anderen Überlebenden habe ich nichts gehört. Ich bin alleine. Nun, nicht völlig alleine. Schließlich teile ich mir das Meer mit den Fischen, denen selbiges gehört.

Wie töricht die Menschen doch sind, anzunehmen, etwas von ihnen geschaffenes könnte der Macht der Natur trotzen. Wie dankbar ich doch bin, mich derartigen Illusionen niemals hingegeben zu haben. Ich selbst stand unserem Schiff von

Anfang an skeptisch gegenüber. Wie froh ich doch bin, noch am Leben zu sein, auf diesem Brett Rettung gefunden zu haben. Meine Situation könnte zweifelsohne besser sein. Ich befinde mich mitten auf hoher See, weit und breit kein Land, keine Menschenseele in Sicht. Darüber hinaus schon lange nichts mehr getrunken. Der Hunger hält sich in Grenzen, lässt sich ignorieren, nicht jedoch der schier unerträgliche Durst, das verzweifelte Verlangen nach Wasser. Welch Ironie, dass ich von eben jenem umgeben bin, ja gar so weit das Auge reicht und es trotzdem das darstellt, was mir fehlt, dessen ich derart dringend bedarf. Doch niemals würde ich das Meerwasser trinken. Der hohe Salzgehalt würde meine Zellen nur noch schneller austrocknen und somit den gegenteiligen Effekt bewirken. Das Meerwasser macht nur noch durstiger. Selbiges zu mir zu nehmen, würde bedeuten, dass die Verzweiflung die Oberhand über mein Handeln gewänne. So weit will ich es nicht kommen lassen, da dies dem Aufgeben gleichkäme. Doch aufgeben werde ich nicht. Nicht so lange ich noch glauben, hoffen, leben darf.

Meine innere Stimme sagt mir, dass ich gar nicht so schlecht dran bin. Immerhin hätte ich schon längst tot sein können. Dass ich überhaupt noch lebe, gleicht einem Wunder. Bin ich dem Schicksal, das es mit mir gnädig gemeint hat, daher nicht zu tiefstem Dank verbunden? Das einzige Problem ist doch nur der Mangel an Flüssigkeit in meinem Körper. Bald würde es regnen und ich könnte das Regenwasser zu mir nehmen und mich somit vor dem Verdursten bewahren. Dann wäre doch alles gut. Mehr bedarf ich doch gar nicht.

Der Glaube verleiht mir Kraft. Es würde regnen, ganz sicher und schon bald. Land immer noch nicht in Sicht. Ich muss eben mehr Geduld aufbringen. Entspannt lehne ich mich ein bisschen zurück, natürlich aufpassend, das Gleichgewicht nicht zu verlieren. Ich habe keinen Einfluss auf die Situation, schließlich sind wir alle dem Schicksal unterworfen. Es liegt nicht in meiner Macht, sich den Himmel über mir ergießen zu lassen, oder aber Land herbeizuzaubern. Und mit dieser Erkenntnis habe ich mich bereits angefreundet. Um ehrlich zu sein, bin ich glücklich darüber, nichts ändern zu können. Ich weiß, dass alles aus einem ganz bestimmten Grund geschieht. Wenn es sein soll, wird es auch so sein, wenn etwas nicht sein soll, wird es auch nicht eintreten. Der Grund warum die Menschen so unglücklich sind, ist, weil sie annehmen, das Leben unter Kontrolle zu haben, es frei gestalten zu können. Die Extremsituation, der ich momentan ausgesetzt bin, lehrt mich, dass dem nicht so ist. Letztendlich sind wir doch alle dem Schicksal ausgeliefert und haben selber keinerlei Kontrolle über das Leben. Ich bin in den Händen des Lebens, es hat mich unter Kontrolle und nicht andersherum. Und mir geht es gut. Ich weiß, dass das Leben weiß, was es tut. Dass ich selber noch lebe, bedeutet, dass es für mich noch Hoffnung gibt, dass die Zeit für meinen Tod noch nicht gekommen ist, dass ich noch eine bestimmte Aufgabe in meinem Leben zu erfüllen habe. Wäre für mich schon alles verloren, würde ich nicht mehr leben. Wie all die anderen wäre ich ertrunken. Das Leben stellt mein Durchhaltevermögen auf die Probe, indem es mich dem Tod durch Verdursten nahe bringt. Doch ich erliege nicht der Versuchung, mich des Meerwassers zu bedienen. Ich werde nicht aufgeben, ich werde durchhalten und mir den Glauben an das Gute und Besserung bewahren. Ich weiß, dass das Richtige geschehen wird, das, was vorherbestimmt ist, was einfach geschehen soll und was ich ohnehin nicht zu ändern vermag. Entweder würde ich wirklich verdursten, und dann wäre es eben so, dann soll es so sein, oder ich bekomme vom Leben eine weitere Möglichkeit, indem es mich durch Regen am Leben hält. Sicher war eines: Würde das Schicksal mich sterben lassen, dann nur, weil für mich keine Besserung in Sicht ist und jegliche Hoffnung vergebens ist. Doch in diesem Fall hätte ich auch zuvor schon ertrinken können.

Folglich muss es in meinem Leben noch einen Sinn, noch Hoffnung geben, ansonsten wäre ich gar nicht mehr hier. Und deswegen wird es auch in Kürze regnen!

Ich lasse meinen Blick umherschweifen. Freudestrahlend stelle ich fest, dass ich von Delfinen begleitet werde. Eine ganze Horde von ihnen schwimmt neben mir und meinem Brett her. Mit unbeschwerter Leichtigkeit bahnen sie sich ihren Weg durch die Wellen. Zutiefst beeindruckt von der Energie und Lebensfreude dieser Tiere, entscheide ich, mich von ihrer positiven Ausstrahlung anstecken zu lassen. Die Freude der Delfine zaubert mir ein breites Lächeln ins Gesicht und gemeinsam eilen wir unaufhaltsam vorwärts. Nun wird nicht mehr zurückgeblickt. Die Energie wird nur noch zum Weiterkommen eingesetzt.

Ich richte mich auf, breite die Arme auseinander, lache über die kindische Verspieltheit der Delfine und werde mir bewusst, welch privilegierter Mann ich doch bin und wie viel Grund ich doch habe, glücklich und optimistisch zu sein. Irgendwo dort draußen wartet meine Familie auf mich. Meine Frau und meine Kinder. Ich werde sie nicht enttäuschen, ich werde um ihretwillen zurückkehren. Wegen ihnen gebe ich nicht auf und erliege nicht der Versuchung des Meerwassers. Ich werde für sie kämpfen und durchhalten, denn das ist meine Aufgabe. Deswegen bin ich noch am Leben und eben nicht ertrunken.

Just in diesem Augenblick ziehen dunkle Wolken auf und es beginnt wie aus Eimern zu regnen. Wahrlich, es hört kaum auf. Überglücklich und voller Dankbarkeit blicke ich gen Himmel, öffne den Mund, um die Regentropfen, die sich über mich ergießen, aufzunehmen und erfreue mich des Lebens.

24 Zu jung zum Sterben

"Erst kommt das Fressen, dann kommt die Moral."

Bertolt Brecht

Wer ich bin? Nun, ist das wirklich von Belang? Ich nehme an, dass es ohnehin niemanden interessiert. Aber wenn ihr es unbedingt wissen wollt. Mein Name lautet jedenfalls Aaron. Im Grunde genommen bin ich aber ein Niemand. Jedenfalls muss ich mir notwendigerweise so vorkommen, in Anbetracht der Behandlung, die ich erfahre.

Meine größte Errungenschaft? Vor zwei Jahre habe ich verhindert, dass eine junge Frau vergewaltigt wird. Es war spät am Abend, wie spät genau, kann ich nicht sagen. Auf der Straße verliert man irgendwann vollkommen das Zeitgefühl. Jedenfalls hat es sich am Bonner Hauptbahnhof ereignet. Die Frau, sehr gut gekleidet, stieg nichtsahnend aus einem Zug und wurde von einem Mann in die Enge gedrängt. Der Bonner Hauptbahnhof war allerdings schon immer mein Revier, wenn man das so sagen kann. Zusammen mit Werner, meinem guten Kollegen und Schlafpartner (nicht falsch verstehen bitte) haben wir den Mann jedoch überwältigt, als er gerade dabei war, die schreiende Frau zu entkleiden. Wir haben festgestellt, dass es sich bei dem Mann um Anton handelte, einem Rowdy, den wir auch von der Straße kannten. Die Polizei hat ihn dann mitgenommen, war wahrscheinlich genau das, was er eigentlich wollte. Um die Frau schien es ihm wohl nur in zweiter Linie zu gehen. Jedenfalls haben Werner und ich Anton bereits drei Wochen später wieder getroffen, als er dabei war, Pfandflaschen aus dem Mülleimer zu fischen. Er unterhielt sich vollkommen normal mit uns, als seien wir langjährige Freunde. Dass er unseretwegen in Untersuchungshaft geriet, störte ihn nicht. Im Gegenteil sogar, er war uns zutiefst dankbar. Die Zeit in Haft sei die schönste seines Lebens gewesen, meinte er. Endlich hatte er wieder ein Dach über dem Kopf und geregelte Mahlzeiten. Nach diesem Treffen habe ich Anton jedoch nie mehr gesehen. Vielleicht hat er sein Ziel mittlerweile erreicht und befindet sich dauerhaft im Gefängnis.

Was aus der Frau wurde? Nun, ein halbherziges Danke entfuhr ihren Lippen und war wohl Werner und mir gewidmet, wenngleich sie uns dabei nicht in die Augen blickte. Sie vermittelte uns eher das Gefühl, dass wir uns bei ihr zu entschuldigen hatten dafür, dass wir sie kurzzeitig nackt gesehen haben. Seitdem sehe ich die junge Frau ausnahmslos jeden Tag an mir vorbeigehen. Wahrscheinlich fährt sie mit dem Zug immer zur Arbeit. Eigentlich geht mich das auch nichts an. Eines Blickes gewürdigt hat sie mich allerdings nie.

"Haste nen Euro?", frage ich sie hin und wieder, nur um dann festzustellen, dass sie ihr Schritttempo drastisch erhöht und in ihrer Gucci-Handtasche kramt, als sei sie schwer beschäftigt, irgendetwas Wichtiges zu suchen.

Werner war deutlich älter als ich. Er hatte schwarze, zottelige Haare, die viele graue Strähnen aufwiesen. Er war mein einziger Freund auf der Straße. Zugegebenermaßen ist der Begriff "Freund" ziemlich gewagt. Man könnte es treffender als "Zweckgemeinschaft" bezeichnen. Auf der Straße gibt es so etwas wie Freunde nicht, das habe ich früh feststellen müssen, auch wenn diese Erkenntnis mich damals zutiefst schmerzte. Jeder will nur sein eigenes Überleben sichern. Ich habe gelernt, dass wenn des Menschen Grundbedürfnisse nicht gestillt sind, er in einen Kampf tritt, welcher tiefgehende emotionale Bindungen vollkommen ausschließt.

Ein Beispiel? Nun, wenn ich genug Geld gesammelt hatte, um damit für den Tag über die Runden zu kommen, gab ich Werner das Geld, was übrig blieb. Es waren meistens so drei bis vier Euro. Viel Geld, das kann ich aus Erfahrungen bestätigen! Hatte ich dann allerdings mal kein Geld für ihn übrig, wurde er ausfallend, beleidigte mich als Hurensohn oder, wenn er guter Laune war, wenigstens nur als Arschloch. Den restlichen Tag sprach er dann kein Wort mehr mit mir und setzte einen betrübten Gesichtsausdruck auf. Niemals habe ich ihm dies jedoch übel genommen, dafür war er mir in all den Jahren zu sehr ans Herz gewachsen.

Werner hörte bereits seit seinem zehnten Lebensjahr Stimmen, wie er mir berichtete, als wir uns kennenlernten (er wollte mir Geld klauen, doch ich habe ihn dabei erwischt und wir sind uns daraufhin nähergekommen, so haben wir uns kennengelernt).

Er sagte immer: "*Der* Teufel spricht zu mir!"

Ich daraufhin immer: "*Der* Teufel? Ich sehe jeden Tag hunderte Teufel, davon spricht aber keiner mit mir!"

Im Winter gab ich dem verwirrten Mann, wenn ihn besonders fror, sogar meine zerzauste Jacke.

In der Weihnachtszeit waren unsere Einnahmen stets am höchsten. Die Menschen eilten dann mit ihren Geschenken und Tüten in den Armen zu ihren Zügen und warfen uns hie und da mal einen Euro in unsere Dose. Von besonders herzlichen Exemplaren hörte man sogar mal ein "Fröhliche Weihnachten", ohne uns dabei jedoch genauer anzusehen. Zu dieser Zeit, so meine Vermutung, wollen die Menschen im Allgemeinen wohl ihr Gewissen befriedigen. Anders kann ich es mir nicht erklären, dass die gleichen Menschen bereits eine Woche nach Weihnachten wieder tatenlos an mir vorbeigehen.

Hatten wir genug Geld übrig, kaufte sich Werner Alkohol.

Betrunken erzählte er mir immer die gleichen Dinge. Eine Konversation sah dann ungefähr so aus:

Er: "Aaron, ich bemitleide dich."

Ich: "Mir ist es genauso wie dir. Dann muss ich dich wohl auch bemitleiden."

Er: "Nein, da gibt es einen Unterschied. Einen gewaltigen sogar."

Ich: "Und der wäre?"

Er: "Du bist noch jung. Zu jung zum Sterben. Dich holt der Teufel noch nicht. Er wird sich Zeit lassen bei dir und das ist bedauerlich. Wer will schon so ein Leben?"

Ich: "Auch wenn ich noch jung bin, ich habe doch diesen Zustand (hierbei spiele ich auf mein verletztes Bein an, was mir das Laufen erschwert, als Folge meines mittlerweile beendeten Drogenkonsums). Daran kann ich doch auch sterben."

Er: "Möglich aber unwahrscheinlich. Die, die am meisten leiden, leben am längsten. Du tust mir leid, Aaron. Wirklich, wirklich leid."

Diese Art von Gesprächen wiederholten sich stets in leicht abgewandelter Form. Irgendwann begann ich mich für mein Alter zu schämen und dafür, dass ich überhaupt noch am Leben war. Werner selbst hielt sich für alt genug, um zu sterben und auf dieser Erkenntnis baute er sein Leben auf. Den Sinn seiner erbärmlichen Existenz sah er in seinem Tod. Legitimiert wurde dieser durch sein Alter. Mit dieser Weltsicht konnte ich mich nie anfreunden, ich akzeptierte sie jedoch.

In meinem Alter sollte ein Mann ein Haus bauen, eventuell ein Kind zeugen, welches er gut zu versorgen in der Lage ist, da sein Chef ihn gut bezahlt. Und wo befinde ich mich stattdessen?

Allein darüber nachzudenken, treibt mir die Tränen in die Augen. Obwohl ich nur selten weine. Wahrscheinlich sind keine mehr da, die ich noch vergießen könnte. Leid härtet ab, man gewöhnt sich daran. Dann ist auch alles nicht mehr so schlimm. Das richtige Leben findet nun mal auf der Straße statt, nicht in wohlbehüteten und gut beheizten Wohnungen und warmen Betten.

In meiner Anfangszeit hatte ich oft geweint. Zu frisch waren die Erinnerungen an meine Familie, die mich vertrieben hatte. Ich konnte es einfach nicht länger dort aushalten, so schwer habe ich sie gehasst. Doch ich möchte die Schuld nicht allein bei anderen suchen. Auch ich habe Fehler gemacht, verdammt schwere sogar. Es liegt niemals nur an anderen, wo man sich befindet, sondern auch an einem selbst. Doch was nützen mich Reue und Zweifel jetzt? Mein Brot bezahlen sie jedenfalls nicht. Man muss sehen wo man bleibt, versuchen nach vorne zu blicken, alles andere zu vergessen.

Manchmal fragen mich Männer und Frauen, die sich nicht zu Schade sind für ein Gespräch mit mir, warum ich denn nicht arbeiten würde. Schließlich sei dies meine eigene Schuld. Das System sieht allerdings folgendermaßen aus: Ohne festen Wohnsitz, kein Arbeitsplatz. Ohne Arbeitsplatz keinen festen Wohnsitz. Mein Argument versteht jedoch keiner.

Dennoch bin ich immer froh, wenn jemand mit mir spricht. Zwischenmenschliche Interaktion betrachte ich ebenso als Grundbedürfnis wie Nahrung. Bedauerlich nur, dass mich die meisten Menschen nicht als einen der ihren anerkennen. Sie sehen keinen Menschen in mir. Dabei bin ich mehr als mein Zustand, meine Fehler, mein Leben. Das sieht aber keiner.

In Strömen eilen die gehetzten Leute an mir vorbei, werfen mir verachtende Blicke zu oder nehmen mich gar nicht erst wahr, weil sie nur auf digitale Bildschirme starren oder mit fetten

Kopfhörern gänzlich von der Außenwelt abgeschottet in ihrer eigenen rosaroten Welt leben.

Wenngleich ich hunderte, tausende Gesichter jeden Tag erblicke, so vergesse ich doch keines davon. Zu sehr brennen sich ihre Züge in mein Gedächtnis ein und verfolgen mich in dem spärlichen Schlaf, den ich finde. Meistens halten mich seelische und körperliche Pein wach.

Früher machte mich diese Ignoranz sehr traurig, heute ist es mir zur Normalität geworden, dass ein Wahlplakat mit einer in rot geschriebenen Aufschrift, damit man es auch bloß nicht übersieht, die da lautet: "FÜR MEHR GERECHTIGKEIT" mehr Aufmerksamkeit erhält als ich. Die Menschen in ihren teuren Mänteln und der High-Tech-Uhr am Handgelenk nicken dann zustimmend in Richtung des Plakats, bevor sie in ihren Zug einsteigen und für immer in der endlosen Weite verschwinden, Schatten gleich.

Früher wurde ich hin und wieder in der Nacht verprügelt. Ich kann euch sagen, nachts am Bahnhof begegnen einem die sonderbarsten Gestalten, der ganze Abschaum der Menschheit. Was ist schon der Teufel dagegen? Die Hölle brauche ich nicht zu sehen. Ich lebe bereits in ihr!

Werner ließ die leeren Vodka-Flaschen immer unter der Bank liegen, bevor er auf der Bank einschlief. Ich hob sie immer auf und warf sie vorschriftsgemäß in den Mülleimer. Im Anschluss sah ich in selbigem nach Pfandflaschen, zumeist ohne Erfolg. Wenn man so lange auf der Straße lebt, kennt man alle Tricks.

Warum ich in Bezug auf Werner stets in der Vergangenheitsform rede? Nun, lasst es mich erzählen:

Eines Abends, ich weiß nicht mehr wie lange es her ist, als er besonders betrunken war, meinte er nur zu mir, der Teufel würde ihn nun endlich holen, da er alt genug sei. Gleichzeitig bedauerte er mich meines vergleichsweise jungen Alters aufs Neue.

"Zu jung zum Sterben. Sehr bedauerlich. Wirklich sehr bedauerlich." Diese Worte haben sich wie ein Tattoo in meinen Kopf eingestochen.

Ich hielt seine Äußerungen nur für einen erneuten Anfall seiner Krankheit und wollte mich schlafen legen, als er plötzlich seine kalte Hand auf meine Schulter legte und mit ernstem Ton sprach: "Aaron. Bleib wie du bist!"

"Ich soll also ein Versager bleiben und mich nicht weiterentwickeln?", hatte ich höhnisch geantwortet.

"Du bist ein guter Mensch, glaub mir! Du kommst in den Himmel, wenn du alt genug bist. Als Belohnung für das hier, weißt du?"

"Kommst du nicht in den Himmel?"

"Nein, was soll ich auch dort? Die Menschen in der Hölle sind viel interessanter!"

"Hölle habe ich genug!"

"Denk nicht daran, Aaron. Bist noch zu jung. Viel zu jung! Armer Mann. Halt durch!"

Aufmunternd klopfte er mir auf die Schultern, seine schwachen Mundwinkel verformten sich zu etwas, was man als Lächeln bezeichnen kann, wobei er seine verfaulten Zähne entblößte. "Meine Zeit ist gekommen", meinte er nur noch. So erbärmlich sein Versuch, aufrichtig zu lächeln auch war, so sehr erwärmte es mir dennoch das Herz. Der Anblick eines Lächelns bot sich mir schließlich nicht oft in dieser kalten Welt.

Bald darauf wurde es mir schwarz vor Augen und die Anstrengung des Tages manövrierte mich in einen tiefen Schlaf.

Geweckt wurde ich unbestimmte Zeit später von Sirenen. Irgendetwas musste vorgefallen sein. Ich sah Polizisten die Eisenbahnschienen absperren, Durchsagen wurden erlassen, Sanitäter eilten herbei, ohne von mir, der sich den Schlaf aus den Augen rieb und sich langsam auf der Bank aufrichtete, Notiz zu nehmen. "Werner?", fragte ich ins Leere, gewohnheitsgemäß. Ich sah mich nach meinem Kollegen um, doch es fehlte jede Spur von ihm. Just in diesem Augenblick entsann ich mich unseres gestrigen Gespräches und mir wurde schlagartig bewusst, dass es unser letztes war. Für immer. Bedauerlicherweise hatte ich seine Abschiedsworte nicht als solche verstanden. Vielleicht standen wir uns dafür einfach nicht nahe genug. Sofort wusste ich jedoch, was es mit den gesperrten Schienen und den Krankenwagen auf sich hatte.

"Möge der Teufel gut zu dir sein", sprach ich leise vor mich hin und lächelte zum Abschied in Richtung Himmel. "Er wird definitiv besser zu dir sein, als die unzähligen Teufel auf Erden."

Der Bonner Hauptbahnhof ist seit diesem Tag an mein alleiniges Revier und ich sein einsamer, stiller Wächter. Schließlich ist es für mich noch nicht an der Zeit zu gehen, denn ich bin ja zu jung zum Sterben und muss das Ganze Wohl oder Übel noch einige Zeit lang aushalten. Das bin ich dem guten Werner schuldig! Geändert hat sich jedoch immer noch nichts. Die Menschen sind verschieden und doch so gleich. Ich bin anders und dennoch derselbe. So will es wohl das Leben!

Schlussworte:

Das Frustrierendste am Autorendasein sind nicht die zahllosen Absagen oder die schlechten finanziellen Aussichten. Es sind auch nicht negativ ausfallende, oftmals unsachliche oder gar beleidigende Rezensionen, die das eigene Selbstvertrauen stark schädigen oder der generell schlechte Ruf, der der Berufsgruppe der Schriftsteller hinauseilt. Vielmehr ist es das Erkennen der eigenen Unfähigkeit, Emotionen zu verschriftlichen, die eigenen Gedanken, die im Geist derart stark präsent sind, in Worte zu fassen und das Unmögliche auszudrücken. Hierbei äußert sich die enorme Beschränktheit, die uns die Sprache auferlegt. Nichtsdestotrotz habe ich mich darum bemüht, mich von dieser natürlichen Schwäche des Menschen, an der jeder Schriftsteller notwendigerweise zu leiden hat, möglichst nicht beirren zu lassen und meinem Stil und meiner Anschauung treu zu bleiben. Zugegebenermaßen bin ich sehr zufrieden über das fertige Produkt und stolz auf das Ergebnis, welches Sie in den Händen halten. Vielen Autoren dienen Kurzgeschichten in erster Linie dazu, den eigenen Stil zu entwickeln und sich auf größere Projekte, wie beispielsweise Romane vorzubereiten, wenn man sich diesen großen Sprung noch nicht zutraut. Auch ich muss gestehen, dass ich Kurzgeschichten zunächst als Sprungbrett betrachtet habe und sie vielmehr als Übung für mich selbst denn als eigenständiges Werk ansah. Je anhaltender und intensiver ich mich jedoch mit der Materie befasste und sowohl auf theoretischer, wie auch auf praktischer Ebene erlernte, was es wirklich bedeutet, Kurzgeschichten zu schreiben, desto mehr verliebte ich mich in diese literarische Gattung. Ein Leben ohne Kurzgeschichten zu lesen oder selbst zu schreiben, ist mittlerweile unvorstellbar für mich. Ebenso ist der Anspruch in mir gereift, dieses Gebiet zu meistern. Das vorliegende Buch soll einen ersten, jugendlichen Versuch hierfür darstellen. Beim

Schreiben habe ich stets verschiedene Absichten verfolgt. Manche Geschichten sind an bestimmte Autoren, die ich selbst sehr bewundere angelehnt, wie beispielsweise „Der Lagerist“, dem Georg Büchners „Woyzeck“ als grobe Vorlage diente und mit den grausamen Schilderungen in „Des Mannes Natur“, intendierte ich, die anarchistischen Zustände des Krieges zu erläutern. Mit „Perspektiven“ wollte ich das psychologische Phänomen des Stockholm-Syndroms auf fiktive Art und Weise veranschaulichen. Hinter jeder Geschichte steckt also wiederum eine ganz eigene Geschichte. Hierbei gilt zu beachten, dass jede von ihnen rein fiktiv ist und meiner Fantasie entspringt. Dem Leser danke ich sehr für den Erwerb des Buches und erhoffe mir, dass er mir auch bei zukünftigen Projekten weiterhin unterstützend zur Verfügung steht und mir treu bleibt. Selbstverständlich ist auch jede Form der Rückmeldung erwünscht.

Die Kurzgeschichte lebt!